瑞达法考客观题系列

刑事诉讼法

精粹

2023

国家统一法律职业资格考试

瑞达"背多分"，荟萃各部门法干货

考前提分必背

5

杨雄/编著

中国民主法制出版社

图书在版编目（CIP）数据

2023国家统一法律职业资格考试．刑事诉讼法精粹．5／杨雄编著．—北京：中国民主法制出版社，2023.6
（瑞达法考客观题系列）
ISBN 978-7-5162-3181-4

Ⅰ.①2… Ⅱ.①杨… Ⅲ.①刑事诉讼法—中国—资格考试—自学参考资料 Ⅳ.①D920.4

中国国家版本馆CIP数据核字（2023）第062060号

图书出品人：刘海涛
责任编辑：陈　曦　张雅淇　李　郎　魏敬仁

书　　名／2023国家统一法律职业资格考试·刑事诉讼法精粹5
作　　者／杨　雄　编著

出版·发行／中国民主法制出版社
地址／北京市丰台区右安门外玉林里7号（100069）
电话／（010）63055259（总编室）　63058068　63057714（营销中心）
传真／（010）63055259
http：//www.npcpub.com
E-mail：mzfz@npcpub.com
经销／新华书店
开本／16开　787毫米×1092毫米
印张／13　**字数**／376千字
版本／2023年6月第1版　2023年6月第1次印刷
印刷／三河市鑫鑫科达彩色印刷包装有限公司

书号／ISBN 978-7-5162-3181-4
定价／35.00元

法考 免费课程听课流程

电脑听课流程

① 通过浏览器输入瑞达法考的网址进行搜索，进入瑞达法考官网首页。

https://www.ruidaedu.com

② 进入首页后向下滑动找到“热门课程”点击课程即可观看。

（提示：这里展现的是近期最新部分课程，观看更多请点击右边“更多精彩课程”进行观看）

③ 进入首页后，点击导航条上的“免费课堂”再点击课程即可观看。

（提示：您也可以根据专业/讲师/阶段/年份来找到对应课程进行观看）

首页 免费课堂 配套教材 瑞达讲师 面授班次 加盟分校 瑞达e学 最新资讯

APP手机听课流程（提示：图书封底扫二维码下载“瑞达法考APP”）

进入“瑞达法考APP”首页—公开课—点击课程—加入学习—去学习—就可以听课啦！

（提示：没有注册的瑞宝请先进入“瑞达法考APP”我的—注册/登录—登录账号）

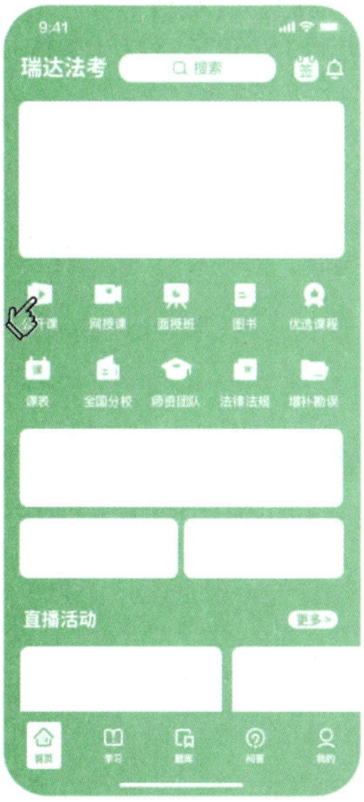

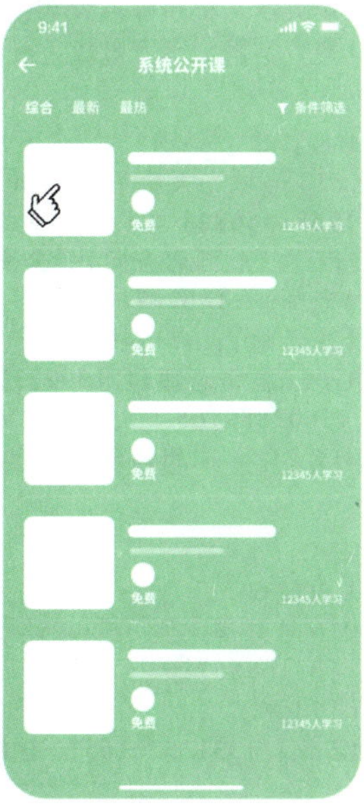

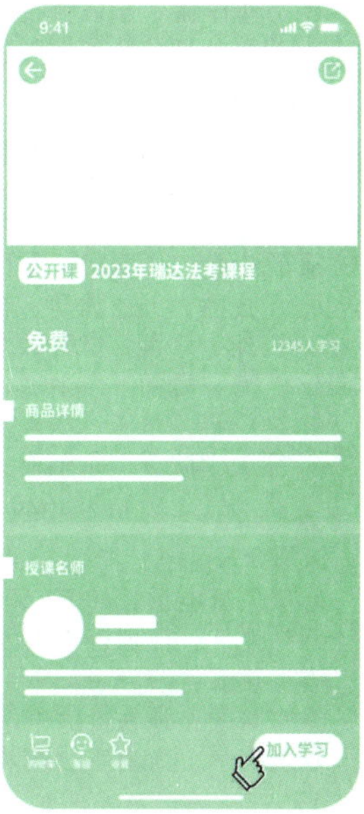

瑞达法考直属分校联系方式

北方分校

办公地址：北京市海淀区西三环北路72号世纪经贸大厦B座27层2700

上课地址：天津市武清区新源道18号奥蓝际德商务酒店（园区免费停车）

1. 客服值班电话：400－1660－360转1转1再转1

王老师：17343174185（同微信）　杨老师：17812032760（同微信）

2. 北京市面授及网课咨询：

闫老师：15910626131（同微信）　卜老师：15901252307（同微信）

王老师：17810798753（同微信）

3. 天津市面授及网课咨询：王老师：17810798753（同微信）

4. 河北省面授及网课咨询：卜老师：15901252307（同微信）

5. 辽宁省面授及网课咨询：陈小龙老师：17810632673（同微信）

6. 吉林省面授及网课咨询：陈鸿丰老师：17810712815（同微信）

7. 黑龙江面授及网课咨询：陈鸿丰老师：17810712815（同微信）

8. 内蒙古面授及网课咨询：陈鸿丰老师：17810712815（同微信）

9. 河南省面授及网课咨询：陈小龙老师：17810632673（同微信）

10. 山西省、陕西省咨询：卜老师：15901252307（同微信）

11. 甘肃省、新疆区域咨询：闫老师：15910626131（同微信）

12. 青海省、宁夏区域咨询：杨老师：17812032760（同微信）

南京分校

客服值班电话：4001660360转1转1再转5

江苏、安徽、山东报名咨询：沙老师13812318935；办公地址：南京市鼓楼区新楼花马路66号南邮大厦1714室

上海分校

客服值班电话：4001660360转1转1再转2

1.（市区报名）上海市静安区汉中路158号汉中广场902室；地铁1号线、12号线、13号线汉中路站下。电话：021－52902865、021－52902869、18516307172（微信同号）陈老师、13738188215（微信同号）

2.（大学城报名）上海市松江区三新北路1800弄8号楼3002室（松江大学城六期）

上海海事大学、江西省报名咨询：13052397071（微信同号）余老师

3. 上海政法学院、上海商学院、华东理工、上师大、厦门报名咨询：13052393272（微信同号）陈老师

4. 上大、贤达、金融、衫达、海关、漳州、泉州咨询：13395718787（微信同号）李老师

杭州分校

客服值班电话：4001660360转1转1转4

1. 杭州分校报名咨询：0571－87756276、13738188215（微信同号）；地址：杭州市西湖区文二路195号（靠近教工路）耀江文欣大厦1503室

2. 浙大宁波理工、温州、嘉兴地区：梅老师13738188215（微信同号）

3. 下沙地区、杭州商学院、现科、浙大城院：梅老师13738188215（微信同号）

4. 万里学院、宁波科技学院、浙江工业大学、杭州师范大学：梅老师13738188215（微信同号）

5. 绍兴地区、金华地区、农林大学、警官学院、东方财经、科艺学院：谢老师15168367817（微信同号）

广州分校

客服值班电话：4001660360转1转1再转3

广州地址：广州市天河区广州大道北613号城光大厦700A－B

咨询热线：020－62875806　手机：17688466828

乘车路线：地铁天号线平架A出口（南洋长胜酒店方向）；公交：兴华路口站

1. 广技师、五邑大学、新华学院（林老师）：16624710323

2. 广外、广大、广警、北理、北师（李老师）：18124065249

3. 广海、岭师、广油、华农、中山电子（林华老师）：13922309460

4. 广应科、培正、华师（柳老师）：13602889765

5. 韶关学院、广东工业大学、广东财经大学、广州商学院、嘉应学院、惠州学院、肇庆学院、东莞理工学院城市学院（张老师）：18620087770

深圳分校

客服值班电话：4001660360转1转1再转6

深圳地址：深圳市福田区深南中路2016号兴华大厦B座829

咨询热线：0755－23964781，手机：13316856786

乘车路线：地铁科学馆站B口出前行150米

深圳大学、海南三亚学院、海南大学咨询：13311520165（王老师）

2023 年刑事诉讼法的命题趋势、重点预测和复习方法

一、命题趋势

刑诉法的客观题和主观题会秉持历年法考的命题特点：

1. **理论性**：客观题会有 1—2 题考查具体制度、程序、实践中的做法背后体现的理念、原则（尤其是结合**惩罚犯罪、保障人权、公正、效率、刑事诉讼职能、证据理论、审判特征、审判原则、审判模式**等）。主观题注意结合这些理论、原则学会说理。

2. **实务性**：多数客观题会结合活生生的案例考查法律规定，甚至结合实践中的热点案件或者事件加以考查。主观题常在案例中考查某种做法是否正确、如何处理案例中的问题、如何运用证据认定案件事实等。

3. **综合性**：几乎有一半以上的客观题考查多个知识点，这些知识点要么是相关的知识点，要么是相似的知识点。客观题可能在刑事诉讼法各章节内部结合考查，也可能将刑事诉讼法结合刑法、监察法等其他部门法综合考查。主观题考查的知识点也会涉及 4—6 个章节。

4. **注重细节**：这一特点在客观题中体现得较为明显，比如"判决""裁定""决定"的适用，"应当"和"可以"的区分，等等。

5. **新增必考**：今年的法考中，考生不仅应重视今年法考大纲中新增内容［**新增内容在本书中均用"（新增）"标注**］，还应重视 2018 年《刑事诉讼法》新增的内容以及 2021 年《最高人民法院关于适用〈中华人民共和国刑事诉讼法〉的解释》（简称《高法解释》）中的新增、修改内容。2023 年九大本教材之《刑事诉讼法》中提到了关于未成年犯罪记录封存的新增规定，考生也应注意。

2023 年法考大纲刑事诉讼法部分的变化

新增法律法规	**1.《最高人民法院、最高人民检察院、公安部、国家安全部关于取保候审若干问题的规定》** **2.《最高人民法院、最高人民检察院、公安部关于办理信息网络犯罪案件适用刑事诉讼程序若干问题的意见》**
删除法律法规	《最高人民法院、最高人民检察院、公安部关于办理网络犯罪案件适用刑事诉讼程序若干问题的意见》

6. **重者恒重**：对历年考查频较高的知识点反复加以考查。

二、重点预测

刑事诉讼的基本理念，刑事诉讼职能，法定情形不予追究刑事责任，证人和鉴定

人（含二者出庭作证制度），检察院、监察机关管辖的案件，并案审理和分案审理，地域管辖中的“犯罪地”识别，辩护人的诉讼权利和义务，法律援助辩护，值班律师，非法证据排除规则，刑事证据规则，证明对象和免证事项，取保候审，监视居住，逮捕，附带民事诉讼赔偿范围，附带民事诉讼的审理程序，讯问犯罪嫌疑人，询问证人，技术侦查，认罪认罚从宽（含认罪认罚的认定标准、签署认罪认罚具结书、量刑建议、裁决方式），监察与检察的衔接，不起诉，补充侦查和补充调查，审判公开，人民陪审员，庭前会议，法庭审判，简易程序，速裁程序，单位犯罪案件诉讼程序（尤其是诉讼代表人），上诉不加刑，二审的审理方式和处理方式，死刑立即执行案件复核后的处理方式，提起审判监督程序的主体和程序，再审的审理程序，刑罚的执行机关，财产刑的执行，监外执行，减刑、假释程序，未成年人刑事案件诉讼程序（含社会调查、法定代理人和合适成年人到场、犯罪记录封存、附条件不起诉），刑事和解的适用条件及和解后的处理方式，对境外的被告人缺席审判，违法所得没收程序（适用条件、审理程序），强制医疗案件的审理程序和处理方式。

三、复习方法

强化记忆：不论参加客观题还是主观题考试，在考前的 3 个月左右均应对刑事诉讼法强化记忆。本书前面的表格（附口诀）以及诉讼程序相关章节前面的流程图均可帮助大家在建立体系的基础上记忆。到后期，大家可以拿着本书最后的“考前必背精华”进行记忆，该精华只有 30 页，包含总结和口诀，是满满的干货！雄哥还会在微博（新浪微博“刑诉杨雄”）上每天发布视频带背。在强化记忆时，应尊重记忆的规律，不断重复，同时要突出重点。为了方便考生在主观题考场上快速进行法条定位，本书在知识点边上都标注出具体的法条号码。

做题：通过做真题（可做纸质的真金题书，也可下载瑞达法考 App，在手机上刷题）和高质量的模拟题（比如瑞达《客观 168 金题》和本书每章后面附的模拟题）将掌握的知识点转化为得分的能力。

祝大家 2023 年法考必过！

杨　雄

2023 年 6 月于北京

目录

第一章 刑事诉讼法概述〔1〕

考点一 刑事诉讼法与刑法的关系★★

工具价值	(1) 明确专门机关，为适用刑事实体法提供了**组织上的保障**
	(2) 明确刑事诉讼主体的职责、权力（权利）、义务，刑事诉讼的**活动方式和程序**，为刑事实体法适用提供**程序上的保障**
	(3) 规定了**收集证据的方法与运用证据的规则、证明责任和证明标准**，为刑事实体法适用提供**证据上的保障**
	(4) 关于程序方面的系统设计，可以在相当程度上**避免、减少案件实体上的误差**
	(5) 通过特别程序，为特定的刑事实体法和刑事政策的实现提供程序通道
	(6) 针对不同案件或不同情况设计不同的具有针对性的程序，使得案件处理简繁有别，**保证**处理案件的**效率**
独立价值	(1) 刑诉法所规定的诉讼原则、结构、制度、程序，体现着程序本身的**民主、法治、保障人权**精神，也反映出一国**刑事司法制度的进步、文明程度**，是衡量**法治化程度和社会公正**的一个极为重要的指标
	(2) **弥补**并**"创制"刑事实体法**的功能
	(3) **影响刑事实体法实现**的功能〔2〕

考点二 刑事诉讼法与法治国家的关系★

刑事诉讼法与法治国家	刑事诉讼法在实现法治国家方面的作用，集中体现在与宪法的关系之中

〔1〕 本书涉及四个重要的司法解释和规定：一是《最高人民法院、最高人民检察院、公安部、国家安全部、司法部、全国人大常委会法制工作委员会关于实施刑事诉讼法若干问题的规定》（本书简称为《六机关规定》）；二是《最高人民法院关于适用〈中华人民共和国刑事诉讼法〉的解释》（本书简称为《高法解释》）；三是《人民检察院刑事诉讼规则》（本书简称为《高检规则》）；四是《公安机关办理刑事案件程序规定》（本书简称为《公安部规定》）。

〔2〕 比如，因不告不理原则、法定情形（如犯罪嫌疑人、被告人死亡）而不能适用刑事实体法；因选择不同的刑事程序，适用刑事实体法的结果可能会不同；**一些刑事诉讼程序过程中发生的情形直接影响到刑事实体法适用的结果**（如认罪认罚导致从宽处理）。

续表

刑事诉讼法与宪法的关系	(1) 宪法是静态的刑事诉讼法，刑事诉讼法是动态的宪法 (2) 刑事诉讼法在维护宪法制度方面发挥的重要作用。具体表现为：其一，宪法的许多规定要通过刑事诉讼法保证刑法的实施来实现；其二，宪法的许多规定要通过刑事诉讼法本身的实施来实现

考点三　刑事诉讼的基本理念★★★

惩罚犯罪与保障人权	(1) 惩罚犯罪——犯罪嫌疑人、被告人；保障人权——犯罪嫌疑人、被告人等诉讼参与人 (2) 大多数情况下二者能够同步得到实现，**但存在矛盾时需要根据利益权衡的原则作出选择**
程序公正与实体公正	(1) 程序公正是指过程的公正，具体内容包括：程序参与、程序遵守、程序救济、程序公开、程序中立、程序平等、程序安定、程序保障。实体公正是指结果的公正（即案件事实认定正确和定罪量刑准确） (2) 二者一般情况下是可以统一的，但有时也会发生矛盾，**发生矛盾时，需要根据利益权衡的原则作出选择**
诉讼效率	(1) 效率体现为**加快诉讼进程、降低诉讼成本**，如诉讼期限、认罪认罚从宽、轻微案件不起诉和简易程序、速裁程序等体现了诉讼效率的理念 (2) 公正第一，效率第二

考点四　刑事诉讼的基本范畴

（一）刑事诉讼目的★

通说	根本目的	维护社会秩序	
	直接目的	惩罚犯罪和保障人权	
其他学说	犯罪控制模式	主张控制犯罪是刑事诉讼程序最主要的机能	
	正当程序模式★	刑事诉讼的目的不单是发现实体真实，更重要的是以公平与合乎正义的程序来保护被告人的人权	
	家庭模式★	以家庭中父母与子女关系为喻，其强调国家与个人间的和谐关系，并以此为出发点，提出解决问题的途径，强调刑事司法的教育功能。处理未成年人违法犯罪的少年司法接近于这种家庭模式	
	实体真实主义★	积极实体真实主义（传统的实体真实主义）	主张刑事程序以发现真相为要，毫无遗漏地对犯罪加以发现、认定并予以处罚

续表

其他学说	实体真实主义★	消极实体真实主义	该学说将发现真实与保障无辜相联系，认为刑事诉讼目的在于发现实体真实，本身应包含力求避免处罚无罪者的意思，而不单纯是无遗漏地处罚任何一个犯罪者
	正当程序主义	刑事诉讼的目的重在维护正当程序。刑事诉讼所追求的，是依正当程序认定案件事实	

（二）刑事诉讼价值★

秩序★★	维护社会秩序和维护诉讼秩序（即追究犯罪的活动是有序的）
公正	公正在刑事诉讼价值中居于核心的地位。公正价值包括实体公正和程序公正两个方面
效益	效率+收益
刑事诉讼秩序、公正、效益价值既是刑事诉讼法的工具价值，也是刑事诉讼法的独立价值	

（三）刑事诉讼职能★★★

1. 控诉、辩护、审判的关系：审判中立、控辩平等、控审分离（不告不理）【控审分离是指控诉职能和审判职能必须分别由专门的诉讼主体来承担，而不能把两种职能集中由一个诉讼主体来承担，如果没有法定的控诉主体提起诉讼，承担审判职能的法院就不能主动审判任何案件】。

2. 行使审判职能的主体：法院。

行使控诉职能的主体：检察院、公诉案件的被害人、自诉人及其法定代理人、诉讼代理人。

行使辩护职能的主体：犯罪嫌疑人、被告人及法定代理人、辩护人。

证人、鉴定人、翻译人员不行使控诉、辩护、审判职能。

（四）刑事诉讼构造与刑事审判模式★★

诉讼构造	特征	
职权主义诉讼	职权主义诉讼	将诉讼的主动权委于国家专门机关，适用于实体真实的诉讼目的
	职权主义审判模式	其基本特征为：（1）法官居于中心地位；（2）控辩双方的积极性受到抑制；（3）法官掌握程序控制权
当事人主义诉讼	当事人主义诉讼	将开始和推动诉讼的主动权委于当事人，适用于程序上保障人权的诉讼目的
	当事人主义审判模式	其基本特征为：（1）法官消极中立；（2）控辩双方积极主动和平等对抗；（3）控辩双方共同控制法庭审理的进程
混合式诉讼	混合当事人主义和职权主义的特征	

续表

注意： （1）刑事诉讼构造有“横向构造”和“纵向构造”区分。**纵向构造**主要包括体现侦查主体和公诉主体关系的**侦控构造**与体现公诉主体与审判主体关系的**控审构造**。**横向构造**则更强调控、辩、审三方主体在各个程序横断面上的静态关系，如**审前程序**中的三方构造和**审判程序**中的三方构造（见下图） （2）我国1979年刑事诉讼法确立了超职权主义审判模式。1996年修正的刑事诉讼法对审判模式进行了重大改革，主要是吸收了英美法系当事人主义的对抗性因素，并保留了职权主义的某些特征。2012年、2018年刑事诉讼法的再次修改，沿着控辩式庭审方式改革方向取得了新的进展

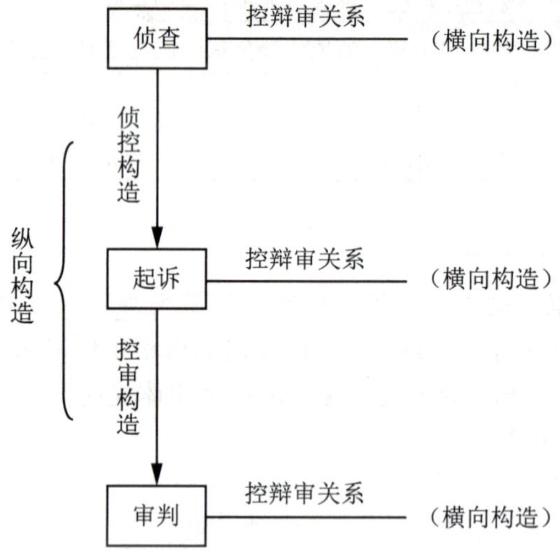

（五）刑事诉讼主体（《刑诉法》第108条）★★

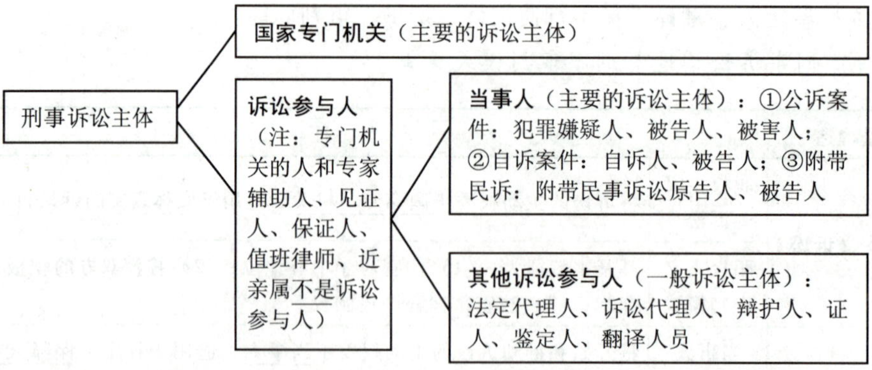

练一练

1. 刑事诉讼法通过评议、表决等特有的程序机制，最终使刑事实体法的法律规范得以实现其确定性。这体现了刑事诉讼法具有弥补刑事实体法不足的功能。[1]

2. 我国近年来纠正了一些被错误定罪的案件，司法机关采取救济方法及时纠正、及时赔偿或者补偿，这一做法体现了对实体公正的追求。[2]

3. 实体真实主义主张，实体具有优越于程序的地位，将刑事诉讼法视为为发现实体真实服务的实现刑法的手段。[3]

4. 刑事速裁程序和认罪认罚从宽制度以诉讼效率为终极目标，因而效率是刑事诉讼的核心价值。[4]

5. 效率价值只是刑事诉讼法的工具价值，公正价值只是刑事诉讼法的独立价值。[5]

6. 大陆法系采用的是实体真实的诉讼构造，英美法系采用的是正当程序的诉讼构造。[6]

7. 刑事诉讼的横向构造包括侦控构造和控审构造。[7]

8. 2018 年《刑事诉讼法》规定的认罪认罚从宽制度体现了我国刑事审判模式由职权主义走向控辩式的改革趋势。[8]

9. 侦查是公诉的必要准备，是追诉活动的组成部分，因此，侦查可视为行使控诉职能。[9]

10. 监察机关对职务犯罪立案调查，属于刑事诉讼程序的一部分。[10]

11. 不予逮捕直接起诉、召开庭前会议整理证据、特殊情况下采用远程视频开庭、在看守所派驻值班律师为犯罪嫌疑人提供法律帮助、附条件不起诉均能提高诉讼效率。[11]

---

〔1〕 答案：正确。

〔2〕 答案：正确。

〔3〕 答案：正确。

〔4〕 答案：错误（刑事速裁程序和认罪认罚从宽制度并非以诉讼效率为终极目标。公正是刑事诉讼的核心价值）。

〔5〕 答案：错误（效率、公正价值既是刑事诉讼法的工具价值，也是刑事诉讼法的独立价值）。

〔6〕 答案：错误（大陆法系采用的是职权主义诉讼构造，英美法系采用的是当事人主义诉讼构造）。

〔7〕 答案：错误（因为刑事诉讼的纵向构造包括侦控构造和控审构造）。

〔8〕 答案：正确。

〔9〕 答案：正确。

〔10〕 答案：错误（监察机关立案调查本身不属于刑事诉讼程序的一部分）。

〔11〕 答案：错误（在看守所派驻值班律师为犯罪嫌疑人提供法律帮助更多地体现了程序公正和权利保障的理念，并未提升诉讼效率，反而增加了司法资源的投入；对未成年人适用附条件不起诉，虽然因不再起诉到法院而节省了法庭审理所需要的司法资源，但附条件不起诉所增加的监督考察等环节反而大幅增加了检察机关的资源投入，其秉承的是教育、感化、挽救的方针和使未成年人复归社会的目标，诉讼效率并不是适用附条件不起诉制度所考虑的内容）。

第二章 刑事诉讼法的基本原则

考点一 侦查权、检察权、审判权由专门机关依法行使★（《刑诉法》第3、4、308条）

权力类型	权力主体	职权内容
侦查权	公安、检察、国安、监狱、军队保卫部门、海关走私犯罪侦查部门、中国海警局[1]	立案权、侦查权（采取强制措施和专门性调查手段）、公安的执行权（拘役、剥夺政治权利、驱逐出境、余刑在3个月以下的有期徒刑）
检察权	检察院	立案权、侦查权、公诉权、诉讼监督权[2]
审判权	法院	审判权（直接受理自诉案件、对公诉案件审查、裁判实体和程序问题）；其他职权（决定逮捕、决定并执行拘传、决定取保候审和监视居住、对证据调查核实权、对证人的强制出庭及处罚权、对违反法庭秩序的处罚权、执行财产刑和附带民事裁判）

特别注意：

（1）除法律特别规定的以外，其他任何机关、团体和个人都无权行使这些权力

（2）世界上许多国家的诉讼活动实行“审判中心主义”，我国公检法三机关分工负责、相互配合、相互制约

（3）以审判为中心的刑事诉讼制度改革的基本内容：

①强调**在侦查、起诉和审判三者关系中，审判是中心**。侦查机关的侦查、检察院的起诉都应当按照法院裁判的要求和标准

②强调**庭审的实质化**。事实证据调查、定罪量刑辩论在法庭，裁判结果形成于法庭

（4）检察院的立场：客观公正

---

〔1〕七大侦查机关（口诀）：公检安监军私海。

〔2〕对同一刑事案件的审查逮捕、审查起诉、出庭支持公诉和立案监督、侦查监督、审判监督等工作，由同一检察官或者检察官办案组负责，但是审查逮捕、审查起诉由不同人民检察院管辖，或者依照法律、有关规定应当另行指派检察官或者检察官办案组办理的除外。检察院履行审查逮捕和审查起诉职责的办案部门，本规则中统称为负责捕诉的部门。（《高检规则》第8条）

考点二　严格遵守法律程序（程序法定原则）★（《刑诉法》第3条第2款）

程序法定原则的基本要求	（1）立法上的要求，即刑事诉讼程序应当由法律事先明确规定（有法可依） （2）司法上的要求，即刑事诉讼活动应当依据国家法律规定的刑事程序来进行（有法必依） （在大陆法系国家，程序法定原则与罪刑法定原则共同构成法定原则的内容。在英美法系国家，刑事程序法定原则具体表现为**“正当程序”原则**）
严格遵守法律程序的体现（程序违法的后果）★★★	违反法律程序严重的，应当依法承担相应的法律后果。我国目前主要的对程序违法后果的规定是： （1）非法证据的排除规则（**并非所有**） （2）在第二审、死刑立即执行案件复核、死缓复核、违法所得没收程序二审、强制医疗案件复议中，发现原裁决程序违法，可能影响公正审判的，均应当撤销原裁决，发回重审

考点三　人民法院、人民检察院依法独立行使职权★★（《刑诉法》第5条）

谁独立	人民检察院	人民法院
独立于谁	不受行政机关、社会团体和个人的干涉	
独立的程度	上下级是“领导关系”，检察一体，整个检察系统独立	上下级是监督关系，不能“请示、汇报”，上级只能通过审级监督。每一级法院和整个法院系统独立

考点四　人民检察院依法对刑事诉讼实行法律监督★★（《刑诉法》第8条）

监督种类	监督方式[1]
立案监督	要求公安机关说明不立案（或立案）的理由，理由不成立的，通知立案（或撤销案件）
侦查、审查起诉监督	（1）通过审查批捕和审查起诉监督侦查工作 （2）对侦查过程中的违法情况提出纠正意见
审判监督	（1）对审判过程的监督：庭后以检察院整体名义提出书面纠正意见（《高法解释》第315条） （2）对审判结果的监督：抗诉（包括二审抗诉和再审抗诉） （3）死刑复核监督：最高人民检察院可以向最高人民法院提出意见（《刑诉法》第251条）

---

〔1〕**特殊情况下的监督方式**：A. 检察院办理公安机关提请批准逮捕的案件，发现遗漏应当逮捕的犯罪嫌疑人的，应当经检察长批准，要求公安机关提请批准逮捕。公安机关不提请批准逮捕或者说明的不提请批准逮捕的理由不成立的，检察院可以直接作出逮捕决定，送达公安机关执行。（《高检规则》第288条）

B. **公安机关移送的案件遗漏罪行或者遗漏同案犯罪嫌疑人的处理**：检察院在办理公安机关移送起诉的案件中，发现遗漏罪行或者有依法应当移送起诉的同案犯罪嫌疑人未移送起诉的，应当要求公安机关**补充侦查或者补充移送起诉**。对于**犯罪事实清楚，证据确实、充分的**，也可以直接提起公诉。（《高检规则》第356条）★★

续表

监督种类	监督方式
执行监督	(1) 对刑罚执行活动的监督（可驻所检察，也可巡回检察） (2) 对刑罚变更活动进行监督 ①**对减刑、假释的监督**（《刑诉法》第273、274条） A. 检察院对**减刑、假释的建议**，可以向法院**提出书面意见** B. 检察院对**减刑、假释的裁定**，可以向法院**提出书面纠正意见** ②**对监外执行的监督**（《刑诉法》第266、267条） **检察院**可以对监外执行的意见和决定，向决定或者批准监外执行的机关**提出书面意见**

考点五　未经人民法院依法判决，对任何人都不得确定有罪与无罪推定（《刑诉法》第12条）

含义	(1) 确定被告人有罪的权力由法院统一行使，其他任何机关、团体和个人都无权行使 (2) 法院的判决必须依法作出
体现	(1) 区分犯罪嫌疑人和被告人（以提起公诉为界限） (2) 明确由控诉方负被告人有罪的举证责任，被告人不负证明自己无罪的责任，不得因被告人不能证明自己无罪便推定其有罪 (3) 疑案作无罪处理：证据不足不起诉（审查起诉阶段）或者证据不足的无罪判决（第一审阶段）
注意	**无罪推定**原则的基本含义是，任何人在未经依法确定有罪以前，应假定其无罪

考点六　认罪认罚从宽（《刑诉法》第15条）★★★

含义	犯罪嫌疑人、被告人自愿如实供述自己的罪行，承认指控的犯罪事实，愿意接受处罚的，可以依法从宽处理。认罪认罚从宽制度贯穿刑事诉讼全过程，适用于所有刑事案件 (1) 所谓"认罪"，是指犯罪嫌疑人、被告人自愿如实供述自己的罪行，对指控的犯罪事实没有异议。承认指控的主要犯罪事实，仅对个别事实情节提出异议，或者虽然对行为性质提出辩解但表示接受司法机关认定意见的，不影响"认罪"的认定。犯罪嫌疑人、被告人犯数罪，仅如实供述其中一罪或部分罪名事实的，全案不作"认罪"的认定，不适用认罪认罚从宽制度，但对如实供述的部分，可以从宽处罚 (2) 所谓"认罚"，是指犯罪嫌疑人、被告人真诚悔罪，愿意接受处罚。"认罚"，在侦查阶段表现为表示愿意接受处罚；在审查起诉阶段表现为接受检察院拟作出的起诉或不起诉决定，认可检察院的量刑建议，签署认罪认罚具结书；在审判阶段表现为当庭确认自愿签署具结书，愿意接受刑罚处罚。犯罪嫌疑人、被告人虽然表示"认罚"，却暗中串供、干扰证人作证、毁灭、伪造证据或者隐匿、转移财产，有赔偿能力而不赔偿损失，则不能适用认罪认罚从宽制度。犯罪嫌疑人、被告人不同意适用速裁程序、简易程序的，不影响"认罚"的认定。被害人及其诉讼代理人不同意对认罪认罚的犯罪嫌疑人、被告人从宽处理的，不影响认罪认罚从宽制度的适用 (3) 所谓"从宽"，包括实体法上的从宽和程序法上的从宽 实体法上的从宽，是指在犯罪嫌疑人、被告人本身所具有的实体法上的自首、坦白等量刑情节的基础上，在遵循罪责刑相适应原则的前提下，给予其相对更大的从宽幅度。在刑罚

续表

含义	评价上，主动认罪优于被动认罪，早认罪优于晚认罪，彻底认罪优于不彻底认罪，稳定认罪优于不稳定认罪。办理认罪认罚案件，应当区别认罪认罚的不同诉讼阶段、对查明案件事实的价值和意义、是否确有悔罪表现，以及罪行严重程度等，综合考量确定从宽的限度和幅度 程序法上的从宽，包括：①对犯罪嫌疑人、被告人适用限制人身自由程度更轻的强制措施；②作出轻缓的程序性处理；③适用更为便利和减少讼累的诉讼程序	
体现	批捕	批准或者决定逮捕，应当将认罪认罚等情况，作为是否可能发生社会危险性的考虑因素（《刑诉法》第 81 条第 2 款）
	告知	侦查机关、检察院在讯问嫌疑人，法院在开庭审判时，均应告知嫌疑人、被告人享有的诉讼权利和认罪认罚的法律规定（《刑诉法》第 120 条第 2 款、第 173 条）
	记录在案并移送	侦查机关、检察院要将犯罪嫌疑人认罪认罚的情况记录在案并随案移送下一机关
	听取意见	检察院对于认罪认罚案件，应当听取嫌疑人、辩护人或值班律师、被害人及其诉讼代理人有关犯罪事实、罪名、法律适用、从宽处罚建议、适用程序和其他事项的意见（《刑诉法》第 173 条）
	签署具结书	犯罪嫌疑人认罪认罚的，在审查起诉阶段签署认罪认罚具结书（但例外的情况下不需要签署）（《刑诉法》第 174 条）
	审查认罪认罚自愿、真实、合法性	法院开庭时应当审查认罪认罚的自愿性和认罪认罚具结书内容的真实性、合法性（《刑诉法》第 190 条第 2 款）
	量刑建议的提出及其采纳	犯罪嫌疑人认罪认罚的，检察院应当提出量刑建议，法院作出判决时，一般应当采纳检察院指控的罪名和量刑建议（但有例外）（《刑诉法》第 176 条第 2 款、第 201 条）
	程序适用	认罪认罚是适用速裁程序的条件之一（《刑诉法》第 223 条）
	特殊情况下的不追究	嫌疑人自愿如实供述涉嫌犯罪的事实，有重大立功或者案件涉及国家重大利益的，经最高人民检察院核准，公安机关可以撤销案件，检察院可以作出不起诉决定，也可以对涉嫌数罪中的一项或者多项不起诉（《刑诉法》第 182 条第 1 款）

考点七 具有法定情形不予追究刑事责任★★★（《刑诉法》第 16 条）

阶段 情形[1]	立案	侦查	审查起诉	审判
情节显著轻微，危害不大，不认为是犯罪	不立案/不受理	撤销案件	不起诉	宣告无罪

[1] 不予追究刑事责任的法定情形（口诀）："轻告时赦他死"。

续表

情形＼阶段	立案	侦查	审查起诉	审判
犯罪已过追诉时效期限的	不立案/不受理	撤销案件	不起诉	退回检察院[1]/终止审理
经特赦令赦免的	不立案/不受理	撤销案件	不起诉	退回检察院/终止审理
告诉才处理的，没有告诉或者撤回告诉	不受理	—	—	退回检察院/终止审理
犯罪嫌疑人、被告人死亡的	不立案/不受理	撤销案件	不起诉	退回检察院/终止审理/宣告无罪
其他免予刑事责任的	不立案/不受理	撤销案件	不起诉	退回检察院/终止审理
注意：共同犯罪案件，上诉的被告人死亡，其他被告人未上诉的，第二审法院**应当对死亡的被告人终止审理**；但**有证据证明被告人无罪，经缺席审理确认无罪的，应当判决宣告被告人无罪**。具有前述情形的，第二审法院仍应**对全案进行审查，对其他同案被告人作出判决、裁定**（《高法解释》第390条）				

练一练

1. 严格遵守法律程序原则要求，凡违反程序，即应承担法律后果。[2]

2. 《高检规则》第10条第1款规定："上级人民检察院对下级人民检察院作出的决定，有权予以撤销或者变更；发现下级人民检察院办理的案件有错误的，有权指令下级人民检察院予以纠正。"这一规定体现了上下级检察院奉行"检察一体、上命下从"的领导关系。[3]

3. 检察院决定的搜查、扣押、检查、取保候审、拘留和逮捕，应交公安机关执行。[4]

4. 检察院对减刑、假释的裁定和强制医疗决定，均有权抗诉提起审判监督程序。[5]

5. 检察院起诉赵某非法持有毒品罪，法院经审理查明，赵某系依法研究毒品的人，持有毒品，是正当行为，法院遂宣判其无罪。这一做法体现了"具有法定情形不予追究刑事责任"的原则。[6]

6. 认罪认罚从宽制度主要适用于审判阶段，不适用于严重刑事案件。[7]

7. 对于检察机关提出的确定刑量刑建议，法院经审理后认为量刑建议明显不当而

---

〔1〕 在庭前审查阶段，对于"告时赦他死"的情形，法院应退回检察院；属于告诉才处理的案件，应同时告知被害人有权提起自诉。

〔2〕 答案：错误（违反法律程序严重的，才应承担相应的法律后果）。

〔3〕 答案：正确。

〔4〕 答案：错误（检察院可直接执行搜查、扣押和检查）。

〔5〕 答案：错误（检察院对减刑、假释的裁定和强制医疗决定，以提出纠正意见的方式监督）。

〔6〕 答案：错误（本题的做法并非依《刑事诉讼法》第16条规定的不予追究刑事责任的情形作出无罪判决，所以，该做法未体现"具有法定情形不予追究刑事责任"原则）。

〔7〕 答案：错误（因为认罪认罚制度贯穿于刑事诉讼全过程，适用于所有刑事案件）。

建议检察机关调整量刑建议，体现了互相制约；而对于侦查阶段未认罪认罚的犯罪嫌疑人，检察院和法院在审查起诉和审判阶段继续开展工作并促使犯罪嫌疑人、被告人最终认罪认罚并悔罪，体现了互相配合。[1]

〔1〕 答案：正确。

第三章 刑事诉讼中的专门机关和诉讼参与人

考点一　被害人、犯罪嫌疑人、被告人的权利★★

被害人的主要诉讼权利	立案	(1) 报案、控告；(2) 控告人对不立案决定申请复议；(3) 被害人对不立案决定不服，申请检察院进行监督，或向法院提起自诉
	侦查	(1) 申请补充鉴定或者重新鉴定；(2) 针对非法侦查行为提出申诉或控告；(3) 对撤销案件的决定不服，向法院提起自诉
	审查起诉	(1) 从移送审查起诉之日起，委托诉讼代理人；(2) 对法定不起诉、酌定不起诉、存疑不起诉的决定向上一级检察院申诉或向法院提起自诉；(3) 对附条件不起诉决定及考验期满的不起诉决定向上一级检察院申诉
	审判	(1) 申请法院排除非法证据；(2) 参加法庭调查、辩论，提供证据；(3) 申请专家辅助人出庭；(4) 提出量刑意见；(5) 申请检察院对判决抗诉；(6) 对生效的裁判申诉；(7) 对强制医疗决定向上一级法院申请复议
	每个阶段	(1) 申请回避；(2) 提起附带民事诉讼；(3) 与犯罪嫌疑人、被告人和解；(4) 受到保护权；(5) 财产发还和赔偿权
犯罪嫌疑人、被告人的权利	(1) 防御性权利：辩护权、拒绝回答权、被告人获得起诉书副本、参加法庭调查、辩论、最后陈述权、反诉权（公转自除外）	
	(2) 救济性权利：申请复议权、控告权、申请变更、解除强制措施权、申诉权、上诉权、对缺席审判的异议权[1]	

考点二　其他诉讼参与人的诉讼地位比较★★

其他诉讼参与人的类型	产生	被代理人或者委托人	代理人	诉讼权利
法定代理人	法律规定	限制行为能力人和无行为能力人	被代理人的父母、养父母、监护人和负有保护责任的机关、团体的代表	权利基本同于被代理人，但**人身性质的权利不能代理**（如当事人陈述案情、被告人最后陈述权）；可违背被代理人意志

〔1〕 救济性权利（口诀）：“控复上申变异（空腹上升变异）”。

续表

其他诉讼参与人的类型	产生	被代理人或者委托人	代理人	诉讼权利
诉讼代理人	委托	(1) 公诉案件的被害人及其法定代理人或者**近亲属** (2) 自诉案件的自诉人及其法定代理人 (3) 附带民事诉讼的当事人及其法定代理人（《刑诉法》第46条） (4) **违法所得没收案件的犯罪嫌疑人、被告人及其近亲属和其他利害关系人** (5) **强制医疗案件的被申请人或被告人** [刑诉中的近亲属包括：夫、妻、父、母、子、女、同胞兄弟姊妹（《刑诉法》第108条）]	律师；人民团体或者被代理人所在单位推荐的人；被代理人的监护人、亲友	委托人授权范围内，不得违背被代理人意志
辩护人	注意与诉讼代理人的区别，参见“辩护与代理”一章			

其他诉讼参与人的类型	主体	对象	是否回避	特点	权利
证人（《刑诉法》第62条）★★★	(1) 凡是知道案件情况的人（注：**自然人**），都有作证的义务 (2) 生理上、精神上有缺陷或者年幼，不能辨别是非、不能正确表达的人，不能作证人（注意：见证人不是证人）	一般性事实问题（诉讼外了解案件事实）	否	(1) 人身不可替代性；(2) 优先性	查阅证言笔录；控告权；经济补偿；要求公安司法机关保证其本人及其近亲属的安全
鉴定人★★	具有专门知识的人（注：**自然人**），经过公安司法机关聘请或指派	专门性事实问题（诉讼内了解案件事实）	是	可替代	—
翻译人员	(1) 公、检、法机关指派或聘请，为参与诉讼的外国人或者无国籍人、少数民族人员、盲人、聋人、哑人等进行语言、文字或手势翻译的人员 (2) 翻译人员应当是与本案没有利害关系的人，否则，当事人有权申请其回避				

考点三　有专门知识的人参与刑事诉讼★

有专门知识的人的地位	鉴定人以外的有专门知识的人并非刑事诉讼法定的诉讼参与人。由于其他具有专门知识的人与鉴定人具有很大的相似性，有关他们的诉讼地位和权利义务，通常参照鉴定人的规定。此种具有专门知识的人属于回避的对象

续表

有专门知识的人参与刑事诉讼的主要方式	(1) 参与勘验、检查。侦查机关在必要的时候，可以指派或者聘请具有专门知识的人，在侦查人员的主持下进行勘验、检查（《刑诉法》第128条） (2) 作为专家辅助人出庭就鉴定意见和专门性问题的报告提出意见（《刑诉法》第197条） (3) 对技术性证据材料进行审查并提出意见。检察院对鉴定意见等技术性证据材料需要进行专门审查的，按照有关规定交检察技术人员或者其他有专门知识的人进行审查并出具审查意见（《高检规则》第334条） (4) 就专门性问题出具报告并出庭作证。因无鉴定机构，或者根据法律、司法解释的规定，指派、聘请有专门知识的人就案件的专门性问题出具的报告，可以作为**证据**使用（《高法解释》第100条）

练一练

1. 证人和鉴定人都是当事人以外的人，均具有不可替代性。[1]

2. 当事人和其他诉讼参与人均与案件最终的结局有直接的利害关系。[2]

3. 犯罪嫌疑人的拒绝回答权、被告人参加法庭调查、辩论权、反诉权均系防御性权利。[3]

4. 法定代理人、诉讼代理人均具有独立的法律地位，不受被代理人意志的约束。[4]

5. 受犯罪侵害的人均有权提起自诉和附带民事诉讼，并有权申请检察院提起二审抗诉。[5]

6. 胡某侵占董某的财产，董某对胡某提起自诉，董某的胞兄、胡某均有权委托诉讼代理人。[6]

---

〔1〕 答案：错误（因为鉴定人可替代）。

〔2〕 答案：错误（其他诉讼参与人与案件最终的结局没有直接的利害关系）。

〔3〕 答案：正确。

〔4〕 答案：错误（诉讼代理人不具有独立的法律地位，受被代理人意志的约束）。

〔5〕 答案：错误（受犯罪侵害的人包括被害人和自诉人，自诉人无权申请检察院提起二审抗诉）。

〔6〕 答案：错误（董某的胞兄作为自诉人的近亲属，无权委托诉讼代理人；胡某作为被告人，委托的是辩护人，而不是诉讼代理人）。

第四章 管 辖

考点一 立案管辖

（一）检察院直接受理的刑事案件和监察机关管辖的案件（《刑诉法》第19条）★★★

主体	管辖的案件范围	
检察院直接受理的案件〔1〕	(1) 检察院在对诉讼活动实行法律监督中发现的司法工作人员利用职权实施的非法拘禁、刑讯逼供、非法搜查等侵犯公民权利、损害司法公正的犯罪，可以由检察院立案侦查〔2〕	注意： (1) 犯罪主体必须是司法工作人员（包括有侦查、检察、审判和监管职责的人员），一般主体实施的非法拘禁、非法搜查罪由公安机关立案侦查 (2) 仅限于非法拘禁、刑讯逼供、非法搜查等14种侵犯公民权利、损害司法公正的犯罪 (3) 此类案件"可以"（而不是"应当"）由检察院侦查，也可以由监察机关管辖
	(2) 机动侦查权：对于公安机关管辖的国家机关工作人员利用职权实施的重大犯罪案件，需要由检察院直接受理的时候，经省级以上检察院决定，可以由检察院立案侦查	(1) 公安机关管辖的，而不是监察机关管辖的案件 (2) 主体：国家机关工作人员 (3) 手段：利用职权实施 (4) 程度：重大犯罪案件 (5) 程序要件：省级以上检察院决定

---

〔1〕 检察院直接受理的案件（口诀）："司法职权损公正侵民权，公安管辖职务犯罪需省检"。

检察院办理直接受理侦查的案件，由设区的市级检察院立案侦查。基层检察院发现犯罪线索的，应当报设区的市级检察院决定立案侦查。

设区的市级检察院根据案件情况也可以将案件交由基层检察院立案侦查，或者要求基层检察院协助侦查。对于刑事执行派出检察院辖区内与刑事执行活动有关的犯罪线索，可以交由刑事执行派出检察院立案侦查。

最高人民检察院、省级检察院发现犯罪线索的，可以自行立案侦查，也可以将犯罪线索交由指定的省级检察院或者设区的市级检察院立案侦查。（《高检规则》第14条）

〔2〕 具体包括14种犯罪：非法拘禁罪（非司法工作人员除外）；非法搜查罪（非司法工作人员除外）；刑讯逼供罪；暴力取证罪；虐待被监管人罪；滥用职权罪（非司法工作人员滥用职权侵犯公民权利、损害司法公正的情形除外）；玩忽职守罪（非司法工作人员玩忽职守侵犯公民权利、损害司法公正的情形除外）；徇私枉法罪；民事、行政枉法裁判罪；执行判决、裁定失职罪；执行判决、裁定滥用职权罪；私放在押人员罪；失职致使在押人员脱逃罪；徇私舞弊减刑、假释、暂予监外执行罪。

续表

主体	管辖的案件范围
监察机关管辖的案件	公职人员和有关人员涉嫌贪污贿赂、滥用职权、玩忽职守、权力寻租、利益输送、徇私舞弊以及浪费国家资财等职务犯罪，由监察机关进行立案调查

（二）法院直接受理的刑事案件[1]（《高法解释》第1条）★★★

种类（三种）	具体罪名和特征
纯自诉：告诉才处理的案件（亲告罪）	（1）侮辱、诽谤案（严重危害社会秩序和国家利益的除外） （2）暴力干涉婚姻自由案（致人死亡的除外） （3）虐待案（致人重伤或死亡的；被害人没有能力告诉或者因受到强制、威吓无法告诉的除外） （4）**侵占案**
公诉兼自诉：被害人有证据证明的轻微刑事案件（8种，《高法解释》第1条第2款）	（1）**故意伤害案（轻伤害）**（《刑法》第234条第1款规定） （2）非法侵入住宅案（《刑法》第245条规定） （3）侵犯通信自由案（《刑法》第252条规定） （4）**重婚案**（《刑法》第258条规定） （5）**遗弃案**（《刑法》第261条规定） （6）生产、销售伪劣商品案（刑法分则第3章第1节规定的，但是严重危害社会秩序和国家利益的除外） （7）侵犯知识产权案（刑法分则第3章第7节规定的，但是严重危害社会秩序和国家利益的除外） （8）属于刑法分则第4章、第5章规定的，对被告人可能判处三年有期徒刑以下刑罚的案件 对上列八项案件，**既可公诉又可自诉**：被害人直接向法院起诉的，法院应当依法受理。对其中证据不足、可以由公安机关受理的，或者认为对被告人可能判处三年有期徒刑以上刑罚的，**应当告知被害人向公安机关报案，或者移送公安机关立案侦查**
公诉转自诉	（1）被害人有证据证明被告人的犯罪行为 （2）被告人的行为侵害被害人的人身权利和财产权利 （3）被告人的行为应当依法追究刑事责任 （4）**被害人有证据证明曾经提出控告，但公安机关、检察院不予追究被告人刑事责任**

（三）国家安全机关等直接受理的刑事案件★

机关	管辖的案件范围
国家安全机关	危害国家安全的犯罪案件

[1] 法院直接受理的案件（口诀）："亲告罪、公兼自、公转自"。

续表

机关	管辖的案件范围
军队保卫部门	军队内部的犯罪案件
监狱	监狱内部的犯罪，但有例外（比如虐待被监管人案，由监察机关、检察院管辖）
海关走私侦查部门	走私犯罪案件
中国海警局	**海上发生的刑事案件**，如海上发生的包括危害国家安全犯罪、恐怖活动犯罪、走私、毒品、偷越国（边）境、非法捕捞、破坏海洋资源等刑事案件

（四）交叉管辖

监察机关与其他机关之间交叉案件的管辖 ★★	(1) 被调查人既涉嫌严重职务违法或者职务犯罪，又涉嫌其他违法犯罪的，一般应当由监察机关为主调查，其他机关予以协助[1]（《监察法》第34条第2款） (2) 检察院办理直接受理侦查的案件，发现犯罪嫌疑人同时涉嫌监察机关管辖的职务犯罪线索的，应当及时与同级监察机关沟通 经沟通，认为全案由监察机关管辖更为适宜的，检察院应当将案件和相应职务犯罪线索一并移送监察机关；认为由监察机关和检察院分别管辖更为适宜的，检察院应当将监察机关管辖的相应职务犯罪线索移送监察机关，对依法由检察院管辖的犯罪案件继续侦查 检察院应当及时将沟通情况报告上一级检察院。沟通期间不得停止对案件的侦查（《高检规则》第17条）	
公安机关与检察院立案管辖竞合	**分别管辖**	公安机关侦查刑事案件涉及检察院管辖的职务犯罪案件时，应当将职务犯罪案件移送检察院；检察院侦查职务犯罪案件涉及公安机关管辖的刑事案件，应当将属于公安机关管辖的刑事案件移送公安机关
	主罪原则	**在上述情况中**，如果涉嫌主罪属于公安机关管辖，由公安机关为主侦查，检察院予以配合；如果涉嫌主罪属于检察院管辖，由检察院为主侦查，公安机关予以配合
法院审理公诉案件中发现检察院未起诉的刑事案件（公诉案） ★★	审判期间，法院发现新的事实，可能影响定罪量刑的，或者需要补查补证的，应当通知检察院，由其决定是否补充、变更、追加起诉或者补充侦查（《高法解释》第297条第1款）	

（五）并案管辖（《六机关规定》第3条，《高检规则》第18条第2款，《高法解释》第24、25、220、404、467条）★★★

并案管辖	具有下列情形之一的，法院、检察院、公安机关可以在其职责范围内并案处理：[2] (1) 一人犯数罪的 (2) 共同犯罪的

---

[1] 监察机关管辖权与公检法机关立案管辖权竞合的处理（口诀）：监察为主，其他协助。

[2] 并案处理仅限于各自职责范围，不得超越不同机关立案管辖的范围。

续表

并案管辖	（3）共同犯罪的犯罪嫌疑人、被告人还实施其他犯罪的 （4）多个犯罪嫌疑人、被告人实施的犯罪存在关联，并案处理有利于查明案件事实的
并案审理和分案审理[1] ★★★	（1）法院发现被告人还有其他犯罪被起诉的，可以并案审理；涉及同种犯罪的，一般应当并案审理。法院发现被告人还有其他犯罪被审查起诉、立案侦查、立案调查的，可以参照前述规定协商检察院、公安机关、监察机关并案处理，但可能造成审判过分迟延的除外。第二审法院在审理过程中，发现被告人还有其他犯罪没有判决的，参照前述规定处理。第二审法院决定并案审理的，应当发回第一审法院，由第一审法院作出处理。对于被告人犯数罪并案审理的，由最初受理地的法院审判。必要时，可以由主要犯罪地的法院审判（《高法解释》第24、25条） （2）对一案起诉的共同犯罪或者关联犯罪案件，被告人人数众多、案情复杂，法院经审查认为，分案审理更有利于保障庭审质量和效率的，可以分案审理。分案审理不得影响当事人质证权等诉讼权利的行使 对分案起诉的共同犯罪或者关联犯罪案件，法院经审查认为，合并审理更有利于查明案件事实、保障诉讼权利、准确定罪量刑的，可以并案审理（《高法解释》第220条） （3）有多名被告人的案件，部分被告人的犯罪事实不清、证据不足或者有新的犯罪事实需要追诉，且有关犯罪与其他同案被告人没有关联的，第二审法院根据案件情况，可以对该部分被告人分案处理，将该部分被告人发回原审法院重新审判。原审法院重新作出判决后，被告人上诉或者检察院抗诉，其他被告人的案件尚未作出第二审判决、裁定的，第二审法院可以并案审理（《高法解释》第404条第2款） （4）对依照审判监督程序重新审判的案件，法院在依照第一审程序进行审判的过程中，发现原审被告人还有其他犯罪的，一般应当并案审理，但分案审理更为适宜的，可以分案审理（《高法解释》第467条）

考点二　级别管辖

（一）各级法院管辖的案件范围（《刑诉法》第20—23、298、291条）

法院	管辖的范围
最高人民法院	全国性的重大刑事案件
高级人民法院	全省（自治区、直辖市）性的重大刑事案件

〔1〕**并案侦查**的共同犯罪或者关联犯罪案件，犯罪嫌疑人人数众多、案情复杂的，公安机关**可以分案移送审查起诉**。分案移送审查起诉的，应当对并案侦查的依据、分案移送审查起诉的理由作出说明。

对于前款规定的案件，检察院可以**分案提起公诉**，法院**可以分案审理**。

分案处理应当以有利于保障诉讼质量和效率为前提，并不得影响当事人质证权等诉讼权利的行使。（《关于办理信息网络犯罪案件适用刑事诉讼程序若干问题的意见》第5条）

依照前条规定分案处理，**公安机关、检察院、法院在分案前有管辖权的，分案后对相关案件的管辖权不受影响**。根据具体情况，**分案处理的相关案件可以由不同审级的法院分别审理**。（《关于办理信息网络犯罪案件适用刑事诉讼程序若干问题的意见》第6条）（新增）

续表

法院	管辖的范围
★★★中级人民法院	(1) 危害国家安全、恐怖活动案件；(2) 可能判处死刑、无期徒刑的(《刑诉法》第21条)；(3) 违法所得的没收案件(《刑诉法》第298条)；(4) 对在境外的被告人的缺席审判案件(《刑诉法》第291条)[1]
基层人民法院	除上级人民法院管辖的以外

(二) 上下级法院之间管辖的流转★

上可审下	检察院认为可能判处无期徒刑、死刑，向中级法院提起公诉的案件，中级法院受理后，认为不需要判处无期徒刑、死刑的，**应当依法审判，不再交基层法院审判**(《高法解释》第14条)	
移送管辖(《高法解释》第14、17、23条)	应当移送的情形(下不可审上)	基层法院对可能判处无期徒刑、死刑的第一审刑事案件，应当移送中级法院审判
	(1) 需要将案件移送中级法院审判的，应当在报请院长决定后，至迟于案件审理期限届满15日以前书面请求移送。中级法院应当在接到申请后10日以内作出决定。不同意移送的，应当下达不同意移送决定书，由请求移送的法院依法审判；同意移送的，应当下达同意移送决定书，并**书面通知同级检察院**	
	(2) 第二审法院发回重新审判的案件，检察院撤回起诉后，又向原第一审法院的下级法院重新提起公诉的，下级法院**应当将有关情况层报原第二审法院**。原第二审法院根据具体情况，**可以决定将案件移送原第一审法院或者其他法院审判**(《高法解释》第23条)	
就高不就低	一人犯数罪、共同犯罪和其他需要并案审理的案件，其中一人或者一罪属于上级法院管辖的，**全案**由上级法院管辖(《高法解释》第15条)	

★ 考点三 地域管辖

(一) 一般地域管辖(《刑诉法》第25、26条)

原则	注意事项	
刑事案件由犯罪地的法院管辖。如果由被	犯罪地	犯罪地包括**犯罪行为发生地**和**犯罪结果发生地**[2](《六机关规定》第2条)

---

〔1〕 中级法院管辖的案件(口诀)："国恐无死没缺"。

〔2〕 信息网络犯罪案件的犯罪地包括**用于实施犯罪行为的网络服务使用的服务器所在地，网络服务提供者所在地，被侵害的信息网络系统及其管理者所在地，犯罪过程中犯罪嫌疑人、被害人或者其他涉案人员使用的信息网络系统所在地，被害人被侵害时所在地以及被害人财产遭受损失地等**。

涉及多个环节的信息网络犯罪案件，犯罪嫌疑人为信息网络犯罪提供帮助的，**其犯罪地、居住地或者被帮助对象的犯罪地**公安机关可以立案侦查。(《关于办理信息网络犯罪案件适用刑事诉讼程序若干问题的意见》第2条)(新增)

续表

原则	注意事项	
告人居住地的法院审判更为适宜的，可以由被告人居住地的法院管辖★★★	被告人居住地	（1）被告人的户籍地为其居住地。经常居住地与户籍地不一致的，**经常居住地**为其居住地。经常居住地为**被告人被追诉前已连续居住一年以上的地方**，但**住院就医的除外** （2）被告单位**登记的住所地**为其居住地。主要营业地或者主要办事机构所在地与登记的住所地不一致的，**主要营业地或者主要办事机构所在地**为其居住地（《高法解释》第3条）

（二）指定管辖（《高法解释》第16—20条）★★

情形	（1）管辖不明或者存在争议 （2）有管辖权但客观上不能行使管辖权（如涉及本院院长需要回避或者其他原因） （3）有管辖权但犯罪地、被告人居住地以外的法院审判更为适宜的有关案件
程序	（1）**管辖存在争议**：先协商→协商不成，层报共同的上级法院指定管辖 （2）**有管辖权但客观上不能行使管辖权**：可以请求移送上一级法院管辖。上一级法院可以管辖，也可以指定
指定后的案卷的移送	（1）公诉案件（书面通知同级检察院，并**将案卷材料退回**，同时书面通知当事人） （2）自诉案件（**直接移送有管辖权的法院**，并书面通知当事人）

（三）特殊地域管辖（《高法解释》第4—13条）★

情形	管辖的法院
（1）国际公约规定的罪行	**被告人被抓获地**、**登陆地**或者**入境地**的法院[1]
（2）外国人在中国领域外针对中国、中国人犯罪	该**外国人登陆地**、**入境地**、**入境后居住地**的法院管辖，也可以由**被害人离境前居住地**或者**现居住地**的法院管辖[2]★
（3）领域外的中国船舶内的犯罪	该船舶**最初停泊**的中国口岸所在地、被告人登陆地、入境地的法院[3]★
（4）领域外的中国航空器内的犯罪	该航空器在中国**最初降落地**的法院
（5）列车上的犯罪	①**运行途中抓获**：前方停靠站法院管辖，也可以由始发站或者终点站法院管辖 ②**不是在运行途中抓获**：负责该列车乘务的铁路公安机关对应的法院管辖；若在运行途经车站抓获的，也可以由该车站所在地法院管辖（都必须是负责铁路运输案的法院管辖）[4]★★★

[1] 国际公约规定的罪行的管辖地（口诀）：“抓登人”。

[2] 外国人在中国领域外针对中国、中国人犯罪的管辖地（口诀）：“登入+三居”。

[3] 领域外中国船舶内的犯罪的管辖地（口诀）：“初登人”。

[4] 列车上的犯罪的管辖地（口诀）：运行途中抓获——“前方停靠+始终”；不是运行途中抓获——“乘务+车站”。

续表

情形	管辖的法院
(6) 国际列车上的犯罪	根据我国与相关国家签订的协定确定管辖；没有协定的，由该列车始发或者前方停靠的中国车站所在地负责审判铁路运输刑事案件的法院管辖[1]★★
(7) 中国公民在中国驻外使、领馆内的犯罪	其**主管单位所在地**或者**原户籍地**的法院
(8) 中国公民在中华人民共和国领域外的犯罪	由被告人登陆地、入境地、离境前居住地或者现居住地的法院管辖；被害人是中国公民的，也可由被害人离境前居住地或者现居住地的法院管辖[2]★
(9) 中国内水、领海发生的犯罪	由犯罪地或者被告人登陆地的法院管辖，也可以由被告人居住地的法院管辖[3]
(10) **漏罪**：正在服刑的罪犯在判决宣告前还有其他罪没有判决的，由原审地法院管辖；由罪犯服刑地或者犯罪地的法院审判更为适宜的，可以由罪犯服刑地或者犯罪地的法院管辖 **新罪**：罪犯在服刑期间又犯罪的，由服刑地的法院管辖。罪犯在脱逃期间又犯罪的，由服刑地的法院管辖。但是，在犯罪地抓获罪犯并发现其在脱逃期间犯罪的，由犯罪地的法院管辖★★	

练一练

1. 虐待案可能是公诉案件，虐待被监管人案不可能成为自诉案件。[4]

2. 公诉案件可以转为自诉案件，自诉案件也可以转为公诉案件。[5]

3. 甲市检察院在侦查警察徐某徇私枉法案时，发现徐某还有受贿的犯罪线索，经过与甲市监察委沟通，由甲市检察院对徐某的徇私枉法罪和受贿罪一并立案侦查。[6]

4. 甲与乙共同贩卖毒品，甲还涉嫌侵占罪，公安机关可将甲、乙所犯罪行并案侦查。[7]

5. 秦某在A地服刑，在监狱里打伤狱警后脱逃到B地，在B地抢劫徐某，之后，秦某在C地被抓获，对秦某的新罪由C地法院管辖。[8]

6. 香港居民乔治在大陆A省B市绑架余某，在A省C市制作假冒钟某署名的美术作品《冰冰出浴图》，并运送到A省D市出售给多人。对乔治所犯罪行，应由最高人

---

〔1〕 国际列车上的犯罪的管辖地（口诀）：先按协定，无协定的，则是“始发+前方停靠”。

〔2〕 中国公民在中国领域外的犯罪的管辖地（口诀）：“登入+四居”。

〔3〕 中国内水、领海发生的犯罪的管辖地（口诀）：“犯登居”。

〔4〕 答案：错误（虐待被监管人案可能成为公诉转自诉案件）。

〔5〕 答案：正确。

〔6〕 答案：错误（由甲市检察院将徇私枉法和受贿的犯罪线索一并移送甲市监察委，或者由甲市检察院将受贿犯罪线索移送甲市监察委，对徇私枉法案继续侦查）。

〔7〕 答案：错误（甲的侵占罪只能由被害人向法院提起自诉，不得由公安机关立案侦查）。

〔8〕 答案：错误（对秦某的新罪由A地法院管辖）。

民法院指定B市法院管辖。[1]

7. 检察院以一案起诉孙某等60人黑社会性质组织案，法院经审查认为，分案审理更有利于保障庭审质量和效率的，应当分案审理。[2]

8. 黄某在北京开往成都的G89次列车上抢劫，当场被抓获，由负责该列车乘务的铁路公安机关对应的法院管辖。[3]

---

〔1〕 答案：错误（B市、C市、D市法院对该案均有管辖权，若产生争议，由B市、C市、D市法院先协商，协商不成的，层报A省高级法院指定管辖）。

〔2〕 答案：错误（不是“应当”而是“可以”分案审理）。

〔3〕 答案：错误（该案应由前方停靠站所在地负责审判铁路运输刑事案件的法院管辖。必要时，也可以由始发站或终点站所在地负责审判铁路运输刑事案件的法院管辖）。

第五章 回 避

考点一 回避的适用对象和理由（《刑诉法》第29、30、32条，《高法解释》第27—39条，《最高人民法院关于审判人员在诉讼活动中执行回避制度若干问题的规定》第1、3条）★

回避对象	（1）审判人员、检察人员、侦查人员、法官助理、书记员、鉴定人、翻译人员和其他参与刑事诉讼的具有专门知识的人 （2）证人、律师不适用回避
回避理由	（1）是本案的当事人或者是当事人的近亲属的 （2）本人或者其近亲属与本案有利害关系的[1] （3）担任过本案的证人、鉴定人、辩护人、诉讼代理人、翻译人员的 （4）与本案的辩护人、诉讼代理人有近亲属关系的[2] （5）与本案当事人有其他关系，**可能影响公正处理案件的** （6）接受当事人及其委托的人的请客送礼，违反规定会见当事人及其委托的人的（应提供有关证明材料）（《高法解释》第28条）★ （7）程序只能参加一次：凡在本诉讼阶段以前参与办理本案的人员不得再参与该案的办理。但是，**发回重新审判的案件，在第一审法院作出裁判后又进入第二审程序、在法定刑以下判处刑罚的复核程序或者死刑复核程序的，原第二审程序、在法定刑以下判处刑罚的复核程序或者死刑复核程序中的合议庭组成人员不受前述规定的限制**（《高法解释》第29条第2款）★★

考点二 回避的程序（《刑诉法》第29、31、32条，《高法解释》第26—34条、31—39条）★★

申请主体	当事人及其法定代理人、**辩护人、诉讼代理人**
申请期间	诉讼的任何阶段

[1]《最高人民法院关于审判人员在诉讼活动中执行回避制度若干问题的规定》第1条第2款规定："本规定所称近亲属，包括与审判人员有夫妻、直系血亲、三代以内旁系血亲及近姻亲关系的亲属。"

[2]《最高人民法院关于审判人员在诉讼活动中执行回避制度若干问题的规定》第1条第1款第4项规定，……（四）与本案的诉讼代理人、辩护人有夫妻、父母、子女或者兄弟姐妹关系的。

续表

申请方式	书面或者口头（不论是检察人员、审判人员自行申请回避，还是当事人等申请办案人员回避）
决定主体[1]	（1）院长：审判人员、法院书记员、翻译人员、鉴定人 （2）检察长：检察人员、检察院书记员以及检察院聘请或指派的鉴定人、翻译人员 （3）侦查机关负责人：侦查人员以及由其指派或聘请的翻译人员、鉴定人 （4）集体组织决定：审委会决定院长、检委会决定检察长和侦查机关负责人
处理和救济程序	（1）以非法定理由申请回避的，法庭当庭驳回，并不得复议（《高法解释》第35条第2款） （2）以法定理由提出回避申请——（审查期间）——作出回避与否的决定，申请复议一次——（复议期间）——复议决定 （3）申请复议一次的主体：被驳回回避申请的当事人及其法定代理人、**辩护人、诉讼代理人**（接到决定时）（《高法解释》第35条） （4）审查期间原则上诉讼活动停止，但侦查活动例外 （5）复议期间，诉讼活动不停止 （6）当事人及其法定代理人申请出庭的检察人员回避，若是以法定理由提出回避申请，法院应当决定休庭，并通知检察院尽快作出决定；若不是以法定理由提出回避申请，法院应当当庭驳回，并不得申请复议（《高法解释》第36条） （7）被决定回避的检察人员在回避决定作出以前所取得的证据和进行的诉讼行为是否有效：谁决定回避，谁决定是否有效[2]（《高检规则》第36条）

练一练

1. 鉴定人以外的有专门知识的人属于诉讼参与人，系回避的对象。[3]

2. 宋某系某诈骗案的审判长，其因曾接受该案被害人的请客而被决定回避，被决定回避的宋某可以在接到决定时申请复议一次。[4]

3. 甲盗窃乙一案审理中，乙的诉讼代理人丙以该案的审判员丁在开庭前未阅卷不了解案情为由，申请丁回避，丙的回避申请被驳回后，丙可以申请复议一次。[5]

4. 王某故意伤害李某一案审理中，李某认为H县检察院公诉人顾某曾在审查起诉阶段询问过他，顾某不能再出庭支持公诉，特申请顾某回避，法庭在休庭后报请H县检察院检察长决定顾某回避。[6]

---

[1] 回避的决定主体（口诀）：集体组织→当官的→当兵的。

[2] 被决定回避的检察长在回避决定作出以前所取得的证据和进行的诉讼行为是否有效，由检察委员会根据案件具体情况决定。

被决定回避的其他检察人员在回避决定作出以前所取得的证据和进行的诉讼行为是否有效，由检察长根据案件具体情况决定。

被决定回避的公安机关负责人在回避决定作出以前所进行的诉讼行为是否有效，由作出决定的人民检察院检察委员会根据案件具体情况决定。

[3] 答案：错误（鉴定人以外的有专门知识的人不属于诉讼参与人）。

[4] 答案：错误（被决定回避的宋某无权申请复议）。

[5] 答案：错误（丙不是以法定理由申请回避，被驳回后，丙无权申请复议）。

[6] 答案：错误（捕诉检察官顾某在参与审查起诉后，可出庭支持公诉，无须回避，法院应当庭驳回）。

5. 韩检察官在徐某故意杀人案审查起诉阶段参加过自行补充侦查，其不得承办该案的出庭支持公诉和诉讼监督工作。[1]

〔1〕 答案：错误（韩检察官参与过审查起诉，可以再参与该案的出庭支持公诉和诉讼监督工作）。

第六章 辩护与代理

考点一 辩护人的诉讼地位、有效辩护（《刑诉法》第37条）★

<table>
<tr><td rowspan="4">诉讼地位</td><td rowspan="2">（1）独立的诉讼参与人</td><td>依事实和法律进行辩护</td></tr>
<tr><td>独立于犯罪嫌疑人、被告人、公、检、法</td></tr>
<tr><td colspan="2">（2）维护的是犯罪嫌疑人、被告人的诉讼权利和其他合法权益，而不是非法权益</td></tr>
<tr><td colspan="2">（3）犯罪嫌疑人、被告人合法权益的专门维护者</td></tr>
<tr><td>有效辩护原则</td><td colspan="2">有效辩护原则是辩护权的体现，也是对辩护权的保障，更是对辩护工作质量的原则性要求；辩护应当对保护犯罪嫌疑人、被告人的权利具有实质意义，而不仅仅是形式上的，这就是有效辩护原则的基本要求。有效辩护原则应包括以下几方面的内容：
（1）犯罪嫌疑人、被告人作为刑事诉讼的当事人在整个诉讼过程中应当享有充分的、实质意义上的辩护权
（2）允许犯罪嫌疑人、被告人聘请合格的能够有效履行辩护职责的辩护人为其辩护，这种辩护同样应当覆盖从侦查到审判甚至执行阶段的整个刑事诉讼过程（委托辩护中的体现）
（3）国家应当保障犯罪嫌疑人、被告人自行辩护权的充分行使，并通过设立法律援助制度确保犯罪嫌疑人、被告人能够获得符合最低标准并具有实质意义的律师帮助（自行辩护和法律援助辩护中的体现）</td></tr>
</table>

考点二 辩护人的范围和人数（《刑诉法》第33条，《高法解释》第40、41、43条）★★★

<table>
<tr><td>正面范围</td><td colspan="2">律师；人民团体或者犯罪嫌疑人、被告人所在单位推荐的人；监护人、亲友</td></tr>
<tr><td rowspan="2">禁止范围
★★★</td><td>绝对禁止</td><td>【口诀】“无限人、无自由、受刑罚”[1]</td></tr>
<tr><td>相对禁止</td><td>【口诀】“公检法安监监利害，开除吊销陪审老外”[2]
上述人员，如果是犯罪嫌疑人、被告人的监护人、近亲属，由犯罪嫌疑人、被告人委托担任辩护人的，可以准许</td></tr>
</table>

〔1〕 A. **正在被执行刑罚**或者处于缓刑、**假释**考验期间的人；B. 依法被剥夺、限制人身自由的人；C. 无行为能力或者限制行为能力的人。

〔2〕 A. 法院、检察院、监察机关、公安机关、国家安全机关、监狱的现职人员；B. 人民陪审员；C. 与本案审理结果有利害关系的人；D. 外国人或者无国籍人；E. **被开除公职和被吊销律师、公证员执业证书的人**。

续表

禁止范围★★★	**相对禁止**	此处近亲属的范围：夫、妻、父、母、子、女、同胞兄弟姊妹（《刑诉法》第108条第6项）
	(1) 审判人员和法院其他工作人员从法院离任后**二年内**，不得以**律师身份**担任辩护人 (2) 审判人员和法院其他工作人员从人民法院离任后，**不得担任原任职法院所审理案件的辩护人**，但系被告人的**监护人**、**近亲属**的除外 (3) 审判人员和法院其他工作人员的**配偶、子女或者父母**不得担任**其任职法院**所审理案件的辩护人，但系被告人的**监护人**、**近亲属**的除外	
人数	(1) 一名犯罪嫌疑人、被告人可以委托一至二人作为辩护人 (2) 一名辩护人不得为两名以上的同案犯罪嫌疑人、被告人，**或者未同案处理但犯罪事实存在关联的犯罪嫌疑人、被告人辩护**（《六机关规定》第4条第2款、《高法解释》第43条第2款）	

考点三 辩护人的诉讼权利和义务★★★

（一）辩护律师与非律师辩护人诉讼权利之比较★★★

辩护人的诉讼权利	辩护律师	非律师辩护人
阅卷权★★★（《刑诉法》第40条）	无须检察院、法院许可	须经检察院、法院许可
	(1) **阅卷的时间**：自检察院**对案件审查起诉之日起** (2) **阅卷的范围**：①可以查阅、摘抄、复制**本案的案卷材料**。案卷材料包括案件的**诉讼文书和证据材料**（《高检规则》第47条） 检察院检察委员会的讨论记录、法院合议庭、审判委员会的讨论记录以及其他依法不能公开的材料，不得查阅、摘抄、复制（《关于依法保障律师执业权利的规定》第14条） ②查阅涉密的材料应保密：辩护律师查阅、摘抄、复制的案卷材料属于国家秘密的，应当经过检察院、法院同意并遵守国家保密规定[1] ③查阅录音录像的准许：对作为证据材料向法院移送的讯问录音录像，辩护律师申请查阅的，法院应当准许（《高法解释》第54条） (3) **阅卷的方式**：复制案卷材料可以采用复印、拍照、扫描、电子数据拷贝等方式（《关于依法保障律师执业权利的规定》第14条）	
会见、通信权★★★（《刑诉法》第39条）	无须检察院、法院许可（与**在押或被监视居住**的嫌疑人、被告人会见通信）	须经检察院、法院许可

〔1〕查阅、摘抄、复制案卷材料，涉及国家秘密、商业秘密、个人隐私的，应当保密；对不公开审理案件的信息、材料，或者在办案过程中获悉的案件重要信息、证据材料，不得违反规定泄露、披露，不得用于办案以外的用途。法院可以要求相关人员出具承诺书。违反前款规定的，法院可以通报司法行政机关或者有关部门，建议给予相应处罚；构成犯罪的，依法追究刑事责任。（《高法解释》第55条）

续表

辩护人的诉讼权利	辩护律师	非律师辩护人
会见、通信权★★★ （《刑诉法》第39条）	(1)“三证”会见：辩护律师持“三证”（律师执业证书、律师事务所证明和委托书或者法律援助公函），即可行使会见权（《刑诉法》第39条第2款） (2) 会见安排时间：辩护律师要求会见在押的犯罪嫌疑人、被告人的，看守所应当及时安排会见，应当保证辩护律师在48小时以内见到在押的犯罪嫌疑人、被告人（《刑诉法》第39条第2款、《六机关规定》第7条） (3)“国恐”许可：危害国家安全犯罪、恐怖活动犯罪案件，在侦查期间，辩护律师会见在押（或被监视居住）的犯罪嫌疑人，应当经侦查机关许可（若有碍侦查或可能泄露国家秘密，可以不许可会见。若这两种情形消失，应许可会见。）（《刑诉法》第39条第3款） (4) 会见的目的：辩护律师会见在押（或被监视居住）的犯罪嫌疑人、被告人，可以了解案件有关情况，提供法律咨询等；自案件移送审查起诉之日起，可以向犯罪嫌疑人、被告人核实有关证据（《刑诉法》第39条第4款） (5) 会见不被监听：辩护律师会见在押（或被监视居住）的犯罪嫌疑人、被告人时不被监听，办案机关不得派员在场（《刑诉法》第39条第4款） (6) 通信权——看守所应当及时传递辩护律师同犯罪嫌疑人、被告人的往来信件。看守所可以对信件进行必要的检查，但不得截留、复制、删改信件，不得向办案机关提供信件内容，但信件内容涉及危害国家安全、公共安全、严重危害他人人身安全以及涉嫌串供、毁灭证据等情形的除外（《关于依法保障律师执业权利的规定》第13条）	
调查取证权★★★ （《刑诉法》 第41、43条）	(1) 辩护律师（包含侦查、审查起诉、审判阶段的辩护律师）可自行调查取证，也可以申请法院、检察院调查取证 (2) 非律师辩护人只能申请检察院、法院调查取证，不能自行调查取证 (3) 辩护律师自行调查取证的程序：①向控方证人（被害人及其近亲属以及被害人提供的证人）取证，需过两关（即检察院或法院许可；被调查人同意）；②向辩方证人取证，需过一关（即被调查人同意）（《刑诉法》第43条） (4) 申请调取无罪、罪轻证据：辩护人认为在侦查、审查起诉期间公安机关、检察院收集的证明犯罪嫌疑人、被告人无罪或者罪轻的证据材料未提交的，有权申请检察院、法院调取（《刑诉法》第41条）	
提出意见权★★★ （《关于依法保障律师执业权利的规定》 第21条）	(1) 侦查机关在案件侦查终结前，检察院、法院在审查批准、决定逮捕期间，最高人民法院在复核死刑案件期间，辩护律师提出要求的，办案机关应当听取辩护律师的意见 (2) 检察院审查起诉、速裁案件审理、第二审法院决定不开庭审理、检察院办理死刑上诉和抗诉案件的，应当听取辩护人的意见	
参加法庭调查、辩论权	(1) 辩护律师作无罪辩护的，可以当庭就量刑问题发表辩护意见，也可以庭后提交量刑辩护意见（《关于依法保障律师执业权利的规定》第35条） (2) 律师担任辩护人、诉讼代理人，经法院准许，可以带一名助理参加庭审。律师助理参加庭审的，可以从事辅助工作，但不得发表辩护、代理意见（《高法解释》第68条）	

续表

辩护人的诉讼权利	辩护律师	非律师辩护人
申请变更、解除强制措施的权利★★	犯罪嫌疑人、被告人及其法定代理人、近亲属或者辩护人均享有申请变更、解除强制措施的权利（《刑诉法》第97、99条）	
救济权★★	辩护人、诉讼代理人认为公安机关、检察院、法院及其工作人员阻碍其依法行使诉讼权利的，有权向同级或者上一级检察院申诉或者控告（《刑诉法》第49条）	
律师的知情权	办案机关作出重大程序性决定的，应当依法及时告知辩护律师（《关于依法保障律师执业权利的规定》第6条第2款）[1]	

注意：辩护律师与非律师辩护人诉讼权利的区别：(1) 会见权；(2) 阅卷权；(3) 无调查取证权。

（二）辩护人的诉讼义务★★★

特定证据开示义务	【口诀】“不在场、年龄小、精神病”[2]
披露信息的义务	辩护律师在执业活动中知悉委托人或者其他人，准备或者正在实施危害国家安全、公共安全以及严重危害他人人身安全的犯罪的，应当及时告知司法机关（《刑诉法》第48条）
追究辩护人犯罪的程序	(1) 辩护人涉嫌犯罪的，应当由办理辩护人所承办案件的侦查机关以外的侦查机关办理（同案侦查机关回避）[3] (2) 辩护人是律师的，应当及时通知其所在的律师事务所或者所属的律师协会（《刑诉法》第44条第2款）

（三）侦查阶段辩护权与审查起诉、审判阶段的辩护权的区别（《刑诉法》第38、39条）★★★

—	侦查阶段的辩护权	起诉、审判阶段的辩护权
委托时间和程序	(1) 犯罪嫌疑人自被侦查机关第一次讯问或者采取强制措施之日起，有权委托辩护人。被告人有权随时委托辩护人 (2) 犯罪嫌疑人、被告人在押的，也可以由其监护人、近亲属代为委托辩护人	

---

〔1〕办案机关作出移送审查起诉、退回补充侦查、提起公诉、延期审理、二审不开庭审理、宣告判决等**重大程序性决定**的，应当依法及时告知辩护律师。（《关于依法保障律师执业权利的规定》第6条第2款）

〔2〕辩护人收集的有关**犯罪嫌疑人不在犯罪现场、未达到刑事责任年龄、属于依法不负刑事责任的精神病人的证据**，**应当**及时告知**公安机关、检察院**。（《刑诉法》第42条）

〔3〕公安机关、检察院发现辩护人涉嫌犯罪，或者接受报案、控告、举报、有关机关的移送，依照侦查管辖分工进行审查后认为符合立案条件的，**应当按照规定报请办理辩护人所承办案件的侦查机关的上一级侦查机关指定其他侦查机关立案侦查，或者由上一级侦查机关立案侦查。不得指定办理辩护人所承办案件的侦查机关的下级侦查机关立案侦查**。（《六机关规定》第9条）

续表

—	侦查阶段的辩护权	起诉、审判阶段的辩护权
委托时间和程序	(3) 侦查机关在**第一次讯问犯罪嫌疑人或者对犯罪嫌疑人采取强制措施的时候**，应当告知犯罪嫌疑人有权委托辩护人。检察院自收到移送审查起诉的案件材料之日起3日以内，应当告知犯罪嫌疑人有权委托辩护人。法院自受理案件之日起3日以内，应当告知被告人有权委托辩护人 检察院应当自收到监察机关移送起诉的案卷材料之日起3日以内告知犯罪嫌疑人有权委托辩护人。对已经采取留置措施的，应当在执行拘留时告知（注意：监察机关在调查职务犯罪期间，被调查人无权委托辩护人）（《高检规则》第145条）	
身份	在侦查期间，只能委托**律师**作为辩护人	参见本章“考点二”
权利	为犯罪嫌疑人提供法律帮助；代理申诉、控告；**申请变更强制措施**；向侦查机关了解犯罪嫌疑人涉嫌的罪名和**案件有关情况，提出意见**；与犯罪嫌疑人会见、通信；调查取证权	参见本章“考点三（一）”

考点四　辩护的种类比较、拒绝辩护

种类	特点
自行辩护	贯穿于整个诉讼始终
委托辩护	(1) 公诉案件：自**被侦查机关第一次讯问或者采取强制措施之日** (2) 自诉案件：随时
法律援助辩护[1]（《刑诉法》第35、278、293条，《法律援助法》第25—27条）★★★	(1) 前提——犯罪嫌疑人、被告人未委托辩护人 (2) **法律援助辩护与委托辩护并存的处理规则**：对法律援助机构指派律师为被告人提供辩护，被告人的监护人、近亲属又代为委托辩护人的，**应当听取被告人的意见，由其确定辩护人人选**（《高法解释》第51条） (3) 存在的阶段——**侦查、审查起诉、审判**阶段 (4) 申请主体——**犯罪嫌疑人、被告人及其近亲属** (5) 指定的人员——对可能被判处**无期徒刑、死刑的人**，以及**死刑复核案件的被告人**，应当指派具有**三年以上相关执业经历**[2]**的律师**担任辩护人（《法律援助法》第26条）

---

〔1〕 为死刑复核案件被告人提供法律援助的规定：

①告知程序：**高级法院**在向被告人送达依法作出的死刑裁判文书时，应当**书面告知**其在**最高人民法院复核死刑阶段可以委托辩护律师，也可以申请法律援助**。最高人民法院应当告知或者委托高级人民法院告知被告人为其指派的辩护律师的情况。

②终止法律援助：死刑复核程序中的被告人拒绝指派的律师为其辩护的，最高人民法院**应当准许**被告人在死刑复核期间**自行委托辩护律师**的，司法部法律援助中心**应当作出终止法律援助**的决定，并及时函告最高人民法院。

③辩护律师提出意见：辩护律师应当在接受指派之日起**一个半月内提交书面辩护意见或者当面反映辩护意见**。辩护律师**要求当面反映意见**的，最高人民法院**应当听取辩护律师的意见**。

④裁判文书的叙明：死刑复核案件裁判文书**应当写明辩护律师姓名及所属律师事务所，并表述辩护律师的辩护意见**。受委托宣判的法院应当在宣判后五日内将最高人民法院生效裁判文书送达辩护律师。

〔2〕 此处的相关执业经历是指刑事辩护执业经历。

续表

种类	特点
法律援助辩护（《刑诉法》第35、278、293条，《法律援助法》第25—27条）★★★	(6)“应当”指定的对象[1]：（六种情形：**视力、听力、言语残疾人**；**不能完全辨认自己行为的成年人**；**无期徒刑、死刑**；**申请法律援助的死刑复核案件被告人**；**未成年人【以到案和审判时的年龄为标准】**；**缺席审判案件的被告人**）（《法律援助法》第25条）

拒绝辩护★★	
案件类型	拒绝的次数和后果
(1) 一般案件（除应当提供法律援助辩护的案件）	可以拒绝两次（无须理由），结果是自行辩护
(2) 应当提供法律援助辩护的案件	只能拒绝一次（拒绝指派的辩护律师辩护的，需要正当理由），结果是必须有辩护人辩护（《高法解释》第50、311条）
具体程序：（《高法解释》第311—313条） (1) 被告人在一个审判程序中更换辩护人**一般不得超过两次** (2) 被告人当庭拒绝辩护人辩护，要求另行委托辩护人或者指派律师的，合议庭**应当准许**。被告人拒绝辩护人辩护后，没有辩护人的，**应当宣布休庭**；仍有辩护人的，**庭审可以继续进行** (3) 有多名被告人的案件，部分被告人拒绝辩护人辩护后，没有辩护人的，根据案件情况，**可以对该被告人另案处理，对其他被告人的庭审继续进行** (4) 法庭审理过程中，辩护人拒绝为被告人辩护的，有**正当理由**的，**应当准许**；是否继续庭审，参照适用上述规定 (5) 拒绝辩护后，另行委托辩护人或者通知法律援助机构指派律师的，自案件宣布休庭之日起至第十五日止，由辩护人准备辩护，但**被告人及其辩护人自愿缩短时间的除外**。庭审结束后、判决宣告前另行委托辩护人的，**可以不重新开庭**；辩护人提交**书面**辩护意见的，应当接受	

考点五　法律援助值班律师（《刑诉法》第36条，《法律援助值班律师工作办法》第6、11、21、22、24、28、29条）★★★

值班律师制度	(1) 值班律师制度是对我国辩护制度的重要补充。值班律师帮助犯罪嫌疑人、被告人更好地进行自行辩护，是对委托辩护与法律援助辩护的重要补位，性质上属于为被追诉者提供的必要的最低限度的法律帮助 (2) 值班律师制度是我国法律援助制度的重要组成部分
值班律师制度的适用范围	**(1) 值班律师提供法律帮助的前提**：犯罪嫌疑人、被告人没有委托辩护人，法律援助机构没有指派律师为其提供辩护 (2) 值班律师制度的适用范围并不限于认罪认罚从宽制度，而应该覆盖所有案件的所有诉讼阶段中犯罪嫌疑人、被告人没有辩护人的情形

[1] 应当法律援助的对象（口诀）：残疾不能辨别申死，无死缺席未成年。

续表

地位	值班律师在具体案件中的身份不是辩护人，而是法律帮助者，不提供出庭辩护的服务
职责	（1）值班律师依法提供以下法律帮助 ①提供法律**咨询**；②提供程序**选择**建议；③帮助犯罪嫌疑人、被告人申请**变更**强制措施；④对案件处理提出**意见**；⑤帮助犯罪嫌疑人、被告人及其近亲属申请法律援助；⑥**帮助**其向检察院**提出羁押必要性审查申请**，并协助提供相关材料；⑦法律法规规定的其他事项 （2）值班律师在**认罪认罚**案件中，还应当提供以下法律帮助： ①**向犯罪嫌疑人、被告人释明认罪认罚的性质和法律规定** ②**对检察院指控罪名、量刑建议、诉讼程序适用等事项提出意见** ③犯罪嫌疑人**签署认罪认罚具结书时在场**[1]
权利	（1）了解情况权 侦查阶段，值班律师**可以向侦查机关了解犯罪嫌疑人涉嫌的罪名及案件有关情况** （2）阅卷权 案件进入**审查起诉**阶段后，值班律师**可以查阅案卷材料，了解案情** （3）会见权 ①危害**国家安全犯罪、恐怖活动犯罪**案件，**侦查**期间值班律师**会见**在押犯罪嫌疑人的，**应当经侦查机关许可** ②值班律师会见犯罪嫌疑人、被告人时**不被监听** ③值班律师办理案件时，可以应犯罪嫌疑人、被告人的约见进行会见，也可以经办案机关允许主动会见 （4）提出意见权
工作保障和程序	（1）尽量保障不同诉讼阶段值班律师的同一：对于被羁押的犯罪嫌疑人、被告人，在不同诉讼阶段，**可以**由派驻看守所的**同一**值班律师提供法律帮助。对于未被羁押的犯罪嫌疑人、被告人，前一诉讼阶段的值班律师**可以**在后续诉讼阶段继续为犯罪嫌疑人、被告人提供法律帮助 （2）告知约见值班律师的权利：依法应当通知值班律师提供法律帮助而犯罪嫌疑人、被告人**明确拒绝**的，公安机关、人民检察院、人民法院应当记录在案 前一诉讼程序犯罪嫌疑人、被告人明确拒绝值班律师法律帮助的，后一诉讼程序的办案机关**仍需告知**其有权获得值班律师法律帮助的权利，有关情况应当记录在案 （3）法律帮助活动记录在案：值班律师提供法律咨询、查阅案卷材料、会见犯罪嫌疑人或者被告人、提出书面意见等法律帮助活动的相关情况**应当记录在案，并随案移送**
义务	值班律师提供法律帮助时，应当遵守相关法律法规、执业纪律和职业道德，**依法保守国家秘密、商业秘密和个人隐私，不得向他人泄露工作中掌握的案件情况，不得向受援人收取财物或者谋取不正当利益**

[1] 值班律师对检察院量刑建议、程序适用有异议的，在确认犯罪嫌疑人系自愿认罪认罚后，应当在具结书上签字，同时可以向检察院提出法律意见。犯罪嫌疑人拒绝值班律师帮助的，值班律师无需在具结书上签字。

考点六　诉讼代理人与辩护人的区别★

区别点	诉讼代理人	辩护人
地位	非独立诉讼参与人	独立的诉讼参与人
代理的依据	被代理人的意思	事实和法律
表现形式	包括委托诉讼代理人和指定诉讼代理人两种	包括委托辩护和法律援助辩护两种
职能	控诉	辩护
资格	三类（注意绝对禁止和相对禁止人员）（参见本章“考点二”）	
委托人	公诉案件的被害人及其法定代理人或者近亲属，附带民事诉讼的当事人及其法定代理人，自诉人及其法定代理人	犯罪嫌疑人、被告人及其监护人、近亲属
产生的时间	（1）公诉案件：审查起诉之日起 （2）自诉案件：随时（《刑诉法》第46条第2款）	（1）公诉案件：自**被侦查机关第一次讯问或者采取强制措施之日起** （2）自诉案件：随时
诉讼权利	二者基本相同（参见辩护人的诉讼权利）。如**律师担任诉讼代理人阅卷，无须法院许可，非律师担任诉讼代理人阅卷，需经法院许可**（《高法解释》第65条第1款）	

练一练

1. 有效辩护原则要求，国家应当为每一个犯罪嫌疑人、被告人提供免费的法律援助辩护。[1]

2. 严法官从其所任职的L区法院离任后，严法官和其女儿严律师均不得担任L区法院所办理的案件的辩护人。[2]

3. 甲向乙和丙二人行贿，乙和丙共同受贿，钟律师可以为甲、乙二人辩护，但是不得为乙、丙二人辩护。[3]

4. 郭某间谍案中，强律师从郭某被侦查机关传唤后即可担任郭某的辩护人，强律师在侦查阶段向郭某核实证据，须经侦查机关许可。[4]

5. 温某涉嫌故意杀人被羁押，看守所在检查温某与其律师刁某的信件时发现，温某在信件中向刁某透漏自己曾经毁坏他人价值连城的古董，看守所可以向办案机关提

〔1〕答案：错误（有效辩护原则要求，国家应通过设立法律援助制度确保犯罪嫌疑人、被告人能够获得符合最低标准并具有实质意义的律师帮助）。

〔2〕答案：错误（严律师可以担任L区法院所办理的案件的辩护人，严法官若是被告人的近亲属、监护人，可以担任L区法院所办理的案件的辩护人）。

〔3〕答案：错误（钟律师不得为甲、乙二人辩护，也不得为乙、丙二人辩护）。

〔4〕答案：错误（强律师不得在侦查阶段向郭某核实证据）。

供信件内容。刁某若知悉此信息，也应当及时告知司法机关。[1]

6. 甲故意伤害乙一案，辩护律师卢某获悉乙事先因精神病发作挑逗甲这一事实，卢某应当将该事实相关证据告知公安机关、检察院。[2]

7. 康某故意杀人案庭审中，康某的辩护人田某申请排除刑讯所获得的康某的供述，被法庭驳回，田某不服，当庭提出复议，法庭又予以驳回，田某仍然不服，表示要以此为由上诉，法院应当决定延期审理。[3]

8. 周某（17周岁）因故意伤害罪接受审判，周某当庭拒绝法律援助律师韩某为其辩护，法庭准许后，法律援助机构另行为其指派律师孙某辩护，周某再次拒绝孙某辩护，法庭不予准许。[4]

9. 律师担任辩护人和诉讼代理人在审判阶段阅卷，均无须法院许可。[5]

10. 甲因故意杀人被判处死刑，最高人民法院在复核该案时，法律援助机构应当指派具有3年以上执业经历的律师担任甲的辩护人。[6]

11. 法律援助值班律师不是犯罪嫌疑人、被告人的辩护人，只适用于认罪认罚的案件。[7]

12. 在不同诉讼阶段，应当由同一值班律师为同一犯罪嫌疑人、被告人提供法律帮助。[8]

13. 对作为证据材料向法院移送的讯问录音录像，辩护律师申请查阅、复制的，法院应当准许。[9]

14. 莫某放火案，H市法律援助中心为莫某指派钱律师提供辩护，莫某的父亲又代为委托何律师担任莫某的辩护人的，应当由法院为莫某确定辩护人人选。[10]

15. 辩护律师可以在侦查终结前查阅侦查机关的起诉意见书。[11]

16. 值班律师对检察院的量刑建议、程序适用有异议的，无须在认罪认罚具结书上签字。[12]

17. 值班律师和辩护律师会见犯罪嫌疑人、被告人时，均不被监听。[13]

---

[1] 答案：错误（温某曾经毁坏他人价值连城的古董，属于侵害他人财产权利的犯罪信息，看守所不得向办案机关提供信件内容。刁某若知悉此信息，不得告知司法机关）。

[2] 答案：错误（对被害人乙有精神病的证据，卢某无须告知公安机关、检察院）。

[3] 答案：错误（法院无须延期审理）。

[4] 答案：正确。

[5] 答案：正确。

[6] 答案：错误（甲申请法律援助的，才应为其指派律师辩护。此外，应当指派具有3年以上刑事辩护执业经历的律师辩护）。

[7] 答案：错误（值班律师制度的适用范围不限于认罪认罚制度，而适用于所有案件的所有阶段中犯罪嫌疑人、被告人没有辩护人的情形）。

[8] 答案：错误（在不同诉讼阶段，可以由同一值班律师为同一犯罪嫌疑人、被告人提供法律帮助）。

[9] 答案：错误（辩护律师申请查阅作为证据材料向法院移送的讯问录音录像，法院应当准许，没有“复制”）。

[10] 答案：错误（应由莫某确定辩护人人选）。

[11] 答案：错误（在侦查阶段，辩护律师没有阅卷权，不能向侦查机关查阅起诉意见书）。

[12] 答案：错误（值班律师对检察院的量刑建议、程序适用有异议的，在确认犯罪嫌疑人系自愿认罪认罚后，应当在具结书上签字，同时可以向检察院提出法律意见）。

[13] 答案：正确。

第七章 刑事证据

考点一 证据的基本特征★★

特征	含义
客观性	客观存在的事实，不是人的主观猜测和虚假的东西
关联性	是指证据必须与案件事实有客观联系，对证明刑事案件事实具有某种实际意义 原则上不具有关联性的证据（类似行为、品格证据、特定的诉讼行为[1]、特定的事实行为[2]、被害人过去的行为[3]、表情）★★
合法性	（1）证据的形式应合法（必须符合《刑诉法》第50条规定的物证，书证，证人证言，被害人陈述，犯罪嫌疑人、被告人供述和辩解，鉴定意见，勘验，检查，辨认，侦查实验等笔录，视听资料，电子数据这八种证据形式之一）（警犬辨认、心理测试结论等不具备合法性） ①专门性问题的报告：因无鉴定机构，或者根据法律、司法解释的规定，指派、聘请有专门知识的人就案件的专门性问题出具的报告，可以作为证据使用（《高法解释》第100条）★★★ ②事故调查报告：有关部门对事故进行调查形成的报告，在刑事诉讼中可以作为证据使用；报告中**涉及专门性**问题的意见，经法庭查证属实，且调查程序符合法律、有关规定的，**可以作为定案的根据**（《高法解释》第101条）★★★ （2）证据提供、收集和审查的程序应合法

考点二 刑事证据制度的基本原则

原则	含义和体现	
证据裁判原则★★	含义	是指对于案件事实的认定，必须有相应的证据予以证明。没有证据或者证据不充分，不能认定案件事实
	内容	（1）认定案件事实必须依靠证据，没有证据不能认定案件事实；（2）用于认定案件事实的证据必须具有证据能力，即具有证据资格；（3）用于定案的证据必须是法庭上查证属实的证据，除非法律另有规定；（4）综合全案证据必须达到法定的证明标准才能认定案件事实

---

〔1〕 特定的诉讼行为，例如，曾作有罪答辩后来又撤回，不得作为不利于被告人的证据采纳。

〔2〕 特定的事实行为，例如，关于事件发生后某人实施补救措施的事实，一般情况下不得作为行为人对该事实负有责任的证据加以采用。

〔3〕 被害人过去的行为，例如，在性犯罪案件中，有关受害人过去性行为方面的名声或评价的证据，一律不予采纳。

续表

<table>
<tr><th>原则</th><th colspan="2">含义和体现</th></tr>
<tr><td rowspan="2">自由心证原则</td><td>含义</td><td>是指证据的取舍、证据的证明力大小以及对案件事实的认知程度等，法律不预先加以明确规定，而由裁判主体按照自己的良心、理性形成内心确信，以此认定案件事实的一项证据原则</td></tr>
<tr><td>内容</td><td>自由心证原则包含两个方面的内容，一是自由判断，二是内心确信</td></tr>
</table>

考点三　非法证据排除规则★★★

（一）非法证据排除的范围（《刑诉法》第56条，《高法解释》第83、84、86、88—92、94、95、98—100、105、109、113、114条，《关于办理刑事案件严格排除非法证据若干问题的规定》第2—7条）★★★

<table>
<tr><td rowspan="3">排除范围</td><td>犯罪嫌疑人、被告人供述</td><td>采用刑讯逼供等非法方法收集的犯罪嫌疑人、被告人供述，应当排除
以下供述应当排除：
（1）采取殴打、违法使用戒具等暴力方法或者变相肉刑的恶劣手段，使犯罪嫌疑人、被告人遭受难以忍受的痛苦而违背意愿作出的供述
（2）采用以暴力或者严重损害本人及其近亲属合法权益等进行威胁的方法，使犯罪嫌疑人、被告人遭受难以忍受的痛苦而违背意愿作出的供述
（3）采用非法拘禁等非法限制人身自由的方法；收集的犯罪嫌疑人、被告人供述
（4）重复性供述的排除（但有两个例外：调查、侦查阶段换人或换阶段＋告知＋自愿）：采用刑讯逼供方法使犯罪嫌疑人、被告人作出供述，之后犯罪嫌疑人、被告人受该刑讯逼供行为影响而作出的与该供述相同的重复性供述，应当一并排除。但下列情形除外：①调查、侦查期间，根据控告、举报或者自己发现等，调查、侦查机关确认或者不能排除以非法方法收集证据而更换调查、侦查人员，其他调查、侦查人员再次讯问时告知诉讼权利和认罪的法律后果，犯罪嫌疑人、被告人自愿供述的；②审查逮捕、审查起诉和审判期间，检察人员、审判人员讯问时告知诉讼权利和认罪的法律后果，犯罪嫌疑人、被告人自愿供述的（《关于办理刑事案件严格排除非法证据若干问题的规定》第5条、《高法解释》第124条）</td></tr>
<tr><td>证人证言、被害人陈述</td><td>（1）采用暴力、威胁等非法方法收集的证人证言、被害人陈述，应当排除
（2）采用非法限制人身自由等非法方法收集的证人证言、被害人陈述，应当排除</td></tr>
<tr><td>物证、书证</td><td>收集不符合法定程序，可能严重影响司法公正的，不能补正或者作出合理解释的物证、书证，应当排除</td></tr>
<tr><td>“毒树之果”</td><td colspan="2">“毒树之果”是以非法行为作为条件或以非法证据为线索而得到的其他证据。在我国，“毒树之果”如果合法、属实、与案件事实有关联，可以作为定案根据</td></tr>
</table>

续表

	证据种类	不得作为定案根据的证据	“瑕疵可补正的证据”（补正或者作出合理解释）
《高法解释》的“不得作为定案根据的证据”和“瑕疵可补正的证据”	物证、书证[1]	(1) 物证的照片、录像、复制品，不能反映原物的外形和特征的 (2) 书证有更改或者更改迹象不能作出合理解释，或者书证的副本、复制件不能反映原件及其内容的 (3) 在勘验、检查、搜查过程中提取、扣押的物证、书证，未附笔录或者清单，不能证明物证、书证来源的 (4) 物证、书证的来源、收集程序有疑问，不能作出合理解释的	(1) 勘验、检查、搜查、提取笔录或者扣押清单上没有调查人员或者侦查人员、物品持有人、见证人签名，或者对物品的名称、特征、数量、质量等注明不详的 (2) 物证的照片、录像、复制品，书证的副本、复制件未注明与原件核对无异，无复制时间，或者无被收集、调取人签名的 (3) 物证的照片、录像、复制品，书证的副本、复制件没有制作人关于制作过程和原物、原件存放地点的说明，或者说明中无签名的 (4) 有其他瑕疵的
	证人证言[2]	(1) 处于明显醉酒、中毒或者麻醉等状态，不能正常感知或者正确表达的证人所提供的证言 (2) 证人的猜测性、评论性、推断性的证言，不得作为证据使用，但根据一般生活经验判断符合事实的除外 (3) 询问证人没有个别进行的 (4) 书面证言没有经证人核对确认的 (5) 询问聋、哑人，应当提供通晓聋、哑手势的人员而未提供的 (6) 询问不通晓当地通用语言、文字的证人，应当提供翻译人员而未提供的 (7) 经法院通知，证人没有正当理由拒绝出庭或者出庭后拒绝作证，法庭对其证言的真实性无法确认的，该证人证言不得作为定案的根据	(1) 询问笔录没有填写询问人、记录人、法定代理人姓名以及询问的起止时间、地点的 (2) 询问地点不符合规定的 (3) 询问笔录没有记录告知证人有关作证的权利义务和法律责任的 (4) 询问笔录反映出在同一时段，同一询问人员询问不同证人的 (5) 询问未成年证人，其法定代理人或者合适成年人不在场的
	被害人陈述	对被害人陈述，参照证人证言的审查和认定	

[1] 强制排除的物证、书证（口诀）：“更改疑问未解释，不能反映原件，不能证明来源”。

[2] 强制排除的证言（口诀）：“未能出庭不真实，不能表达和感知，个别意见未翻（译）核（对）”。

续表

《高法解释》的“不得作为定案根据的证据”和“瑕疵可补正的证据”	被告人供述（讯问笔录）[1]	(1) 讯问笔录没有经被告人核对确认的 (2) 讯问聋、哑人，应当提供通晓聋、哑手势的人员而未提供的 (3) 讯问不通晓当地通用语言、文字的被告人，应当提供翻译人员而未提供的 (4) 讯问未成年被告人，其法定代理人或者合适成年人不在场的 (5) 除情况紧急必须现场讯问以外，在规定的办案场所外讯问取得的供述，未依法对讯问进行全程录音录像取得的供述，以及不能排除以非法方法取得的供述，应当排除（《关于建立健全防范刑事冤假错案工作机制的意见》第8条）	(1) 讯问笔录填写的讯问时间、讯问地点、讯问人、记录人、法定代理人等有误或者存在矛盾的 (2) 讯问人没有签名的 (3) 首次讯问笔录没有记录告知被讯问人有关权利和法律规定的
	鉴定意见	(1) 鉴定机构不具备法定资质，或者鉴定事项超出该鉴定机构业务范围、技术条件的 (2) 鉴定人不具备法定资质，不具有相关专业技术或者职称，或者违反回避规定的 (3) 送检材料、样本来源不明，或者因污染不具备鉴定条件的 (4) 鉴定对象与送检材料、样本不一致的 (5) 鉴定程序违反规定的 (6) 鉴定过程和方法不符合相关专业的规范要求的 (7) 鉴定文书缺少签名、盖章的 (8) 鉴定意见与案件事实没有关联的 (9) 违反有关规定的其他情形 (10) 经法院通知，鉴定人拒不出庭作证的	—
	专门性问题的报告	因无鉴定机构，或者根据法律、司法解释的规定，指派、聘请有专门知识的人就案件的专门性问题出具的报告，可以作为证据使用。对该报告的审查与认定，参照适用鉴定意见的审查和认定的有关规定。经法院通知，出具报告的人拒不出庭作证的，有关报告不得作为定案的根据（《高法解释》第100条）	—
	勘验、检查笔录	勘验、检查笔录存在明显不符合法律、有关规定的情形，不能作出合理解释或者说明的	—

[1] 强制排除的被告人供述（口诀）：“地点不符、未录像（录音）、未翻核、未在场”。

续表

《高法解释》的“不得作为定案根据的证据”和“瑕疵可补正的证据”	辨认笔录	(1) 辨认**不是在调查人员、侦查人员主持下进行**的 (2) **辨认前使辨认人见到辨认对象**的 (3) 辨认活动**没有个别进行**的 (4) 辨认对象**没有混杂在具有类似特征的其他对象中，或者供辨认的对象数量不符合规定**的 (5) 辨认中**给辨认人明显暗示或者明显有指认嫌疑**的 (6) **违反有关规定，不能确定辨认笔录真实性**的其他情形[1]	—
	侦查实验笔录	侦查实验的条件与事件发生时的**条件有明显差异**，或者**存在影响实验结论科学性的其他情形**的	—
	视听资料[2]	(1) 系**篡改、伪造**或者**无法确定真伪**的 (2) 制作、取得的**时间、地点、方式等有疑问，不能作出合理解释**的	—
	电子数据[3]	(1) 系**篡改、伪造或者无法确定真伪**的 (2) **有增加、删除、修改等情形，影响电子数据真实性**的 (3) 其他**无法保证电子数据真实性**的情形	(1) **未以封存状态**移送的 (2) 笔录或者清单上没有调查人员或者侦查人员、电子数据持有人、提供人、见证人签名或者盖章的 (3) 对电子数据的名称、类别、格式等注明不清的 (4) 有其他瑕疵的

（二）非法证据排除的阶段和程序（《刑诉法》第56—60条，《关于办理刑事案件严格排除非法证据若干问题的规定》第14、20—40条，《高法解释》第127—138条）★★★

排除的主体、阶段	在**侦查、审查起诉、审判时**发现有应当排除的证据的，应当依法予以排除，**不得作为起诉意见、起诉决定和判决的依据**（《刑诉法》第56条）；**不得作为移送审查逮捕、批准或者决定逮捕、移送起诉以及提起公诉的依据**（《高检规则》第66条）
检察院阶段	**犯罪嫌疑人及其辩护人**在**侦查**期间可以向检察院申请排除非法证据。检察院接到报案、控告、举报或者发现侦查人员以非法方法收集证据的，**应当进行调查核实**。对于确有以非法方法收集证据情形的，**应当提出纠正意见**；构成犯罪的，依法追究刑事责任

---

[1] 强制排除的辨认笔录（口诀）：“个别混杂有暗示，不是调查、侦查（人员）来主持”。

[2] 强制排除的视听资料（口诀）：“篡改、伪造、不真实、有疑问”。

[3] 强制排除的电子数据（口诀）：“篡改、伪造、不真实”；裁量排除的电子数据（口诀）：“未封存、未注明、未签名”。

续表

	法院的义务（依职权启动）	法庭审理过程中，审判人员认为可能存在《刑诉法》第56条规定的以非法方法收集证据情形的，**应当对证据收集的合法性进行法庭调查**
	申请主体	当事人及其辩护人、诉讼代理人
	申请时间	**应当在开庭审理前提出，但在庭审期间发现相关线索或者材料等情形除外**（《关于办理刑事案件严格排除非法证据若干问题的规定》第23条第2款）
	申请条件	申请排除以非法方法收集的证据的主体，应当提供涉嫌非法取证的人员、时间、地点、方式、内容等相关线索或者材料 被告人及其辩护人在开庭审理前申请排除非法证据，未提供相关线索或者材料，不符合法律规定的申请条件的，法院对申请**不予受理**（《关于办理刑事案件严格排除非法证据若干问题的规定》第24条）
法院阶段 ★★★	法庭对证据合法性的审查、调查（注意时间和处理方式）（《关于办理刑事案件严格排除非法证据若干问题的规定》第23、25、26、28、29、30条）	（1）开庭审理前，法院**可以召开庭前会议**，就非法证据排除等问题**了解情况，听取意见**。在庭前会议中，检察院可以通过出示有关证据材料等方式，**对证据收集的合法性加以说明。必要时，可以通知调查人员、侦查人员或者其他人员参加庭前会议，说明情况** 检察院可以决定撤回有关证据，撤回的证据，没有新的理由，不得在庭审中出示 当事人及其辩护人、诉讼代理人可以撤回排除非法证据的申请。撤回申请后，没有新的线索或者材料，不得再次对有关证据提出排除申请 控辩双方**在庭前会议中对证据收集是否合法未达成一致意见**，法院**对证据收集的合法性有疑问**的，**应当在庭审中进行调查**；对证据收集的合法性没有疑问，且无新的线索或者材料表明可能存在非法取证的，可以决定不再进行调查并说明理由 （2）公诉人宣读起诉书后，法庭应当宣布开庭审理前对证据收集合法性的审查及处理情况 当事人及其辩护人、诉讼代理人在开庭审理前未申请排除非法证据，在庭审过程中提出申请的，应当说明理由 对前述情形，法庭经审查，对证据收集的合法性有疑问的，应当进行调查；没有疑问的，应当驳回申请 法庭驳回排除非法证据申请后，当事人及其辩护人、诉讼代理人没有新的线索或者材料，以相同理由再次提出申请的，法庭不再审查 （3）**先行调查是原则，法庭调查结束之前调查是例外**：庭审期间，法庭决定对证据收集的合法性进行调查的，应当先行当庭调查。但为防止庭审过分迟延，也可以在法庭调查结束前调查
	证据收集合法性的证明主体	**检察院**应当对证据收集的合法性加以证明

续表

法院阶段★★★	证据收集合法性的证明方法（《关于办理刑事案件严格排除非法证据若干问题的规定》第27、31条）	(1) 公诉人对证据收集的合法性加以证明，可以出示调查、侦查讯问笔录、提讯登记、体检记录、采取强制措施或者侦查措施的法律文书、**对讯问合法性的核查材料**等证据材料，有针对性地播放讯问录音录像，提请法庭通知调查人员、侦查人员或者其他人员出庭说明情况（此处的侦查人员不是证人） 被告人及其辩护人可以出示相关线索或者材料，并申请法庭播放特定时段的讯问录音录像 (2) 控辩双方申请法庭通知调查人员、侦查人员或者其他人员出庭说明情况，法庭认为**有必要的，应当通知**有关人员出庭。根据案件情况，法庭**可以依职权通知**调查人员、侦查人员或者其他人员出庭说明情况。调查人员、侦查人员或者其他人员出庭的，应当向法庭说明证据收集过程，并就相关情况接受控辩双方和法庭的询问 (3) 公诉人提交的取证过程合法的说明材料，应当经有关调查人员、侦查人员签名，并加盖单位印章。未经签名或者盖章的，不得作为证据使用。上述说明材料**不能单独**作为证明取证过程合法的根据（《高法解释》第135条）
	法律后果和处理方式（《关于办理刑事案件严格排除非法证据若干问题的规定》第33、34、36条）	(1) **当庭决定是原则，再次开庭时决定是例外**：法庭对证据收集的合法性进行调查后，应当**当庭**作出是否排除有关证据的决定。必要时，可以宣布休庭，由合议庭评议或者提交审判委员会讨论，再次开庭时宣布决定 在法庭作出是否排除有关证据的决定前，不得对有关证据宣读、质证 (2) 经法庭审理，**确认存在**本规定所规定的以非法方法收集证据情形的，对有关证据**应当予以排除**。法庭根据相关线索或者材料对证据收集的合法性有疑问，而检察院未提供证据或者提供的证据不能证明证据收集的合法性，**不能排除存在**本规定所规定的以非法方法收集证据情形的，对有关证据**应当予以排除** 对依法予以排除的证据，不得宣读、质证，不得作为判决的根据
	二审阶段排除非法证据（《关于办理刑事案件严格排除非法证据若干问题的规定》第38—40条）	(1) 第二审中应当对证据合法性审查的情形： ①**一审中申请但未审查，且作为定案根据的**：第一审法院对当事人及其辩护人、诉讼代理人排除非法证据的申请没有审查，且以该证据作为定案根据的 ②**对一审的结论有异议的**：检察院或者被告人、自诉人及其法定代理人不服第一审人民法院作出的有关证据收集合法性的调查结论，提出抗诉、上诉的 ③**一审后发现的**：当事人及其辩护人、诉讼代理人在第一审结束后才发现相关线索或者材料，申请法院排除非法证据的 (2) 检察院对证据收集合法性的举证时限：检察院在第一审程序中未出示证据证明证据收集的合法性，第一审法院依法排除有关证据的，检察院在第二审程序中不得出示之前未出示的证据，但在第一审程序后发现的除外

考点四 证据的法定种类★★（《刑诉法》第50条）

证据的法定形式	提 示
物证、书证★	物证：物品、痕迹；书证：思想、内容
证人证言★	（1）形成过程：感知→记忆→表述 （2）形式：书面、口头、音像资料
被害人陈述	对案件事实的陈述、分析判断、诉讼请求
犯罪嫌疑人、被告人供述和辩解★★	（1）供述（有罪、罪重的陈述）；辩解（无罪、罪轻的陈述） （2）只有被告人供述，没有其他证据的，不能认定被告人有罪和处以刑罚；没有被告人供述，证据确实、充分的，可以认定被告人有罪和处以刑罚（《刑诉法》第55条） （3）仅有共犯的口供，也不能定案 （4）孤证不能定案
鉴定意见★	（1）对象：专门性事实问题 （2）鉴定意见的形式必须是书面的《鉴定书》 （3）鉴定意见包括肯定性意见和倾向性意见两种，后者不是严格意义上的鉴定意见，不能作为定案的根据使用，只能供办案人员参考
勘验、检查、辨认、侦查实验等笔录	（1）主体：办案人员 （2）勘验对象：现场、物品、尸体。检查对象：人身 （3）形成时间：诉讼内
视听资料、电子数据★★	（1）形成于案件发生过程中（一般产生于诉讼开始之前） （2）视听资料以模拟信号存储于录音、录像带等；电子数据以**数字化形式**存储 （3）以数字化形式记载的证人证言、被害人陈述以及犯罪嫌疑人、被告人供述和辩解等证据，不属于电子数据（《关于办理刑事案件收集提取和审查判断电子数据若干问题的规定》第1条第3款） （注意：判断其种类时要和具体的证明对象联系）

考点五 证据的理论分类★★

划分标准	分类和含义	
证据材料的来源	原始证据	来自原始出处，即直接来源于**案件事实**的证据材料
	传来证据	不直接来源于**案件事实**，而是从间接的非第一来源获得的证据材料。经传递、复制、转述的证据，是传来证据
证据与案件主要事实证明关系	直接证据	**能够单独、直接证明案件主要事实的**证据 直接证据包括三种情形：（1）能直接肯定某人实施犯罪；（2）能直接否定某人实施犯罪；（3）能直接否定犯罪的发生
	间接证据	不能单独、直接证明刑事案件主要事实，需要与其他证据相结合才能证明的证据。**物证肯定是间接证据**

续表

划分标准	分类和含义	
证据的表现形式	言词证据	**表现为人的陈述**。证人证言、被害人陈述、犯罪嫌疑人、被告人供述和辩解、鉴定意见、辨认笔录、专门性问题的报告都属于言词证据
	实物证据	**表现为实物的形式**。物证、书证、勘验、检查笔录属于实物证据。视听资料、电子数据一般认为属于实物证据
与证明被告人有罪的关系	有罪证据	凡是能够证明**犯罪事实存在和犯罪行为系犯罪嫌疑人、被告人所为的证据**
	无罪证据	能够**否定犯罪事实存在，或者能够证明犯罪嫌疑人、被告人未实施犯罪行为的证据**

考点六　证人、鉴定人出庭作证制度★★★（《刑诉法》第63—65，192、193条）

证人出庭和不出庭作证的情形	（1）公诉人、当事人或者辩护人、诉讼代理人**对证人证言有异议，且该证人证言对案件定罪量刑有重大影响，法院认为证人有必要出庭作证**的，证人应当出庭作证[1] （2）**人民警察就其执行职务时目击的犯罪情况作为证人出庭作证**，适用前述规定 （3）证人具有下列情形之一，无法出庭作证的，法院**可以准许其不出庭**： ①在庭审期间身患严重疾病或者行动极为不便的 ②居所远离开庭地点且交通极为不便的 ③身处国外短期无法回国的 ④有其他客观原因，确实无法出庭的 具有上述规定情形的，可以通过视频等方式作证（《高法解释》第253条） （4）开庭审理涉及未成年人的刑事案件，**未成年被害人、证人一般不出庭作证**；必须出庭的，应当采取保护其隐私的技术手段和心理干预等保护措施（《高法解释》第558条）
鉴定人应当出庭作证的情形[2]	公诉人、当事人或者辩护人、诉讼代理人对鉴定意见**有异议**的，法院认为鉴定人**有必要**出庭的，鉴定人**应当**出庭作证
强制出庭及例外	（1）经法院依法通知，证人没有正当理由不出庭作证的，法院**可以强制**其到庭，但是**被告人的配偶、父母、子女除外**[3]（《刑诉法》第193条） （2）强制证人出庭的，应当由院长签发**强制证人出庭令，由法警执行。必要时，可以商请公安机关协助**（《高法解释》第255条）

〔1〕证人应当出庭作证的条件（口诀）：“三有”（有异议、有影响、有必要）。
〔2〕鉴定人应当出庭作证的条件（口诀）：“两有”（有异议、有必要）。
〔3〕注意，强制出庭作证的例外不包括被告人的同胞兄弟姊妹以及被害人的配偶、父母、子女。

续表

证人拒绝出庭（作证）的后果	（1）证人没有正当理由拒绝出庭或者出庭后拒绝作证的，**予以训诫**，情节严重的，**经院长批准，处以10日以下的拘留** （2）被处罚人对拘留决定不服的，可以向**上一级法院申请复议**。复议期间**不停止执行**（《刑诉法》第193条） （3）经法院通知，证人没有正当理由拒绝出庭或者出庭后拒绝作证，**法庭对其证言的真实性无法确认的，该证人证言不得作为定案的根据**（《高法解释》第91条第3款）
鉴定人拒绝出庭的后果	（1）经法院通知，鉴定人拒不出庭作证的，**鉴定意见不得作为定案的根据** （2）鉴定人由于不能抗拒的原因或者有其他正当理由无法出庭的，法院可以根据情况决定**延期审理或者重新鉴定**
证人保护	对于**危害国家安全犯罪、恐怖活动犯罪、黑社会性质的组织犯罪、毒品犯罪等**案件，**证人、鉴定人、被害人**因在诉讼中作证，**本人或者其近亲属**的人身安全面临危险的，法院、检察院和公安机关应当采取以下一项或者多项保护措施：**（1）不公开真实姓名、住址和工作单位等个人信息；（2）采取不暴露外貌、真实声音等出庭作证措施；（3）禁止特定的人员接触证人、鉴定人、被害人及其近亲属；（4）对人身和住宅采取专门性保护措施；（5）其他必要的保护措施**（《刑诉法》第64条）
证人补偿（补助）	（1）证人因履行作证义务而支出的**交通、住宿、就餐**等费用，**应当给予补助**。证人作证的补助列入司法机关业务经费，由**同级政府财政予以保障** （2）**有工作单位的证人作证**，**所在单位**不得克扣或者变相克扣其工资、奖金及其他福利待遇（《刑诉法》第65条）[1]

考点七 证据的收集和运用规则

监察证据在刑诉中的运用★	**监察机关**依法收集的**证据材料**，在刑事诉讼中**可以作为证据**使用。对监察证据的审查判断，适用刑事审判关于证据的要求和标准（《高法解释》第76条）
行政证据向刑事证据的转化[2]★★	（1）**行政机关**在行政执法和查办案件过程中收集的**物证、书证、视听资料、电子数据、勘验、检查等笔录、鉴定意见**等证据材料，在刑事诉讼中可以作为证据使用（《高检规则》第64条、《公安部规定》第63条） （2）行政机关在行政执法和查办案件过程中收集的物证、书证、视听资料、电子数据等证据材料，**经法庭查证属实，且收集程序符合有关法律、行政法规规定的，可以作为定案的根据** 根据法律、行政法规规定**行使国家行政管理职权的组织**，在行政执法和查办案件过程中收集的证据材料，**视为行政机关收集的证据材料**（《高法解释》第75条）

[1] 注意：被害人、鉴定人出庭作证，不需要予以补助。

[2] 行政机关收集的证人证言、被害人陈述、涉案人员的供述，应重新收集，不得直接作为刑事诉讼中的证据使用。

续表

检察院未移送证据材料、录音录像的处理	(1) **对提起公诉的案件，法院应当审查证明被告人有罪、无罪、罪重、罪轻的证据材料是否全部随案移送；未随案移送的，应当通知检察院在指定时间内移送。检察院未移送**的，法院**应当根据在案证据对案件事实作出认定**（《高法解释》第73条） (2) 依法应当对讯问过程录音录像的案件，相关**录音录像未随案移送**的，必要时，法院**可以通知检察院在指定时间内移送**。检察院未移送，导致不能排除属于刑事诉讼法第56条规定的以非法方法收集证据情形的，对有关证据**应当依法排除**；导致有关证据的真实性无法确认的，**不得作为定案的根据**（《高法解释》第74条）
矛盾证言的认定	证人当庭作出的证言与其庭前证言矛盾，证人能够作出合理解释，并有其他证据**印证**的，应当采信其庭审证言；不能作出合理解释，而其庭前证言有其他证据**印证**的，可以采信其庭前证言（《高法解释》第91条第2款）
庭前供述和当庭供述矛盾时的采信规则	(1) 被告人庭审中翻供，但不能合理说明翻供原因或者其辩解与全案证据矛盾，而其庭前供述与其他证据相互**印证**的，可以采信其庭前供述 (2) 被告人庭前供述和辩解存在反复，但庭审中供认，且与其他证据相互**印证**的，可以采信其庭审供述；被告人庭前供述和辩解存在反复，庭审中不供认，且无其他证据与庭前供述**印证**的，不得采信其庭前供述（《高法解释》第96条）
隐蔽性证据的认定	根据被告人的供述、指认提取到了隐蔽性很强的物证、书证，且被告人的供述与其他证明犯罪事实发生的证据相互**印证**，并排除串供、逼供、诱供等可能性的，可以认定被告人有罪（《高法解释》第141条）
特殊人提供的言词证据的认定[1] ★★★	下列证据应当慎重使用，有其他证据**印证**的，可以采信： (1) **生理上、精神上有缺陷**，对案件事实的认知和表达存在一定困难，但尚未丧失正确认知、表达能力的被害人、证人和被告人所作的陈述、证言和供述 (2) 与被告人有亲属关系或者其他密切关系的证人所作的有利于被告人的证言，或者与被告人有利害冲突的证人所作的不利于被告人的证言（《高法解释》第143条）
境外的证据材料的运用	(1) 对来自境外的证据材料，检察院应当随案移送有关材料来源、提供人、提取人、提取时间等情况的说明。经法院审查，相关证据材料能够证明案件事实且符合刑事诉讼法规定的，可以作为证据使用，但提供人或者我国与有关国家签订的双边条约对材料的使用范围有明确限制的除外；材料来源不明或者真实性无法确认的，不得作为定案的根据 (2) 当事人及其辩护人、诉讼代理人提供来自境外的证据材料的，该证据材料应当经所在国公证机关证明，所在国中央外交主管机关或者其授权机关认证，并经中华人民共和国驻该国使领馆认证，或者履行中华人民共和国与该所在国订立的有关条约中规定的证明手续，但我国与该国之间有互免认证协定的除外 (3) 控辩双方提供的证据材料涉及外国语言、文字的，应当附中文译本（《高法解释》第77、78条）

[1] 儿童的证言、被害人陈述，若能查证属实，直接可作为定案根据，无须其他证据印证。

续表

信息网络犯罪案件的取证和认证（新增）★★★	（1）办理信息网络犯罪案件，对于**数量特别众多且具有同类性质、特征或者功能的物证、书证、证人证言、被害人陈述、视听资料、电子数据**等证据材料，**确因客观条件限制无法逐一收集**的，**应当按照一定比例或者数量选取证据**，并对选取情况作出说明和论证 检察院、法院应当重点审查取证方法、过程是否科学。经审查认为取证不科学的，应当由原取证机关作出**补充说明或者重新取证** 检察院、法院应当结合其他证据材料，以及犯罪嫌疑人、被告人及其辩护人所提辩解、辩护意见，审查认定取得的证据。经审查，**对相关事实不能排除合理怀疑的，应当作出有利于犯罪嫌疑人、被告人的认定**（《关于办理信息网络犯罪案件适用刑事诉讼程序若干问题的意见》第20条） （2）对于涉案**人数特别众多的信息网络犯罪案件**，**确因客观条件限制无法收集证据逐一证明、逐人核实涉案账户的资金来源**，但根据银行账户、非银行支付账户等交易记录和其他证据材料，**足以认定有关账户主要用于接收、流转涉案资金**的，**可以按照该账户接收的资金数额认定犯罪数额，但犯罪嫌疑人、被告人能够作出合理说明的除外。**案外人提出异议的，应当依法审查（《关于办理信息网络犯罪案件适用刑事诉讼程序若干问题的意见》第21条）

考点八　刑事证据规则★★★

调整证明力的规则	关联性规则	（1）没有关联性的证据不具有可采性，但具有关联性的证据未必都具有可采性，仍有可能出于利益考虑，或者由于某种特殊规则，而不具有可采性 （2）证据的关联性是证据**证明力**的原因。所谓证明力，也就是证据对证明案件事实的证明作用，也就是证据对证明案件事实的价值。证据对案件事实有无证明力以及证明力的大小，取决于证据本身与案件事实有无联系以及联系的紧密、强弱程度
	补强证据规则★★★	（1）概念：是指为了防止误认事实或发生其他危险性，而**在运用某些证明力显然薄弱的证据认定案情时，必须有其他证据补强其证明力**，才能被法庭采信为定案根据 （2）一般来说，在刑事诉讼中需要补强的**不仅包括被追诉人的供述，而且包括证人证言、被害人陈述等特定证据** （3）补强证据必须满足以下条件：**①补强证据必须具有证据能力；②补强证据本身必须具有担保补强对象真实的能力；③补强证据必须具有独立的来源**
调整证据能力的规则	传闻证据规则（适用于言词证据）★★★	（1）概念：即如无法定理由，**任何人在庭审期间以外及庭审准备期间以外的陈述**，不得作为认定被告人有罪的证据 （2）传闻证据主要包括两种形式：一是书面传闻证据，即亲身感受了案件事实的证人在庭审期日之外所作的书面证人证言，及警察、检察人员所作的（证人）询问笔录；二是言词传闻证据，即证人并非就自己亲自感受的事实作证，而是向法庭转述他从别人那里听到的情况。传闻证据包括：**庭外陈述**和**庭上转述**

续表

调整证据能力的规则	意见证据规则（适用于证人证言）	是指**证人**只能陈述自己亲自感受和经历的事实，而**不得陈述对该事实的意见或者结论**
	最佳证据规则（适用于书证）	又称原始证据规则，是指以文字、符号、图形等方式记载的内容来证明案情时，**原件才是最佳证据**。该规则要求书证的提供者应尽量提供原件，如果提供副本、抄本、影印本等非原始材料，则必须提供充足理由加以说明，否则，该书证不具有可采性
	自白任意规则（适用于供述）	又称非任意自白排除规则，是指在刑事诉讼中，只有基于犯罪嫌疑人、被告人**自由意志**而作出的自白（即承认有罪的供述），才具有可采性；违背当事人意愿或违反法定程序而强制作出的供述不是自白，不具有可采性，必须予以排除

考点九　证明主体和证明对象★★★

证明主体	刑事诉讼证明的主体是国家公诉机关和诉讼当事人，公安机关和法院**不**是证明的主体
证明对象	（1）实体法事实：包括定罪的事实（犯罪构成要件的事实）与量刑的事实（法定和酌定的量刑情节[1]）两个方面 认定被告人有罪和对被告人从重处罚，应当适用证据确实、充分的证明标准（《高法解释》第72条第2款）
	（2）程序法事实：管辖、回避、采取强制措施、期间的耽误、延期审理、违反法定程序的事实、收集证据程序的合法性等
证据事实是证明手段，不是证明对象。证据事实归根结底是用以证明待证事实的，是证明手段，不能把对证据材料的审查判断与对案件事实的证明混为一谈	
免证事项	（口诀）知晓常识规律，生效推定无异议[2]

考点十　证明责任★★（《刑诉法》第51条）

特点	（1）证明责任总是与一定的诉讼主张相联系；（2）证明责任是提供证据责任与说服责任的统一；（3）证明责任总是和一定的不利诉讼后果相联系
主体	**责任分担**

[1] 法庭审理过程中，对与量刑有关的事实、证据，应当进行调查。人民法院除应当审查被告人是否具有法定量刑情节外，还应当根据案件情况审查以下影响量刑的情节：A. **案件起因**；B. **被害人有无过错及过错程度，是否对矛盾激化负有责任及责任大小**；C. **被告人的近亲属是否协助抓获被告人**；D. **被告人平时表现，有无悔罪态度**；E. **退赃、退赔及赔偿情况**；F. **被告人是否取得被害人或者其近亲属谅解**；G. 影响量刑的其他情节。（《高法解释》第276条）

[2] A. 为一般人共同知晓的常识性事实；B. 法院生效裁判所确认并且**未依审判监督程序重新审理**的事实；C. 法律、法规的内容以及适用等属于审判人员履行职务所应当知晓的事实；D. 在法庭审理中不存在异议的程序事实；E. 法律规定的推定事实；F. 自然规律或者定律。（《高检规则》第401条）

续表

检察院	（1）公诉案件中被告人有罪的举证责任由检察院承担 （2）法院对没收违法所得的申请进行审理，检察院**应当承担举证责任**（《高检规则》第529条）
被告人	根据“否认者不负证明责任”的古老法则和现代无罪推定原则的要求，**犯罪嫌疑人、被告人不负证明自己无罪的责任**。但是，**巨额财产来源不明罪等少数持有型犯罪**（如持有假币罪、非法持有毒品罪等）中，犯罪嫌疑人、被告人也负有**提出证据的责任**（注意：证明持有物品的来源，不承担说服责任）
自诉人	自诉案件中被告人有罪的举证责任由自诉人承担
附带民诉当事人	附带民事诉讼当事人对自己提出的主张，有责任提供证据
法院	法院不负证明责任，但可以调查核实证据（《刑诉法》第196条）

考点十一　证明要求（证明标准）★★★

	阶段	证明标准
各诉讼阶段的证明标准	立案	有犯罪事实（《刑诉法》第112条）
	逮捕	有证据证明有犯罪事实（《刑诉法》第81条）[1]
	侦查终结	犯罪事实清楚，证据确实充分（《刑诉法》第162、176、200条）★★★ 证据确实、充分，应当符合以下条件：（《刑诉法》第55条） （1）定罪量刑的事实都**有证据证明** （2）据以定案的证据均经法定程序**查证属实** （3）综合全案证据，对所认定事实已**排除合理怀疑**
	提起公诉	
	有罪判决	
疑罪的处理★★	**阶段**	**处理**
	审查起诉	作出不起诉的决定（《刑诉法》第175条）
	一审程序	作出证据不足、指控的犯罪不能成立的无罪判决（《刑诉法》第200条）
	二审程序	如果发现原判决事实不清楚或者证据不足的，可以查清事实后改判；也可以裁定撤销原判，发回原审法院重新审判（《刑诉法》第236条）
	再审程序	或按一审、或按二审（《高法解释》第472条）
	死刑缓期执行案件复核程序	如果认为原判事实不清、证据不足的，**可以裁定不予核准，并撤销原判，发回重新审判，或者依法改判**（《高法解释》第428条）

〔1〕“有证据证明有犯罪事实”是指同时具备下列情形：A. 有证据证明发生了犯罪事实；B. 有证据证明该犯罪事实是犯罪嫌疑人实施的；C. 证明犯罪嫌疑人实施犯罪行为的证据已经查证属实的。犯罪事实既可以是单一犯罪行为的事实，也可以是数个犯罪行为中任何一个犯罪行为的事实。（《高检规则》第128条第2、3款）

续表

疑罪的处理★★	死刑立即执行案件复核程序	如果认为原判事实不清、证据不足的，**应当裁定不予核准，并撤销原判，发回重新审判**（《高法解释》第429条）

练一练

1. 张三故意杀人案中，侦查人员采用刑讯逼供方法使张三作出供述，之后张三受该刑讯逼供行为影响而作出的与该供述相同的重复性供述，应当一律排除。[1]

2. 李四绑架案中，公诉人、李四及其辩护人在庭前会议中对李四的供述收集是否合法未达成一致意见，法院应当在庭审中调查李四供述的合法性。[2]

3. 在蒋某故意杀人案中，蒋某声称在侦查中遭到刑讯逼供，法院对供述的合法性有疑问的，该案的侦查机关应当对证据收集的合法性加以证明。[3]

4. 除非特殊情况，在庭审期间，法庭决定对供述收集的合法性进行调查的，应当先行当庭调查。[4]

5. 除非特殊情况，法庭对供述收集的合法性进行调查后，应当当庭作出是否排除该供述的决定。[5]

6. 询问被害人时未个别进行询问，该被害人陈述应排除。[6]

7. 赵某贩卖毒品案中，侦查人员讯问赵某时以数字化形式记载的赵某的口供，用于证明赵某贩卖毒品的事实，该证据属于电子数据。[7]

8. 作为视听资料、电子数据的录音、录像，一般产生于诉讼开始之前，犯罪实施过程之中。[8]

9. 证人、鉴定人出庭作证，均应当予以补助，若证人、鉴定人拒不出庭作证，其庭前的证言和鉴定意见均是传闻证据，不得作为定案的根据。[9]

10. 被告人庭前程序中所作的供述可以作为该被告人当庭供述的补强证据。[10]

11. 实物证据都是间接证据。辨认笔录属于言词证据。[11]

---

[1] 答案：错误（换了取证主体或者诉讼阶段的是例外）。

[2] 答案：错误（遗漏了“法院对证据合法性有疑问”这一条件）。

[3] 答案：错误（应由检察院对证据收集的合法性加以证明，而不是该案的侦查机关即公安机关证明）。

[4] 答案：正确。

[5] 答案：正确。

[6] 答案：正确。

[7] 答案：错误（该证据是赵某的口供，不是电子数据）。

[8] 答案：正确。

[9] 答案：错误（鉴定人出庭作证，不须补助鉴定人。证人拒不出庭作证，其庭前的证言真实性无法确认的，不得作为定案的根据）。

[10] 答案：错误（被告人庭前程序中所作的供述和被告人当庭供述都来自被告人，没有独立来源，不得作为补强证据）。

[11] 答案：错误（实物证据可能是直接证据，也可能是间接证据）。

12. “采用暴力、威胁等非法方法收集的证人证言、被害人陈述，应当予以排除。”这一规定体现了自白任意规则。[1]

13. 刑事诉讼证明的主体是国家公诉机关和诉讼当事人，证明主体是主要的刑事诉讼主体。[2]

14. 有关附带民事诉讼、涉案财物处理的事实，属于证明对象。[3]

15. 在某故意杀人案中，被告人声称自己是正当防卫，被告人对此负有证明责任。[4]

16. 法院认定被告人无罪和对被告人从轻处罚，应当适用证据确实、充分的证明标准。[5]

17. 监察机关、行政机关收集的证人证言、涉案人员的供述与辩解，均应重新收集，不得在刑事诉讼中直接作为证据使用。[6]

18. 询问未成年证人小乐和讯问未成年犯罪嫌疑人小天时，其法定代理人或者合适成年人不在场的，小乐的证言和小天的供述均不可作为定案的根据。[7]

19. 在幼儿园虐童案件中，4 岁的被害人小乐的陈述、5 岁的证人小天的证言以及小乐母亲的证言均须其他证据印证，才可作为定案的根据。[8]

20. 张某醉驾被交警何某查获，何某的执法记录仪拍下了张某酒驾的过程，检察院以危险驾驶罪对张某提起公诉，何某的执法记录仪的内容和酒精检测数据均为直接证据。[9]

---

〔1〕 答案：错误（自白任意规则只适用于供述，不适用于证人证言、被害人陈述。该规定不是自白任意规则的体现）。

〔2〕 答案：正确。

〔3〕 答案：正确。

〔4〕 答案：错误（对该正当防卫，由检察院承担证明责任）。

〔5〕 答案：错误（认定被告人有罪和对被告人从重处罚，应当适用证据确实、充分的证明标准）。

〔6〕 答案：错误（监察机关依法收集的证人证言、被调查人供述和辩解，在刑事诉讼中可以作为证据使用）。

〔7〕 答案：错误（小乐的证言经合理解释或者补正，可以作为定案的根据）。

〔8〕 答案：错误（小乐的陈述和小天的证言，无须印证，在查证属实后即可作为定案的根据）。

〔9〕 答案：错误（何某的执法记录仪的内容是直接证据，酒精检测数据是间接证据）。

第八章 强制措施

考点一 强制措施适用的原则[1] ★

必要性原则	**必要性原则**是指只有在为保证刑事诉讼的顺利进行而有必要时方能采取，若无必要，不得随意适用强制措施
相当性原则	**相当性原则**，又称为**比例原则**，是指适用何种强制措施，应当与犯罪嫌疑人、被告人的**人身危险性程度**和涉嫌**犯罪的轻重程度**相适应
变更性原则	**变更性原则**是指强制措施的适用，需要随着诉讼的进展、犯罪嫌疑人、被告人及案件情况的变化而及时**变更**或**解除**

考点二 拘传与传唤★（《刑诉法》第119条）

区　别	拘　传	传　唤
对象	未被羁押的犯罪嫌疑人、被告人	当事人
强制力	具有强制性，拘传是强制措施	不具有强制性，**传唤不是强制措施**
主体	公、检、法决定，公、检、法自己执行，执行人员不得少于2人（**口诀**："一人为私、二人为公"）。公安机关、检察院拘传，应出示拘传证；法院拘传，应出示拘传票。传唤应出示传唤证或者传票，但是，在现场可以口头传唤	
地点	犯罪嫌疑人、被告人所在的县、市	
时间	（1）**一般为12小时**，**案情特别重大、复杂，需要采取拘留、逮捕措施的**，传唤、拘传持续的时间不得超过**24小时** （2）不得以连续传唤、拘传的形式变相拘禁犯罪嫌疑人，应当保证犯罪嫌疑人**的饮食和必要的休息时间**（《刑诉法》第119条） （3）两次传唤、拘传**间隔**的时间**一般不得少于12小时**（《高检规则》第83、185条）	
注意：传唤并非拘传的必经程序		

[1] A. **扭送的性质**：不是强制措施。B. **扭送的主体**：任何公民。C. **扭送的对象**：正在实行犯罪或者在犯罪后即时被发觉的；通缉在案的；越狱逃跑的；正在被追捕的。（《刑诉法》第84条）

考点三　取保候审★★★

<table>
<tr><td>决定机关</td><td colspan="2">公、检、法（决定保证方式、保证金的数额、被取保候审人的酌定义务）</td></tr>
<tr><td>执行机关</td><td colspan="2">公安机关和国家安全机关（保证金的收取、保管、确定是否违反规定等）</td></tr>
<tr><td>适用条件</td><td colspan="2">【口诀】“徒刑以下、危险不大、人道主义、超期羁押”[1]
对于采取取保候审足以防止发生社会危险性的犯罪嫌疑人，应当依法适用取保候审。决定取保候审的，不得中断对案件的侦查、起诉和审理（新增）</td></tr>
<tr><td colspan="3">取保候审的保证方式
（两种方式不能够同时对同一个人采用）（《刑诉法》第68—70、72、73条，《六机关规定》第14条）</td></tr>
<tr><td rowspan="3">保证金保证</td><td colspan="2">（1）确定保证金数额应考虑的因素：保证诉讼活动正常进行的需要，被取保候审人的社会危险性，案件的性质、情节，可能判处刑罚的轻重，被取保候审人的经济状况等情况（《刑诉法》第72条）
对未成年人取保候审的，应当优先适用保证人保证（新增）</td></tr>
<tr><td colspan="2">（2）保证金的收取：提供保证金的人应当将保证金存入执行机关指定银行的专门账户（《刑诉法》第72条）保证金应一次性交纳（新增）</td></tr>
<tr><td colspan="2">（3）保证金的退还：犯罪嫌疑人、被告人在取保候审期间未违反《刑诉法》第71条规定的，取保候审结束的时候，凭解除取保候审的通知或者有关法律文书到银行领取退还的保证金（《刑诉法》第73条）</td></tr>
<tr><td rowspan="5">保证人保证</td><td>保证人的人数</td><td>1—2人（《高检规则》第89条、《高法解释》第151条）</td></tr>
<tr><td>保证人的条件
（《刑诉法》第69条）</td><td>（1）与本案无牵连
（2）有能力履行保证义务
（3）享有政治权利，人身自由未受到限制
（4）有固定的住处和收入[2]</td></tr>
<tr><td>保证人的义务</td><td>（1）监督；（2）报告（《刑诉法》第70条）</td></tr>
<tr><td>保证人的责任</td><td>（1）行政责任：罚款（1000元以上20000元以下）。对罚款不服，可先复议后复核（《公安部规定》第104条）
（2）刑事责任（没有民事责任）</td></tr>
<tr><td>责任认定主体</td><td>对保证人是否履行了保证义务，由公安机关认定，对保证人的罚款决定，也由公安机关作出（《六机关规定》第14条）</td></tr>
<tr><td colspan="3">被取保候审人的义务</td></tr>
<tr><td>法定义务
（《刑诉法》第71条第1款）</td><td colspan="2">（1）未经执行机关批准不得离开所居住的市、县（如果取保候审是由检察院、法院决定的，执行机关在批准犯罪嫌疑人、被告人离开所居住的市、县前，应当征得决定机关同意）</td></tr>
</table>

〔1〕 A. 可能判处管制、拘役或者独立适用附加刑的；B. 可能判处有期徒刑以上刑罚，采取取保候审不致发生社会危险性的；C. 患有严重疾病、生活不能自理，怀孕或者正在哺乳自己婴儿的妇女，采取取保候审不致发生社会危险性的；D. 羁押期限届满，案件尚未办结，需要采取取保候审的。（《刑诉法》第67条）

〔2〕 保证人的条件（口诀）：“无牵连、有能力、有权利、有自由、有住处、有收入”。

续表

法定义务 （《刑诉法》 第71条第1款）	被取保候审人需要离开所居住的市、县的，**应当向负责执行的派出所提出书面申请**，并注明事由、目的地、路线、交通方式、往返日期、联系方式等。被取保候审人**有紧急事由，来不及提出书面申请的，可以先通过电话、短信等方式提出申请，并及时补办书面申请手续** 经审查，具有工作、学习、就医等正当合理事由的，由派出所负责人批准负责执行的派出所批准后，应当通知决定机关，并告知被取保候审人遵守下列要求： ①**保持联系方式畅通，并在传讯的时候及时到案** ②**严格按照批准的地点、路线、往返日期出行** ③**不得从事妨害诉讼的活动** ④**返回居住地后及时向执行机关报告** 对于因正常工作和生活需要经常性跨市、县活动的，**可以根据情况，简化批准程序**（新增） （2）**住址、工作单位和联系方式**发生变动的，在**24小时**以内向**执行机关报告** （3）在传讯的时候及时到案 （4）不得以任何形式干扰证人作证 （5）不得毁灭、伪造证据或者串供
酌定义务[1] （《刑诉法》 第71条第2款）	（1）不得进入**特定的场所。这里的"特定的场所"包括：①可能导致其再次实施犯罪的场所；②可能导致其实施妨害社会秩序、干扰他人正常活动行为的场所；③与其所涉嫌犯罪活动有关联的场所；④可能导致其实施毁灭证据、干扰证人作证等妨害诉讼活动的场所；⑤其他可能妨害取保候审执行的特定场所**（新增） （2）不得与**特定的人员会见或者通信。这里的"特定的人员"包括：①证人、鉴定人、被害人及其法定代理人和近亲属；②同案违法行为人、犯罪嫌疑人、被告人以及与案件有关联的其他人员；③可能遭受被取保候审人侵害、滋扰的人员；④可能实施妨害取保候审执行、影响诉讼活动的人员。这里的"通信"包括以信件、短信、电子邮件、通话，通过网络平台或者网络应用服务交流信息等各种方式直接或者间接通信**（新增） （3）不得从事**特定的活动。这里的"特定的活动"包括：①可能导致其再次实施犯罪的活动；②可能对国家安全、公共安全、社会秩序造成不良影响的活动；③与所涉嫌犯罪相关联的活动；④可能妨害诉讼的活动；⑤其他可能妨害取保候审执行的特定活动**（新增） （4）将**护照等出入境证件、驾驶证件**交**执行机关**保存
执行地（新增）	公安机关决定取保候审的，应当及时通知**被取保候审人居住地的派出所执行。被取保候审人居住地在异地的，应当及时通知居住地公安机关，由其指定被取保候审人居住地的派出所执行**。必要时，办案部门可以协助执行 取保候审**一般应当在户籍所在地执行**，但已形成经常居住地的，**可以在经常居住地执行** 被取保候审人具有下列情形之一的，**也可以在其暂住地执行取保候审**：

〔1〕被取保候审人的酌定义务（口诀）："三个特定，两个证件"。

续表

执行地（新增）	**(1) 被取保候审人离开户籍所在地1年以上且无经常居住地，但在暂住地有固定住处的** **(2) 被取保候审人系外国人、无国籍人，香港特别行政区、澳门特别行政区、台湾地区居民的** **(3) 被取保候审人户籍所在地无法查清且无经常居住地的**
违反规定的后果（《刑诉法》第71条第3、4款）	(1) 被取保候审的犯罪嫌疑人、被告人违反**取保候审期间的规定**，已交纳保证金的，没收**部分或者全部**保证金，并且区别情形，责令犯罪嫌疑人、被告人具结悔过，重新交纳保证金、提出保证人，或者监视居住、予以逮捕 对违反取保候审规定，需要予以逮捕的，可以对犯罪嫌疑人、被告人**先行拘留** **(2) 取保期间重新犯罪的：**①暂扣保证金。②故意犯罪的，没收；过失重新犯罪或者不构成犯罪，退还
取保候审的解除（新增）	有下列情形之一的，**取保候审自动解除，不再办理解除手续：** **(1) 取保候审依法变更为监视居住、拘留、逮捕，变更后的强制措施已经开始执行的** **(2) 检察院作出不起诉决定的** **(3) 法院作出的无罪、免予刑事处罚或者不负刑事责任的判决、裁定已经发生法律效力的** **(4) 被判处管制或者适用缓刑，社区矫正已经开始执行的** **(5) 被单处附加刑，判决、裁定已经发生法律效力的** **(6) 被判处监禁刑，刑罚已经开始执行的**
期限	12个月（同一阶段，连续计算；不同阶段，重新计算）

考点四　监视居住★★★

决定机关	公、检、法
执行机关	公安机关和国家安全机关
适用条件[1]	(1) 法院、检察院和公安机关对于**符合逮捕条件**，有下列情形之一的犯罪嫌疑人、被告人，可以监视居住： ①患有严重疾病、生活不能自理的 ②怀孕或者正在哺乳自己婴儿的妇女 ③**系生活不能自理的人的唯一扶养人** ④因为案件的特殊情况或者办理案件的需要，采取监视居住措施更为适宜的 ⑤羁押期限届满，案件尚未办结，需要采取监视居住措施的 (2) 对于符合取保候审条件，但犯罪嫌疑人、被告人不能提出保证人，也不交纳保证金的，也**可以监视居住**（《刑诉法》第74条）

[1] 监视居住适用的情形：A. 符合逮捕条件+人道主义/特殊需要/超期羁押；B. 符合取保+无人无钱。

续表

指定居所监视居住	适用范围	(1) 监视居住应当在犯罪嫌疑人、被告人的住处执行；无固定住处的，可以在指定的居所执行 (2) 对于涉嫌**危害国家安全犯罪、恐怖活动犯罪**，在住处执行可能有碍侦查的，**经上一级公安机关批准**，也**可以**在**指定的居所执行**（这种情形仅适用于侦查阶段）
	指定居所的要求	采取指定居所监视居住，**不得在看守所、拘留所、监狱等羁押、监管场所以及留置室、讯问室等专门的办案场所、办公区域执行**（《高检规则》第116条）固定住处和指定的居所均须在办案机关所在的市、县内
	通知	指定居所监视居住的，**除无法通知**的以外，应当在执行监视居住后**24小时**以内，通知被监视居住人的**家属**（《刑诉法》第75条第2款）
	折抵刑期	(1) 指定居所监视居住的期限**应当折抵刑期** (2) **被判处管制的，指定居所监视居住一日折抵刑期一日；被判处拘役、有期徒刑的，指定居所监视居住二日折抵刑期一日**（《刑诉法》第76条）
	费用	指定居所监视居住的，**不得**要求被监视居住人支付费用（《高检规则》第108条第2款、《六机关规定》第15条）
被监视居住人遵守的规定（《刑诉法》第77条）	(1) 未经执行机关批准不得离开**执行监视居住的处所**（如果监视居住是由检察院、法院决定的，执行机关在批准犯罪嫌疑人、被告人离开执行监视居住的处所前，应当征得决定机关**同意**） (2) 未经执行机关批准不得会见他人**或者通信** (3) 在传讯的时候及时到案 (4) 不得以任何形式干扰证人作证 (5) 不得毁灭、伪造证据或者串供 (6) **将护照等出入境证件、身份证件、驾驶证件交执行机关保存**	
执行方法（《刑诉法》第78条）	(1) 执行机关对被监视居住的犯罪嫌疑人、被告人，可以采取**电子监控、不定期检查等监视方法**对其遵守监视居住规定的情况进行监督 (2) 在**侦查**期间，**可以对被监视居住的犯罪嫌疑人的通信进行监控**	
违反规定的后果	被监视居住的犯罪嫌疑人、被告人违反监视居住期间的规定，情节严重的，可以予以逮捕；需要予以逮捕的，可以对犯罪嫌疑人、被告人**先行拘留**（《刑诉法》第77条）	
期限	6个月（同一阶段，连续计算；不同阶段，重新计算）	

考点五　拘留★★

要　点	拘　留
适用对象	如果有下列情形之一的，可以先行拘留：（现行犯或者重大嫌疑分子） 【口诀】“认预发捕（谐音：仁玉发布），企毁名流留”[1]
拘留证	执行拘留时，必须出示拘留证。**紧急情况下，对于符合上述前七种情形之一**的，经出示**人民警察证**，可以将犯罪嫌疑人**口头传唤**至公安机关后立即审查，办理法律手续（《公安部规定》第125条）
决定主体	公安机关、人民检察院
执行主体	公安机关
送看守所羁押、讯问、通知★★★	（1）拘留后，应当立即将被拘留人**送看守所羁押**，至迟不得超过**24小时** （2）除**无法通知**或者**涉嫌危害国家安全犯罪、恐怖活动犯罪通知可能有碍侦查**的情形以外，应当在拘留后24**小时以内**，通知**被拘留人的家属**。有碍侦查的情形消失以后，应当立即通知被拘留人的家属（《刑诉法》第85条） （3）公安机关对被拘留的人，应当在拘留后的24小时以内进行讯问。在发现不应当拘留的时候，必须立即释放，发给释放证明 （《刑诉法》第85、86条）（口诀：**谁办案、谁讯问、谁通知**）
异地拘留[2]	**应当**通知被拘留人所在地的公安机关，被拘留人所在地的公安机关**应当**予以配合（《刑诉法》第83条）
拘留的期限	（1）公安机关拘留期限（《刑诉法》第91条）： ①3+7 ②7+7：特殊情况的，可延长1—4天 ③30+7：多次、结伙、流窜 （注意：7天是检察院审查批准逮捕的时间） （2）检察院拘留的期限：A. 对直接受理的案件：**14日或者17日**（《刑诉法》第167条、《高检规则》第126条）。B. 对监察机关移送的案件：**10日或者14日**（一般10日，特殊情况下，可以延长1—4日）（《刑诉法》第170条）

[1] A. 正在预备犯罪、实行犯罪或者在犯罪后即时被发觉的；B. 被害人或者在场亲眼看见的指认他犯罪的；C. 在身边或者住处发现有犯罪证据的；D. 犯罪后企图自杀、逃跑或者在逃的；E. 有毁灭、伪造证据或者串供可能的；F. 不讲真实姓名、住址，身份不明的；G. 有流窜作案、多次作案、结伙作案重大嫌疑的（《刑诉法》第82条）；H. 违反取保候审、监视居住期间的规定，需要予以逮捕的；I. **监察机关移送起诉的已采取留置措施的案件，检察院应当对嫌疑人先行拘留。**（《刑诉法》第170条）

[2] 异地执行拘留，无法及时将犯罪嫌疑人押解回管辖地的，应当在宣布拘留后立即将其送抓获地看守所羁押，至迟不得超过24小时。到达管辖地后，应当立即将犯罪嫌疑人送看守所羁押。（《公安部规定》第126条第2款）

考点六 逮捕★★★

要 点	逮 捕
适用条件★★ （《刑诉法》第81条）	（1）**一般逮捕**（同时符合下列三个条件，应当予以逮捕） ①证据要件：有证据证明有犯罪事实 ②刑罚要件：可能判处徒刑以上刑罚 ③社会危险性要件——采取取保候审尚不足以防止发生下列社会危险性的： A. **可能实施新的犯罪的** B. **有危害国家安全、公共安全或者社会秩序的现实危险的** C. **可能毁灭、伪造证据，干扰证人作证或者串供的** D. **可能对被害人、举报人、控告人实施打击报复的** E. **企图自杀或者逃跑的**（《刑诉法》第81条、《高检规则》第128条） 批准或者决定逮捕，应当将犯罪嫌疑人、被告人涉嫌犯罪的性质、情节，认罪认罚等情况，作为是否可能发生社会危险性的考虑因素 （2）**径行逮捕**（符合下列任一条件，应当予以逮捕） ①**重罪逮捕**：对有证据证明有犯罪事实，可能判处10年有期徒刑以上刑罚的 ②**身份不明或有故意犯罪前科的逮捕**：有证据证明有犯罪事实，可能判处徒刑以上刑罚，曾经故意犯罪或者身份不明的 （3）**转化逮捕** 被取保候审、监视居住的犯罪嫌疑人、被告人违反取保候审、监视居住规定，情节严重的，**可以予以逮捕** 对于被取保候审、监视居住的可能判处徒刑以下刑罚的犯罪嫌疑人、被告人，违反取保候审、监视居住规定，严重影响诉讼活动正常进行的，可以予以逮捕 [《全国人大常委会关于刑诉法第79条（现第81条）第3款的解释》]
批准、决定主体	批准主体：检察院 决定主体：检察院、法院
执行主体	公安机关（执行逮捕时，必须出示逮捕证）
送看守所羁押、讯问、通知★★	（1）逮捕后，应当立即将被逮捕人**送看守所羁押**。除**无法通知**的以外，应当在逮捕后24小时以内，通知被逮捕人的家属 （2）对于被逮捕的人，应当在逮捕后的24小时以内进行讯问 （《刑诉法》第93、94条）（口诀：**谁办案、谁讯问、谁通知**）
对外国犯罪嫌疑人的批捕程序	（1）特殊外国人（外国人、无国籍人涉嫌危害国家安全犯罪的案件或涉及国与国之间政治、外交关系的案件以及在适用法律上确有疑难的案件）的批捕程序：

续表

<table>
<tr><th>要　点</th><th colspan="2">逮　捕</th></tr>
<tr><td>对外国犯罪嫌疑人的批捕程序</td><td colspan="2">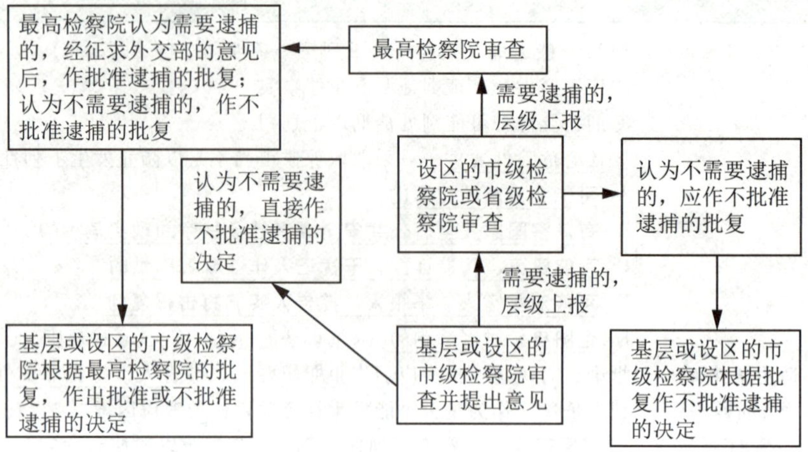

（2）一般外国人（外国人、无国籍人涉嫌其他犯罪）的批捕程序：
决定批准逮捕的检察院 48 小时以内报上一级检察院备案，同时向同级政府外事部门通报</td></tr>
<tr><td>异地逮捕</td><td colspan="2">应当通知被逮捕人所在地的公安机关，被逮捕人所在地的公安机关应当予以配合（《刑诉法》第 83 条）</td></tr>
<tr><td rowspan="3">审查批捕的程序
★★★</td><td colspan="2">（1）审查后的处理：批捕与不批捕[1]（《刑诉法》第 90 条）
（2）公安机关对不批捕的救济：先向原决定不批捕的检察院申请复议，后向上一级检察院申请复核；必须将被拘留的人立即释放或者变更强制措施（《刑诉法》第 92 条）</td></tr>
<tr><td>讯问犯罪嫌疑人</td><td>检察院审查批捕时应当讯问犯罪嫌疑人的情形（口诀）：“有疑问、有要求、有违法；未成年、精神病、盲聋哑；重大疑难复杂；认罪认罚”[2]
法院对未成年被告人决定逮捕，应当讯问未成年被告人</td></tr>
<tr><td>听取诉讼参与人的意见[3]</td><td>（1）检察院审查批准逮捕，可以询问证人等诉讼参与人，听取辩护律师的意见；辩护律师提出要求的，应当听取辩护律师的意见（《刑诉法》第 88 条）</td></tr>
</table>

[1] 对于没有犯罪事实或者犯罪嫌疑人具有《刑事诉讼法》第 16 条规定情形之一，检察院**作出不批准逮捕决定的，应当同时告知公安机关撤销案件**。

对于有犯罪事实需要追究刑事责任，但不是被立案侦查的犯罪嫌疑人实施，或者共同犯罪案件中部分犯罪嫌疑人不负刑事责任，检察院**作出不批准逮捕决定的，应当同时告知公安机关对有关犯罪嫌疑人终止侦查**。（《高检规则》第 287 条第 1、2 款）

[2] 检察院审查批准逮捕，可以讯问犯罪嫌疑人；有下列情形之一的，应当讯问犯罪嫌疑人：A. **对是否符合逮捕条件有疑问的**；B. **犯罪嫌疑人要求向检察人员当面陈述的**；C. **侦查活动可能有重大违法行为的**；D. **案情重大、疑难、复杂的**；E. **犯罪嫌疑人认罪认罚的**；F. **犯罪嫌疑人系未成年人的**；G. **犯罪嫌疑人是盲、聋、哑人或者是尚未完全丧失辨认或者控制自己行为能力的精神病人的**。[《刑诉法》第 88、280 条，《高检规则》第 280 条]

[3] 对有重大影响的案件，可以采取当面听取侦查人员、犯罪嫌疑人及其辩护人等意见的方式进行公开审查逮捕。(《高检规则》第 281 条)

续表

要点	逮捕	
审查批捕的程序★★★	听取诉讼参与人的意见	（2）对未成年犯罪嫌疑人、被告人，检察院审查批准逮捕和法院决定逮捕，**应当听取辩护律师的意见**
批捕的期限	（1）已经被拘留的：7日 （2）没有被拘留的：15天，最长不得超过20天	
逮捕后羁押必要性审查★★	启动方式	（1）**依职权启动**：检察院在办案过程中可以依职权主动进行羁押必要性审查。已经逮捕的犯罪嫌疑人**认罪认罚**的，检察院**应当及时对羁押必要性进行审查** （2）**依申请启动**：**犯罪嫌疑人、被告人及其法定代理人、近亲属或者辩护人可以申请**检察院进行羁押必要性审查。申请时**应当说明**不需要继续羁押的**理由**，**有相关证据或者其他材料的应当提供** （3）**依建议启动**：**看守所**根据在押人员身体状况，**可以建议**检察院进行羁押必要性审查（《高检规则》第574条）
	审查的主体	（1）**负责捕诉的部门**依法对**侦查和审判**阶段的羁押必要性进行审查。经审查认为不需要继续羁押的，**应当建议**公安机关或者人民法院释放犯罪嫌疑人、被告人或者变更强制措施 （2）**审查起诉**阶段，**负责捕诉的部门**经审查认为不需要继续羁押的，**应当直接**释放犯罪嫌疑人或者变更强制措施（《高检规则》第575条）
	审查方式	检察院羁押必要性审查，**可以**采取以下方式：审查理由和证明材料；听取相关主体的意见；调查核实身体状况；其他方式[1] 必要时，可以依照有关规定进行公开审查。对于涉及国家秘密、个人隐私、商业秘密的案件，检察院不公开审查
	审查后的处理	经羁押必要性审查，发现犯罪嫌疑人、被告人具有下列情形之一的，**应当**向办案机关提出释放或者变更强制措施的建议：**没有犯罪；徒刑以下；可能超期羁押；符合取保、监居**[2]

〔1〕检察院可以采取以下方式进行羁押必要性审查：A. 审查犯罪嫌疑人、被告人不需要继续羁押的理由和证明材料；B. 听取犯罪嫌疑人、被告人及其法定代理人、辩护人的意见；C. 听取被害人及其法定代理人、诉讼代理人的意见，了解是否达成和解协议；D. 听取办案机关的意见；E. 调查核实犯罪嫌疑人、被告人的身体健康状况；F. 需要采取的其他方式。（《高检规则》第577条）

〔2〕检察院发现犯罪嫌疑人、被告人具有下列情形之一的，应当向办案机关提出释放或者变更强制措施的建议：A. 案件证据发生重大变化，没有证据证明有犯罪事实或者犯罪行为系犯罪嫌疑人、被告人所为的；B. 案件事实或者情节发生变化，犯罪嫌疑人、被告人可能被判处拘役、管制、独立适用附加刑、免予刑事处罚或者判决无罪的；C. 继续羁押犯罪嫌疑人、被告人，羁押期限将超过依法可能判处的刑期的；D. 案件事实基本查清，证据已经收集固定，符合取保候审或者监视居住条件的。（《高检规则》第579条）

考点七　强制措施的变更和解除★（《刑诉法》第97、98、99条，《高法解释》第169、170、172条）

可以变更强制措施的情形	出于人道主义的情形[1]
“应当立即释放，必要时，可以变更强制措施”的情形	无罪、免罚、不负责、超期[2]
强制措施的自动解除	被采取强制措施的被告人，被判处**管制、缓刑**的，在**社区矫正开始后**，强制措施**自动解除**；被**单处附加刑**的，在**判决、裁定发生法律效力后**，强制措施**自动解除**；被判处**监禁刑**的，在**刑罚开始执行后**，强制措施**自动解除**（《高法解释》第172条）

练一练

1. 居住于K县的甲因盗窃罪被K县公安局立案侦查，K县公安局可以传唤甲到临县的某宾馆接受讯问。[3]

2. 苏某被公安机关以保证金的方式取保候审，在取保候审期间，苏某未及时报告自己的联系方式变动，公安机关认为其违规情节较轻，要求苏某再提供1—2名保证人，继续对其适用取保候审，取保候审期限重新计算。[4]

3. 甲和乙共同诈骗案审查起诉中，甲被取保候审，乙被监视居住，甲在取保候审期间、乙在监视居住期间与他人会见或通信，均应当经过侦查机关批准；而且，甲和乙均应将出入境证件、身份证件、驾驶证件交侦查机关保存。[5]

4. 彭某间谍案，符合逮捕条件，但彭某有孕在身，且在住处执行监视居住可能有碍侦查，经过上一级检察院批准，可以对彭某指定居所监视居住。[6]

5. 指定居所监视居住、拘留和逮捕后的24小时之内，若遇无法通知和有碍侦查的情形，均可不通知其家属。[7]

---

[1] 被逮捕的被告人具有下列情形之一的，人民法院可以变更强制措施：
（一）**患有严重疾病、生活不能自理的；**
（二）**怀孕或者正在哺乳自己婴儿的；**
（三）**系生活不能自理的人的唯一扶养人**。（《高法解释》第169条）

[2] 被逮捕的被告人具有下列情形之一的，人民法院应当立即释放；必要时，可以依法变更强制措施：
（一）第一审人民法院判决被告人**无罪、不负刑事责任或者免予刑事处罚的；**
（二）第一审人民法院判处**管制、宣告缓刑、单独适用附加刑，判决尚未发生法律效力的；**
（三）被告人被羁押的时间已到第一审人民法院对其判处的刑期期限的；
（四）案件不能在法律规定的期限内审结的。（《高法解释》第170条）

[3] 答案：错误（传唤的地点只能是被传唤人甲所在的县即K县）。

[4] 答案：错误（该取保候审期限应累计计算，而不是重新计算）。

[5] 答案：错误（甲在取保候审期间与他人会见、通信，无须执行机关批准。检察院可以让甲将出入境证件、驾驶证件交执行机关保存）。

[6] 答案：错误（须经上一级国家安全机关批准）。

[7] 答案：错误（指定居所监视居住和逮捕后的24小时之内，若遇无法通知，可不通知其家属。拘留后的24小时之内，若遇无法通知或者涉嫌危害国家安全犯罪、恐怖活动犯罪通知可能有碍侦查的情形，可不通知其家属）。

6. 郭某持枪抢劫银行，有证据证明其有犯罪事实，应当予以逮捕。若郭某系癌症晚期，也可以对其适用监视居住。[1]

7. 宋某涉嫌盗窃罪，甲县公安局提请甲县检察院审查逮捕，甲县检察院认为宋某的犯罪已过追诉期限，遂作出不批准逮捕的决定，同时告知甲县公安局终止侦查。[2]

8. 张某（19周岁）故意伤害李某（16周岁）一案，王律师担任张某的辩护人，检察院对张某审查批捕时，应当讯问张某和听取李某、王律师的意见。[3]

9. 检察院对拘留后的羁押和逮捕后的羁押均应进行必要性审查。[4]

10. 犯罪嫌疑人、被告人被逮捕后，既可以向公检法申请变更强制措施，也可以向检察院申请羁押必要性审查。但是，必须先申请变更强制措施，再申请羁押必要性审查。[5]

11. 蒋某因盗窃罪被法院决定逮捕，第一审法院判处有期徒刑2年缓刑3年，蒋某提出上诉，法院应当对蒋某立即释放，必要时，可以变更强制措施。[6]

12. 被单处附加刑的，在刑罚开始执行后，强制措施自动解除。[7]

---

[1] 答案：正确。

[2] 答案：错误（甲县检察院应告知甲县公安局撤销案件）。

[3] 答案：错误（检察院可以听取被害人李某的意见）。

[4] 答案：错误（检察院无须对拘留后的羁押进行必要性审查）。

[5] 答案：错误（申请变更强制措施和申请羁押必要性审查，二者无先后顺序）。

[6] 答案：正确。

[7] 答案：错误（应从裁判生效后自动解除）。

第九章 附带民事诉讼

考点一　附带民事诉讼成立的条件★★

以刑事诉讼成立为前提	刑事诉讼成立是指案件进入立案、侦查、起诉、审判程序中（《刑诉法》第 101 条）	
附带民事诉讼的请求权人	【总结】检、法、害、亲[1]（《刑诉法》第 101 条，《高法解释》第 175、179 条）	
有明确的被告人及具体的要求和事实、理由	【总结】共、告、监、继[2]	
被害人的损失是由被告人的犯罪行为造成的★★（《高法解释》第 175—177、192 条）	赔偿范围	（1）因**人身权利**受到犯罪侵犯而遭受物质损失 （2）因**财物**被犯罪分子**毁坏**而遭受物质损失的 （实际损失和必然遭受的物质损失） ①犯罪行为造成被害人**人身损害**的，应当赔偿医疗费、护理费、交通费等为治疗和康复支付的合理费用，以及因误工减少的收入。造成被害人**残疾**的，还应当赔偿残疾生活辅助器具费等费用；造成被害人**死亡**的，还应当赔偿丧葬费等费用 ②驾驶机动车致人伤亡或者造成公私财产重大损失，构成犯罪的，依照《道路交通安全法》第 76 条的规定确定赔偿责任 附带民事诉讼当事人就民事赔偿问题**达成调解、和解协议的，赔偿范围、数额不受上述规定的限制**
	不予赔偿的范围[3]	（1）精神损失不赔偿（提起附带民诉或者单独提起民诉，一般不予受理） （2）今后可能得到的或通过努力才能争得的物质利益 （3）引起犯罪行为的民事纠纷，不能在刑事诉讼过程中解决

〔1〕A. 被害人；B. 被害人死亡或者丧失行为能力的，被害人的法定代理人、近亲属有权提起；C. 检察院：国家、集体财产遭受损失的，且受损失的单位未提起附带民事诉讼时，才有权提起附带民事诉讼。检察院提起附带民事诉讼的，应当列为附带民事诉讼原告人。

〔2〕A. **刑事被告人**以及未被追究刑事责任的其他**共同侵害人**；B. **刑事被告人的监护人**；C. 死刑罪犯的**遗产继承人**；D. 共同犯罪案件中，案件审结前死亡的被告人的**遗产继承人**；E. 对被害人的物质损失依法应当承担赔偿责任的其他单位和个人。附带民事诉讼被告人的亲友自愿代为赔偿的，**可以**准许。（《高法解释》第 180 条）

〔3〕不能提起附带民事诉讼的范围（口诀）：“精神损失、可得利益、引民纠纷、占有处置、职务犯罪”。

续表

被害人的损失是由被告人的犯罪行为造成的★★（《高法解释》第175—177、192条）	不予赔偿的范围	(4) 被告人非法占有、处置被害人财产的，应当依法予以追缴或者责令退赔。被害人提起附带民事诉讼的，人民法院**不予受理** (5) 国家机关工作人员在**行使职权**时，侵犯他人人身、财产权利构成犯罪，被害人或者其法定代理人、近亲属提起附带民事诉讼的，法院**不予受理**，但应当告知其可以依法申请国家赔偿

考点二　附带民事诉讼程序★★

附带民事诉讼的提起★★	(1) 提起的期间——刑事案件**立案后**及时提起，二审可增加诉讼请求（《高法解释》第184条） (2) 第一审期间未提起附带民事诉讼，在二审期间提起的，二审法院**可以**依法进行调解；调解不成的，告知当事人**可以在刑事判决、裁定生效后另行提起民事诉讼**（《高法解释》第198条） (3) 被害方仅对**部分**共同侵害人提起附带民事诉讼的，法院**应当告知**被害方可以对其他共同侵害人一并提起附带民事诉讼，以及告知不提的后果[1] (4) 法院不将在逃的同案犯列为附带民事诉讼被告人[2]
附带民事诉讼的审理程序★★★（《刑诉法》第102—104条、《高法解释》第181—201条）	(1) 附带民事诉讼**应当同刑事案件一并审判**，只有为了**防止刑事案件审判的过分迟延**，才可以在刑事案件审判后，由**同一审判组织**继续审理附带民事诉讼；同一审判组织的成员**确实不能继续参与审判的，可以更换** (2) **调解★★** ①侦查、起诉与审判三阶段均可以调解 ②侦查、审查起诉期间，有权提起附带民事诉讼的人提出赔偿要求，经公安机关、检察院调解，当事人双方已经达成协议并全部履行，被害人或者其法定代理人、近亲属又提起附带民事诉讼的，法院**不予受理**，但**有证据证明调解违反自愿、合法原则的除外** ③经调解达成协议的，应当制作调解书。调解书经双方当事人签收后，即具有法律效力。**调解达成协议并即时履行完毕的**，**可以不制作调解书**，但应当制作笔录。经签名后生效 ④调解未达成协议或者调解书签收前当事人反悔的，附带民事诉讼应当同刑事诉讼一并判决 (3) **财产保全** ①启动方式：依申请（**附带民事诉讼原告人和检察院**可申请）和依职权（法院可以主动采用） ②保全方式：查封、扣押、冻结 ③诉前财产保全和诉中财产保全

[1] 被害人或者其法定代理人、近亲属仅对**部分**共同侵害人提起附带民事诉讼的，法院**应当告知**其可以对其他共同侵害人，包括没有被追究刑事责任的共同侵害人，一并提起附带民事诉讼，但共同犯罪案件中同案犯在逃的除外。被害人或者其法定代理人、近亲属放弃对其他共同侵害人的诉讼权利的，法院**应当告知**其相应法律后果，并在裁判文书中说明其放弃诉讼请求的情况。（《高法解释》第181条）

[2] 共同犯罪案件，同案犯在逃的，**不应列为附带民事诉讼被告人**。逃跑的同案犯到案后，被害人或者其法定代理人、近亲属可以对其提起附带民事诉讼，**但已经从其他共同犯罪人处获得足额赔偿的除外**。（《高法解释》第183条）

续表

附带民事诉讼的审理程序★★★ （《刑诉法》第102—104条、《高法解释》第181—201条）	A. 二者区分的时间界限：提起附带民事诉讼之前申请是诉前财产保全，提起附带民事诉讼之后或者同时申请是诉中财产保全 B. 管辖法院不同：诉前的财产保全向被保全财产所在地、被申请人居住地或者对案件有管辖权的法院申请，诉中财产保全向审理案件的法院申请 C. 是否提供担保：诉前财产保全，应当提供担保；诉中财产保全，可以责令提供担保 （4）**附带民事诉讼的裁判：★★★** ①法院审理附带民事诉讼案件，可以进行调解，或者**根据物质损失情况**作出判决、裁定。法院应当结合被告人赔偿被害人物质损失的情况认定其悔罪表现，并在量刑时予以考虑。追缴、退赔的情况，可以作为量刑情节考虑 ②被害人或者其法定代理人、近亲属在刑事诉讼过程中未提起附带民事诉讼，另行提起民事诉讼的，法院可以进行调解，或者根据《高法解释》第192条第2款、第3款的规定作出判决 （5）**法院对检察院提起附带民事诉讼的裁判：★★** 检察院提起附带民事诉讼的，法院经审理，认为附带民事诉讼被告人依法应当承担赔偿责任的，应当判令附带民事诉讼被告人**直接向遭受损失的单位作出赔偿**；遭受损失的单位已经终止，有权利义务继受人的，应当判令其**向继受人**作出赔偿；没有权利义务继受人的，应当判令其**向检察院交付赔偿款**，由**检察院上缴国库** （6）**附带民事诉讼当事人不到案的处理：** ①附带民事诉讼原告人经传唤，无正当理由拒不到庭，或者未经法庭许可中途退庭的，应当按**撤诉**处理 ②**刑事被告人以外**的附带民事诉讼被告人经传唤，无正当理由拒不到庭，或者未经法庭许可中途退庭的，**附带民事部分可以缺席判决★★★** ③**刑事被告人以外**的附带民事诉讼被告人下落不明，或者用公告送达以外的其他方式无法送达，可能导致刑事案件审判过分迟延的，可以不将其列为附带民事诉讼被告人，告知附带民事诉讼原告人另行提起民事诉讼★★★ （7）法院认定公诉案件被告人的行为不构成犯罪，对已经提起的附带民事诉讼，经调解不能达成协议的，**可以一并作出刑事附带民事判决，也可以告知附带民事原告人另行提起民事诉讼**★★★ （8）法院准许检察院撤回起诉的公诉案件，对已经提起的附带民事诉讼，可以进行调解；不宜调解或者经调解不能达成协议的，应当裁定驳回起诉，并告知附带民事诉讼原告人可以另行提起民事诉讼★★★ （9）检察院对破坏生态环境和资源保护，食品药品安全领域侵害众多消费者合法权益，侵害英雄烈士等的姓名、肖像、名誉、荣誉等损害社会公共利益的犯罪行为提起刑事公诉时，可以向法院一并提起附带民事公益诉讼，由法院同一审判组织审理。检察院提起的刑事附带民事公益诉讼案件由审理刑事案件的人民法院管辖（《关于检察公益诉讼案件适用法律若干问题的解释》第20条） （10）第二审期间，第一审附带民事诉讼原告人增加独立的诉讼请求或者第一审附带民事诉讼被告人提出反诉的，第二审法院可以根据自愿、合法的原则进行调解；调解不成的，**告知当事人另行起诉**

练一练

1. 附带民事诉讼被告人的亲友自愿代为赔偿的，法院可以准许。这就意味着，附带民事诉讼被告人的亲友，也可能成为附带民事诉讼被告人。[1]

2. 甲盗窃乙的路虎 Discovery 5 越野车两台，甲让丙帮忙处理这两台车，丙明知是盗窃所得将其变卖给丁，乙可以对甲和丙提起附带民事诉讼。[2]

3. 郑某在侦查吴某盗窃文物案中，对证人吴某的父亲采取暴力手段逼取证言，致其伤残，吴某的父亲可就治疗伤残的费用对郑某提起附带民事诉讼。[3]

4. 冯某与陈某共同伤害刘某，检察院对冯某提起公诉，对陈某作出不起诉决定，刘某只针对陈某提起附带民事诉讼，陈某在审理时未到庭，法院可对附带民事诉讼缺席判决。[4]

5. 检察院对孟某强奸何某案提起公诉，何某对孟某提起附带民事诉讼，在审理中，检察院撤回对孟某的起诉，法院可以根据物质损失情况作出判决或者告知何某另行提起民事诉讼。[5]

6. 因受到犯罪侵犯，提起附带民事诉讼或者单独提起民事诉讼要求赔偿精神损失的，人民法院不予受理。[6]

7. 刑事被告人以外的附带民事诉讼被告人下落不明，可能导致刑事案件审判过分迟延的，附带民事部分可以缺席判决。[7]

8. 张某故意伤害李某，致其重伤。检察院对张某提起公诉，李某提起附带民事诉讼，法院审理后认定张某的行为不构成犯罪，但应对李某进行赔偿，法院对李某提起的附带民事诉讼调解不能达成协议的，应当一并作出刑事附带民事判决。[8]

9. 检察院提起刑事附带民事公益诉讼时，检察院作为附带民事诉讼的原告人可对附带民事部分单独上诉。[9]

---

〔1〕 答案：错误（附带民事诉讼被告人的亲友不是附带民事诉讼被告人）。

〔2〕 答案：错误（甲和丙非法处置被害人乙的财产，乙不能对甲和丙提起附带民事诉讼）。

〔3〕 答案：错误（郑某的行为属于国家机关工作人员在行使职权时侵犯他人人身权利的犯罪，吴某不能提起附带民事诉讼，只能申请国家赔偿）。

〔4〕 答案：正确。

〔5〕 答案：错误（法院对已经提起的附带民事诉讼，可以进行调解；不宜调解或者经调解不能达成协议的，应当裁定驳回起诉，并告知何某可以另行提起民事诉讼）。

〔6〕 答案：错误（法院一般不予受理）。

〔7〕 答案：错误（在该情形下，法院可不将其列为附带民事诉讼被告人，告知附带民事诉讼原告人另行提起民事诉讼）。

〔8〕 答案：错误（法院可以一并作出刑事附带民事判决，也可以告知李某另行提起民事诉讼）。

〔9〕 答案：正确。

第十章 期间、送达

考点一 期间★

期间的计算★（《刑诉法》第105条、《高法解释》第202条）	（1）期间的计算单位为时、日、月 以月计算的期间，自本月某日至下月同日为一个月：期限起算日为本月最后一日的，至下月最后一日为一个月；下月同日不存在的，自本月某日至下月最后一日为一个月；半个月一律按十五日计算 以年计算的刑期，自本年本月某日至次年同月同日的前一日为一年；次年同月同日不存在的，自本年本月某日至次年同月最后一日的前一日为一年。以月计算的刑期，自本月某日至下月同日的前一日为一个月；刑期起算日为本月最后一日的，至下月最后一日的前一日为一个月；下月同日不存在的，自本月某日至下月最后一日的前一日为一个月；半个月一律按十五日计算 （2）期间的起算不包括开始的**时和日** （3）在司法实践中，以月、日为计算标准的期间，期间的最后一日为节假日的，以**节假日后的第一日为期满日期**，但犯罪嫌疑人、被告人或者罪犯在押期间，应当至期满之日为止，**不得因节假日而延长** （4）法定期间不包括路途上的时间，比如有关诉讼文书材料在公检法之间传递的时间应当从法定期间内扣除。上诉状或者其他文件在期满前已经交邮的，不算过期，已交邮以**当地邮局所盖邮戳**为准（《刑诉法》第105条）
期间的重新计算★	重新计算期间仅**适用于**公安司法机关的办案期限，**不适用于**当事人行使诉讼权利的期限 【总结】期间重新计算的情形：发现另有重要罪行、补充侦查、改变管辖、发回重审、简易程序转为普通程序、速裁程序转为简易程序、普通程序[1]
期间的不计入	（1）犯罪嫌疑人不讲真实姓名、住址，身份不明的，侦查羁押期限自查清其身份之日起计算，但是不得停止对其犯罪行为的侦查取证（《刑诉法》第160条第2款） （2）对犯罪嫌疑人、被告人作精神病鉴定的期间不计入办案期限 （3）对于监察机关移送起诉的已采取留置措施的案件，检察院对嫌疑人先行拘留后决定采取强制措施的期间不计入审查起诉期限（《刑诉法》第170条第2款）

[1] A. 在侦查期间，发现犯罪嫌疑人另有重要罪行的，自发现之日起依法重新计算侦查羁押期限。（《刑诉法》第160条第1款）B. 补充侦查完毕移送检察院后，检察院重新计算审查起诉期限。（《刑诉法》第175条）C. 法院改变管辖的案件，从改变后的法院收到案件之日起计算审理期限。（《刑诉法》第208条第2款）D. 检察院补充侦查的案件，补充侦查完毕移送法院后，法院重新计算审理期限。（《刑诉法》第208条第3款）E. 第二审法院发回原审法院重新审判的案件，原审法院从收到发回的案件之日起，重新计算审理期限。（《刑诉法》第241条）F. 简易程序转为普通程序审理的案件，审理期限应当从决定转为普通程序之日起计算。（《高法解释》第368条）G. 决定速裁程序转为普通程序或者简易程序审理的案件，审理期限应当从作出决定之日起计算。（《高法解释》第376条）

续表

期间的不计入	(4) 中止审理的期间不计入审理期限(《刑诉法》第206条) (5) 第二审法院应当在决定开庭审理后及时通知检察院查阅案卷。检察院应当在一个月以内查阅完毕。检察院查阅案卷的时间不计入审理期限(《刑诉法》第235条) (6) 不符合暂予监外执行条件的罪犯通过贿赂等非法手段被暂予监外执行的，在监外执行的期间不计入执行刑期。罪犯在暂予监外执行期间脱逃的，脱逃的期间不计入执行刑期(《刑诉法》第268条第3款) (7) 审理申请没收违法所得案件时，公告期间和请求刑事司法协助的时间不计入审理期限(《高法解释》第627条) (8) 附条件不起诉考验期不计入案件审查起诉期限

考点二　送达

直接送达	即公安司法机关派员将诉讼文件直接交给收件人。如果收件人本人不在，由他的成年家属或所在单位的负责收件的人员代收
留置送达	(1) 含义：收件人本人或者代收人拒绝接收或者拒绝签名、盖章时，送达人可以邀请他的邻居或者其他见证人到场，说明情况，在送达回证上注明拒收的事由和日期，由送达人、见证人签名或者盖章，将诉讼文书留在收件人、代收人的住处或者单位；也可以把诉讼文书留在受送达人的住处，并采用拍照、录像等方式记录送达过程，即视为送达(即见证人见证或电子见证) (2) 例外：对于法院**调解书**的送达，**不能采取留置送达**的方式 如果收件人拒绝接受，则应当视为调解无效，需要进行判决
委托送达	是指承办案件的公安司法机关委托收件人所在地的公安司法机关代为送达的方式
邮寄送达	指承办案件的公安司法机关在直接送达有困难的情况下，通过邮局将诉讼文书、送达回证邮寄给收件人的送达方式。签收日期为送达日期
转交送达	(1) 含义：指承办案件的公安司法机关将诉讼文书交收件人所在机关、单位代收后再转给收件人的送达方式 (2) 通常适用于军人、正在服刑的犯人和正在接受专门矫治教育等的人

练一练

1. 在刑事诉讼中，1个月一律按30日计算，半个月一律按15日计算。[1]
2. 因当事人申请回避而延期审理后，法院应当重新计算审理期限。[2]
3. 被害人向法院递交附带民事起诉状，属于法定的送达行为。[3]
4. 送达诉讼文书，收件人或者代收人拒绝签收的，送达人应当邀请见证人到场，否则，该送达无效。[4]

[1] 答案：错误(一个月按照30日计算，存在例外)。
[2] 答案：错误(该情形下，中断的时间应计入审理期限，不能重新计算审理期限)。
[3] 答案：错误(该行为不是法定的送达行为)。
[4] 答案：错误(留置送达，可以采用见证人见证，也可以采用拍照、录像等方式记录送达过程)。

5. 张某被判有期徒刑 1 年，从 2019 年 5 月 31 日开始服刑，刑期的最后 1 日为 2020 年 5 月 30 日。[1]

〔1〕 答案：正确。

第十一章 立　案

立案流程图

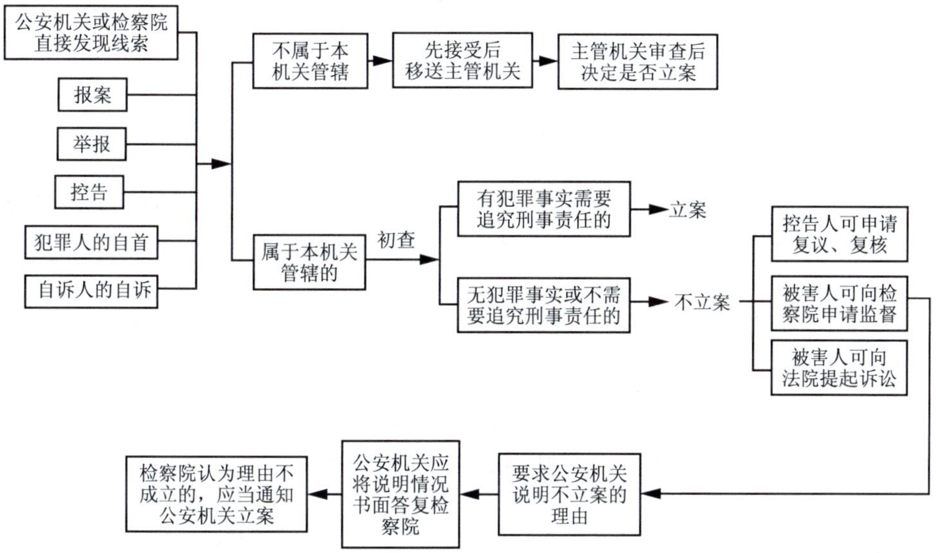

考点一　报案、举报和控告的区别★★（《刑诉法》第109、110条）

异同点＼类型		报案	举报	控告
区别	主体	被害人或第三人	第三人	被害人
	能否指出犯罪人	不能	能	能
相同点		均能指出犯罪事实		

考点二　立案的条件★★

公诉案件的立案条件	（1）有犯罪事实 （2）需要追究刑事责任（《刑诉法》第112条）

续表

自诉案件的受理	自诉案件的受理条件：（《高法解释》第317条） （1）属于自诉案件范围 （2）属于该法院管辖的 （3）被害人告诉（如果被害人死亡、丧失行为能力或者因受强制、威吓等无法告诉，或是限制行为能力人以及因年老、患病、盲、聋、哑等不能亲自告诉，其**法定代理人、近亲属**告诉或者代为告诉的，法院应依法受理[1]） （4）有**明确**的被告人、**具体**的诉讼请求和证明被告人犯罪事实的证据
	以下情形下，法院应当说服自诉人撤回起诉；自诉人不撤回起诉的，裁定不予受理：**（1）不属于自诉案件的。**（2）**缺乏罪证的**。（3）犯罪已过追诉时效期限的。（4）被告人死亡的。**（5）被告人下落不明的**。（6）除因证据不足而撤诉的以外，自诉人撤诉后，就同一事实又告诉的；（7）经法院调解结案后，自诉人反悔，就同一事实再行告诉的；（8）**属于被害人有证据证明的轻微刑事案件，公安机关正在立案侦查或者检察院正在审查起诉的；（9）不服检察院对未成年犯罪嫌疑人作出的附条件不起诉决定或者附条件不起诉考验期满后作出的不起诉决定，向法院起诉的**[2]
	（1）自诉人对不予受理或者驳回起诉的裁定不服的，可以提起上诉 （2）第二审法院查明第一审法院作出的不予受理裁定有错误的，应当在撤销原裁定的同时，指令第一审法院立案受理；查明第一审法院驳回起诉裁定有错误的，应当在撤销原裁定的同时，指令第一审法院进行审理（《高法解释》第322条）

考点三　立案的程序★★（《高检规则》第169、557—566条）

立案中的初查★★	（1）调查核实（即初查）过程中，公安机关可以依照有关法律和规定采取**询问、查询、勘验、鉴定和调取证据材料等不限制被调查对象人身、财产权利的措施**。但是，不得对被调查对象采取强制措施，不得查封、扣押、冻结被调查对象的财产，不得采取技术侦查措施[3]（《公安部规定》第174条第2款） （2）公安机关在调查核实过程中依法收集的**电子数据等材料**，可以根据有关规定**作为证据使用** 调查核实过程中收集的材料作为证据使用的，**应当随案移送，并附批准调查核实的相关材料** 调查核实过程中收集的证据材料经查证**属实**，且收集程序符合有关要求的，可以作为定案依据（《关于办理信息网络犯罪案件适用刑事诉讼程序若干问题的意见》第13条）（新增）

〔1〕自诉案件中被害人的法定代理人、近亲属告诉或代为告诉的情形（口诀）：“被害人不敢告诉和不能告诉”。

〔2〕法院对自诉案件受理审查后说服自诉人撤回起诉或者裁定不予受理的情形（口诀）：没法审理或者没有必要审理。

〔3〕检察院进行调查核实（即初查），**可以采取询问、查询、勘验、检查、鉴定、调取证据材料等不限制被调查对象人身、财产权利的措施。不得对被调查对象采取强制措施，不得查封、扣押、冻结被调查对象的财产，不得采取技术侦查措施。（《高检规则》第169条）**

续表

<table>
<tr><td rowspan="1">对立案材料的处理★</td><td colspan="2">(1) 处理方式：立案和不立案。(2) 不立案的决定应当告知控告人。(3) 控告人不服的，可以向原决定机关申请复议（《刑诉法》第 112 条）。控告人对不予立案的复议决定不服的，可以在收到复议决定书后向上一级公安机关申请复核（《公安部规定》第 179 条）。移送案件的行政执法机关对公安机关不予立案决定不服的，可以向作出决定的公安机关申请复议，但不得申请复核（《公安部规定》第 181 条）</td></tr>
<tr><td rowspan="2">立案监督★★</td><td>对应当立案而不立案的监督</td><td>检察院认为公安机关对应当立案侦查的案件而不立案侦查的，或者被害人认为公安机关对应当立案侦查的案件而不立案侦查，向检察院提出的，检察院应当要求公安机关说明不立案的理由。检察院认为公安机关不立案理由不能成立的，应当通知公安机关立案，公安机关接到通知后应当立案（《刑诉法》第 113 条）</td></tr>
<tr><td>对不应当立案而立案的监督</td><td>(1) 程序：检察院要求公安机关说明立案理由，公安机关应当在 7 日内说明。检察院经调查核实，认为公安机关立案理由不成立的，应当通知公安机关撤销案件。公安机关应当立即撤销案件
(2) 对不应当立案而立案的监督的复议、复核程序：
①公安机关认为检察院撤销案件通知有错误的，要求同级检察院复议
②公安机关不接受检察院复议决定的，提请上一级检察院复核[1]</td></tr>
</table>

练一练

1. 报案人、举报人、控告人均可指出犯罪事实和犯罪人。[2]

2. 在朱某贩毒、杀人案中，公安机关在初查阶段，可以勘验现场、拘传朱某、冻结朱某的账户、派遣卧底。[3]

3. 甲抢夺乙一案，乙向县公安局控告甲，县公安局不予立案，乙请求检察院进行立案监督，县检察院先要求县公安局说明不立案的理由，检察院认为县公安局不立案的理由不成立，通知县公安局立案，县公安局不服的，可以向县检察院申请复议，县公安局不接受检察院复议决定的，可提请上一级检察院复核。[4]

---

[1] 【总结】先复议后复核的情形：A. 公安机关对检察院作出的不批准逮捕的决定、不起诉决定（法定不起诉、酌定不起诉、证据不足不起诉、附条件不起诉）以及在立案监督时检察院通知公安机关撤销案件，公安机关均可向原决定的检察院申请复议，对复议决定不服的，可向上一级检察院申请复核。B. 对没收保证金的决定不服，被取保候审人或其法定代理人可以向作出决定的公安机关申请复议，对复议决定不服的，可以向上一级公安机关申请复核一次。C. 保证人对罚款决定不服，可以向作出决定的公安机关申请复议。保证人对复议决定不服的，可以向上一级公安机关申请复核一次。D. 控告人不服不立案决定的，可以向原决定机关申请复议。控告人对不予立案的复议决定不服的，可以向上一级公安机关申请复核。

[2] 答案：错误（报案指不出犯罪人）。

[3] 答案：错误（公安机关在初查阶段，不得拘传朱某、冻结朱某的账户、派遣卧底）。

[4] 答案：错误（县检察院通知县公安局立案，县公安局不得向检察院申请复议、复核）。

第十二章 侦查与监察机关的调查

侦查流程图

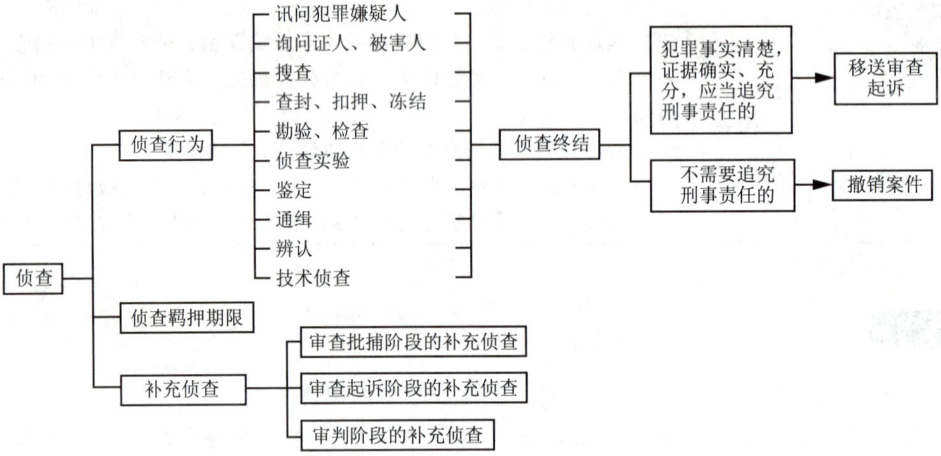

考点一　讯问犯罪嫌疑人与询问证人（被害人）★★★（《刑诉法》第118—123、281条）

区别 \ 种类	讯问犯罪嫌疑人	询问证人（被害人）
主体与人数	侦查人员，不得少于2人	
时间	传唤、拘传持续的时间一般为12小时，**案情特别重大、复杂，需要采取拘留、逮捕措施的**，不得超过**24小时**	—
地点	(1) **被羁押的：应当在看守所讯问室内**进行讯问（《刑诉法》第118条）[1] (2) **未被羁押的：现场**（需出示工作证件，才可以口头传唤）；住处；指定地点；检察院、公安机关（《刑诉法》第119条）[2]	(1) 现场（应当出示工作证件） (2) 单位、住处或者**证人提出的地点**（应当出示检察院或者公安机关的证明文件）

〔1〕 检察院对自侦案件，**因辨认、鉴定、侦查实验或者追缴犯罪有关财物的需要，经检察长批准，可以提押犯罪嫌疑人出所。不得以讯问为目的将犯罪嫌疑人提押出所进行讯问。（《高检规则》第186条第2款）**

〔2〕 传唤犯罪嫌疑人时，应当出示传唤证和侦查人员的人民警察证。（《公安部规定》第199条第1款）

续表

种类 区别	讯问犯罪嫌疑人	询问证人（被害人）
地点	对有严重伤病或者残疾、行动不便的，以及正在怀孕的犯罪嫌疑人，可在其住处或者就诊的医疗机构进行讯问 对于正在被执行**行政拘留、强制隔离戒毒**的人员以及正在**监狱服刑**的罪犯，可以在其**执行场所**进行讯问（《公安部规定》第198条）	（3）检察院、公安机关（不得另行指定其他地点）
步骤与方法	（1）应当首先讯问犯罪嫌疑人是否有犯罪行为 （2）如果犯罪嫌疑人承认有犯罪行为，即让其陈述有罪的情节；如果犯罪嫌疑人否认有犯罪事实，则让其陈述无罪的辩解，然后根据其陈述，向犯罪嫌疑人提出问题 （3）犯罪嫌疑人对侦查人员的提问，应当**如实回答**。但是对与本案**无关**的问题，有权拒绝回答。侦查人员在讯问犯罪嫌疑人的时候，**应当告知犯罪嫌疑人享有的诉讼权利，如实供述自己罪行可以从宽处理和认罪认罚的法律规定**（《刑诉法》第120条） （4）**讯问过程的同步录音录像**：（《刑诉法》第123条） ①一般案件：可以录音、录像；**无期、死刑、重大犯罪、职务犯罪案件：应当录音、录像**[1] ②录音或者录像**应当全程进行，保持完整性** （5）犯罪嫌疑人请求自行书写供述的，应当准许。必要的时候，侦查人员也可以要犯罪嫌疑人亲笔书写供词（《刑诉法》第122条）	（1）询问证人时，应当告知其应当如实地提供证据、证言和有意作伪证或者隐匿罪证要负的法律责任 （2）让证人连续陈述 （3）询问证人应当个别进行 （4）**询问重大或者有社会影响的案件的重要证人，应当对询问过程实行全程录音、录像**，并在询问笔录中注明（《高检规则》第194条第2款） （5）（讯）问异地证人、被害人以及与案件有关联的犯罪嫌疑人的，可以由办案地公安机关通过远程网络视频等方式进行并制作笔录 远程询（讯）问的，应当对询（讯）问过程同步录音录像，并随案移送
讯（询）问特殊主体	（1）聋哑人：**应当有通晓聋、哑手势的人参加** （2）未成年人：**应当通知法定代理人或者其他合适成年人**在场（《刑诉法》第281条第1款） （3）女性未成年人：应当有**女工作人员**在场（《刑诉法》第281条第3款）	

考点二 勘验、★★检查（《刑诉法》第128—135条）

勘验、检查的主体	侦查人员对于与犯罪有关的场所、物品、人身、尸体应当进行勘验或者检查。在必要的时候，可以指派或者聘请具有专门知识的人，在**侦查人员的主持下**进行勘验、检查。检查**妇女**的身体，应当由**女工作人员或者医师**进行

---

〔1〕侦查人员在讯问犯罪嫌疑人的时候，**可以**对讯问过程进行录音或者录像；对于**可能判处无期徒刑、死刑的案件**或者**其他重大犯罪案件，应当**对讯问过程进行录音或者录像。

检察院办理**直接受理侦查**的案件，应当在每次讯问犯罪嫌疑人时，对讯问过程实行全程录音、录像。（《高检规则》第190条）

续表

勘验、检查的对象	(1) 勘验的对象：场所、物品、尸体（死的东西） (2) 检查的对象：活人的身体（包括犯罪嫌疑人、被害人）。检查不仅包括检查身体的体表（如提取指纹信息），也包括检查体内（如采集血液、尿液等生物样本）
是否需要令状	需要**勘查证**
是否需要见证人	勘验、检查均需见证人
方式	(1) 对被害人不能强制检查，对犯罪嫌疑人可以强制检查 (2) 对于死因不明的尸体，公安机关有权决定解剖，并且**通知死者家属到场** 对**重大案件**的现场**勘查**，**应当录音录像**（《公安部规定》第 216 条）
侦查实验	实施主体（侦查人员）、批准主体（**公安机关负责人或者检察长**）、程序（**应当写成笔录，由参加实验的人签名或者盖章**）；禁止性规定（造成危险、侮辱人格或有伤风化）；**应当全程录音录像**（《公安部规定》第 221 条、《高检规则》第 200 条）

考点三　搜查与查封、扣押、冻结、电子数据的提取和收集

（《刑诉法》第 136—145 条）

区别＼种类	搜查★★	查封、扣押物证、书证
主体	侦查人员（两名）（搜查妇女的身体，应当由女工作人员进行）	侦查人员（两名）
对象	犯罪嫌疑人以及可能隐藏罪犯或者罪证的人的身体、物品、住处和其他有关地方	**查封、扣押、冻结的对象**：犯罪证据、违禁品、危险品 (1) 查封的对象：土地、房屋等不动产，或船舶、航空器以及其他不宜移动的大型机器、设备等特定动产 (2) **查询、冻结的对象**：犯罪嫌疑人的存款、汇款、债券、股票、基金份额等财产 (3) 与案件无关的被扣押物，应在 **3 日**以内解除扣押、冻结并退还、返还
是否需要令状	原则上需要搜查证；但是，侦查人员在执行逮捕、拘留的时候，遇有紧急情况[1]，不另用搜查证也可进行搜查	(1) **不需要扣押证**[2] (2) 扣押犯罪嫌疑人的邮件、电报、电子邮件，需经**公安机关或者检察院**批准

〔1〕这里的“紧急情况”是指：A. 可能随身携带凶器的；B. 可能隐藏爆炸、剧毒等危险物品的；C. 可能隐匿、毁弃、转移犯罪证据的；D. 可能隐匿其他犯罪嫌疑人的；E. 其他紧急情况。

〔2〕【总结】以下场合需要令状许可后实施：传唤（有例外）、拘传、拘留（有例外）、逮捕、勘验、检查、搜查（有例外）、通缉。

续表

种类 区别	搜查★★	查封、扣押物证、书证
程序	搜查的时候，应当有被搜查人或其家属、邻居或其他见证人在场[这意味着，搜查时有三方在场：(1) 侦查人员；(2) 被搜查人或他的家属；(3) 邻居或其他见证人。]	(1) 扣押应有见证人在场[1] (2) 检察院、公安机关**不能扣划**存款、汇款、债券、股票、基金份额等财产。对于犯罪嫌疑人、被告人死亡，依照刑法规定应当追缴其违法所得及其他涉案财产的，**由检察院向法院提出没收违法所得的申请**（《六机关规定》第 37 条） (3) 不得重复冻结，但可轮候冻结 (4) 应当制作两份清单
	下列人员**不得**担任刑事诉讼活动的**见证人**（口诀）：**有职权、影响大、不能辨别和表达**[2]	
电子数据的提取和收集的程序★★★	(1) 以扣押、封存原始存储介质为原则，以直接提取电子数据为例外（原始存储介质不便封存、位于境外；不是存储在存储介质上的），以打印、拍照、录像等方式固定为补充 (2) 收集、提取电子数据，**应当制作笔录，并附电子数据清单**。有条件的，**应当对相关活动进行录像** 收集、提取电子数据，**应当由符合条件的人员担任见证人。由于客观原因无法由符合条件的人员担任见证人的，应当在笔录中注明情况，并对相关活动进行录像**	

考点四　鉴定（《刑诉法》第 146—149、192 条）

鉴定人	司法鉴定实行**鉴定人负责**制度。鉴定人应当**独立**进行鉴定，对鉴定意见负责并在鉴定书上签名或盖章。**多人参加的鉴定，对鉴定意见有不同意见的，应当注明**
鉴定	(1) 犯罪嫌疑人、被告人在押的案件，除**对犯罪嫌疑人、被告人的精神病鉴定**期间不计入办案期限外，**其他鉴定期间**都**应当计入**办案期限 (2) 鉴定意见的告知对象：犯罪嫌疑人、被害人（可申请补充鉴定或者重新鉴定）

---

[1] 【总结】以下场合可能需要见证人到场：勘验、检查、搜查、查封、扣押、留置送达、辨认（检察院主持辨认，可以有见证人到场）。

[2] 下列人员**不得**担任**见证人**：A. **生理上、精神上有缺陷或者年幼，不具有相应辨别能力或者不能正确表达的人**；B. **与案件有利害关系，可能影响案件公正处理的人**；C. **行使勘验、检查、搜查、扣押、组织辨认等监察调查、刑事诉讼职权的监察、公安、司法机关的工作人员或者其聘用的人员**。

由于客观原因无法由符合条件的人员担任见证人的，应当在笔录材料中注明情况，并对相关活动进行全程录音录像。（《高法解释》第 80 条）

考点五　技术侦查★★★（《刑诉法》第150—154条、《高检规则》第227—231条、《六机关规定》第20条、《高法解释》第116—122条）

适用范围〔1〕	(1) 公安机关在立案后，对于**危害国家安全犯罪、恐怖活动犯罪、黑社会性质的组织犯罪、重大毒品犯罪或者其他严重危害社会的犯罪案件**，根据侦查犯罪的需要，经过**严格的批准手续**，可以采取技术侦查措施〔2〕 (2) 检察院在立案后，对于利用职权实施的严重侵犯公民人身权利的重大犯罪案件，根据侦查犯罪的需要，经过严格的批准手续，可以采取技术侦查措施，按照规定交有关机关执行 (3) **追捕被通缉或者被批准、决定逮捕的在逃的犯罪嫌疑人、被告人**，经过批准，可以采取追捕所必需的技术侦查措施（《刑诉法》第150条）
决定主体	公安机关、国家安全机关、检察院
执行主体	公安机关、国家安全机关
种类和对象、期限	(1) **种类和适用对象**：公安机关需要采取技术侦查措施的，报设区的市一级以上公安机关负责人批准。技术侦查措施是指由设区的市一级以上公安机关负责技术侦查的部门实施的记录监控、行踪监控、通信监控、场所监控等措施（《公安部规定》第264第1款、265条） 技术侦查措施的适用对象是犯罪嫌疑人、被告人以及与犯罪活动直接关联的人员（《公安部规定》第264条第2款） (2) **期限**：批准决定自签发之日起**3个月内**有效。对于不需要继续采取技术侦查措施的，应当及时解除；对于**复杂、疑难案件**，期限届满仍有必要继续采取技术侦查措施的，**经过批准，有效期可以延长，每次不得超过3个月**（《刑诉法》第151条） (3) 在有效期限内，需要**变更**技术侦查措施**种类或者适用对象**的，应当按照《公安部规定》第256条的规定重新办理批准手续（《公安部规定》第267条第2款）
适用程序	(1) **保密和配合**：侦查人员对于采取技术侦查措施过程中知悉的**国家秘密、商业秘密和个人隐私，应当保密**。公安机关依法采取技术侦查措施，有关单位和个人应当配合，并对有关情况予以保密（《刑诉法》第152条） (2) **所获材料的运用**：采取技术侦查措施获取的材料，**只能用于对犯罪的侦查、起诉和审判，不得用于其他用途**。对于采取技术侦查措施获取的与案件**无关**的材料，**必须及时销毁**（《刑诉法》第152条）
秘密侦查	(1) **隐匿身份实施侦查** 为了查明案情，在必要的时候，经**公安机关负责人决定**，可以由有关人员隐匿其身份实施侦查，但是，**不得诱使他人犯罪**，**不得采用可能危害公共安全或者发生重大人身危险的方法**

〔1〕 技术侦查适用的案件范围（口诀）："国恐黑毒、侵人权、人保全"。

〔2〕 公安机关在立案后，根据侦查犯罪的需要，可以对下列严重危害社会的犯罪案件采取技术侦查措施：A. 危害国家安全犯罪、恐怖活动犯罪、黑社会性质的组织犯罪、重大毒品犯罪案件；B. 故意杀人、故意伤害致人重伤或者死亡、强奸、抢劫、绑架、放火、爆炸、投放危险物质等严重暴力犯罪案件；C. 集团性、系列性、跨区域性重大犯罪案件；D. 利用电信、计算机网络、寄递渠道等实施的重大犯罪案件，以及针对计算机网络实施的重大犯罪案件；E. 其他严重危害社会的犯罪案件，依法可能判处七年以上有期徒刑的。（《公安部规定》第263条）

续表

秘密侦查	(2) 控制下交付 对**涉及给付毒品等违禁品或者财物的犯罪活动**，经县级以上公安机关负责人决定，可以实施**控制下交付**（《公安部规定》第271条）
技术调查、侦查证据的审查与认定★★★	
移送规则	依法采取技术调查、侦查措施收集的材料在刑事诉讼中**可以作为证据使用** 采取技术调查、侦查措施收集的材料，**作为证据使用的，应当随案移送**（《高法解释》第116条）
保护措施	使用采取技术调查、侦查措施收集的证据材料可能危及有关人员的人身安全，或者可能产生其他严重后果的，可以采取下列保护措施： (1) **使用化名等代替**调查、侦查人员及有关人员的**个人信息** (2) **不具体写明**技术调查、侦查措施使用的**技术设备和技术方法** (3) 其他必要的保护措施（《高法解释》第117条）
移送要求	(1) 移送技术调查、侦查证据材料的，**应当附**采取技术调查、侦查措施的**法律文书、技术调查、侦查证据材料清单和有关说明材料** (2) 移送采用技术调查、侦查措施收集的视听资料、电子数据的，**应当制作新的存储介质，并附制作说明，写明原始证据材料、原始存储介质的存放地点等信息，由制作人签名，并加盖单位印章**（《高法解释》第118条）
审查内容	对采取技术调查、侦查措施收集的证据材料，除根据相关证据材料所属的证据种类，依照《高法解释》第四章第二节至第七节的相应规定进行审查外，还应当着重审查以下内容：针对的案件是否合法；是否经过严格的批准手续；种类、适用对象和期限是否按照批准决定载明的内容执行；与其他证据是否矛盾；存在矛盾的，能否得到合理解释（《高法解释》第119条）
当庭调查和庭外核实[1]	采取技术调查、侦查措施收集的证据材料，**应当经过当庭出示、辨认、质证等法庭调查程序查证** **当庭调查**技术调查、侦查证据材料**可能危及有关人员的人身安全，或者可能产生其他严重后果**的，法庭**应当采取不暴露有关人员身份和技术调查、侦查措施使用的技术设备、技术方法等保护措施**。必要时，审判人员**可以在庭外对证据进行核实**（《高法解释》第120条）
裁判文书中的表述	采用技术调查、侦查证据作为定案根据的，法院在裁判文书中**可以表述相关证据的名称、证据种类和证明对象，但不得表述有关人员身份和技术调查、侦查措施使用的技术设备、技术方法等**（《高法解释》第121条）
补充移送和处理问题	法院认为应当移送的技术调查、侦查证据材料未随案移送的，**应当通知检察院在指定时间内移送**。检察院**未移送的**，法院**应当根据在案证据对案件事实作出认定**（《高法解释》第122条）

[1] 技术调查、侦查证据材料的查证程序：当庭调查是原则，庭外核实是例外。

考点六　辨认★★（《高检规则》第223—226条、《公安部规定》第258—262条）

辨认的主体和对象	（1）辨认的主体：被害人、证人和犯罪嫌疑人 （2）被辨认的对象：与犯罪有关的物品、文件、尸体、场所或者犯罪嫌疑人（没有被害人）
辨认的主持者	不得少于2名侦查人员
混杂辨认规则	（1）犯罪嫌疑人（不少于7个）。犯罪嫌疑人照片（不少于10张）。物品（不少于5件）（《高检规则》规定：物品的照片不少于5张；《公安部规定》规定：物品的照片不少于10张） （2）场所、尸体等特定辨认对象，或者辨认人能够准确描述物品独有特征的，陪衬物不受数量的限制（《公安部规定》第260条）
单独辨认规则	几名辨认人对同一辨认对象进行辨认时，应当由辨认人个别进行
见证人规则	辨认在必要时，可以有见证人在场（《高检规则》第225条）
不得暗示的规则	在辨认前，应当向辨认人详细询问被辨认对象的具体特征，避免辨认人见到被辨认对象，并应当告知辨认人有意作虚假辨认应负的法律责任（《高检规则》第224条）
保密规则	对犯罪嫌疑人的辨认，辨认人不愿意公开进行时，可以在不暴露辨认人的情况下进行，并应当为其保守秘密
辨认笔录	对辨认经过和结果，应当制作辨认笔录，由侦查人员、辨认人、见证人签名。必要时，应当对辨认过程进行录音录像（《公安部规定》第262条）

考点七　通缉★（《刑诉法》第155条，《高检规则》第232、233条，《公安部规定》第274、282条）

主体	（1）决定主体：公安机关和检察院 （2）发布主体：公安机关 注：超出自己管辖的地区，应报请有权决定的上级机关发布[1]
对象	应当逮捕而在逃的犯罪嫌疑人，越狱逃跑的犯罪嫌疑人、被告人或罪犯

考点八　对非法侦查行为的救济★★（《刑诉法》第117条）

申请救济的主体和情形	当事人和辩护人、诉讼代理人、利害关系人对于司法机关及其工作人员有下列行为之一的，有权向该机关申诉或者控告：具体情形（口诀）——应放不放、应退不退、违法查封、扣押和冻结[2]
处理程序	受理申诉或者控告的机关应当及时处理。对处理不服的，可以向同级检察院申诉；检察院直接受理的案件，可以向上一级检察院申诉。检察院对申诉应当及时进行审查，情况属实的，通知有关机关予以纠正

---

〔1〕通缉令发出后，如果发现新的重要情况可以补发通报。（《公安部规定》第276条）

〔2〕A. 采取强制措施法定期限届满，不予以释放、解除或者变更的；B. 应当退还取保候审保证金不退还的；C. 对与案件无关的财物采取查封、扣押、冻结措施的；D. 应当解除查封、扣押、冻结不解除的；E. 贪污、挪用、私分、调换、违反规定使用查封、扣押、冻结的财物的。

考点九　侦查终结（《刑诉法》第161—163条）

程序	侦查机关在案件侦查终结前，**辩护律师提出要求的，侦查机关应当听取辩护律师的意见，并记录在案。**辩护律师提出书面意见的，**应当附卷**（《刑诉法》第161条）
条件	犯罪事实已经查清，案件的证据确实、充分，法律手续完备
处理	（1）移送起诉：犯罪事实清楚，证据确实、充分，依法应追究嫌疑人刑事责任的 公安机关侦查终结的案件，应当做到**犯罪事实清楚，证据确实、充分**，并且写出起诉意见书，连同案卷材料、证据一并移送同级检察院审查决定；**同时将案件移送情况告知犯罪嫌疑人及其辩护律师** 犯罪嫌疑人**自愿认罪的，应当记录在案，随案移送，并在起诉意见书中写明有关情况**（《刑诉法》第162条）★ （2）撤销案件：没有犯罪事实或不需要追究刑事责任的（**犯罪嫌疑人已被逮捕的，应当立即释放，发给释放证明，并且通知原批准逮捕的检察院**）

考点十　监察机关的调查★★

监察机关可以采用讯问、询问、留置、查询、冻结、搜查、调取、查封、扣押、勘验检查、鉴定、技术调查、通缉、限制出境等调查措施		
留置	对象和条件	被调查人涉嫌贪污贿赂、失职渎职等严重职务违法或者职务犯罪，监察机关已经掌握其部分违法犯罪事实及证据，仍有重要问题需要进一步调查，并有下列情形之一的，经监察机关依法审批，可以将其留置在特定场所：（1）涉及案情重大、复杂的；（2）可能逃跑、自杀的；（3）可能串供或者伪造、隐匿、毁灭证据的；（4）可能有其他妨碍调查行为的 对涉嫌行贿犯罪或者共同职务犯罪的涉案人员，监察机关可以依照前述规定采取留置措施（《监察法》第22条第1、2款）
	审批、备案程序	（1）监察机关采取留置措施，应当由监察机关领导人员集体研究决定 （2）设区的市级以下监察机关采取留置措施，应当报上一级监察机关**批准** （3）省级监察机关采取留置措施，应当报国家监察委员会**备案**（《监察法》第43条第1款）
	期限	**3个月+（延长）3个月** 省级以下监察机关采取留置措施的，延长留置时间应当报上一级监察机关批准（《监察法》第43条第2款）
	通知	对被调查人采取留置措施后，应当在24小时以内，通知被留置人员所在单位和家属，但有**可能毁灭、伪造证据，干扰证人作证或者串供等有碍调查情形的除外**（《监察法》第44条第1款）
	刑期折抵	被留置人员涉嫌犯罪移送司法机关后，被依法判处管制、拘役和有期徒刑的，留置一日折抵管制二日，折抵拘役、有期徒刑一日（《监察法》第44条第3款）（与拘留、逮捕折抵刑期的计算方式相同）

续表

<table>
<tr><td>技术调查（与技术侦查相似）</td><td colspan="2">监察机关调查涉嫌重大贪污贿赂等职务犯罪，根据需要，经过严格的批准手续，可以采取技术调查措施，按照规定交有关机关执行
批准决定应当明确采取技术调查措施的种类和适用对象，自签发之日起三个月以内有效；对于复杂、疑难案件，期限届满仍有必要继续采取技术调查措施的，经过批准，有效期可以延长，每次不得超过三个月。对于不需要继续采取技术调查措施的，应当及时解除（《监察法》第28条）</td></tr>
<tr><td>通缉</td><td colspan="2">依法应当留置的被调查人如果在逃，监察机关可以决定在本行政区域内通缉，由公安机关发布通缉令，追捕归案。通缉范围超出本行政区域的，应当报请有权决定的上级监察机关决定（《监察法》第29条）</td></tr>
<tr><td>限制出境</td><td colspan="2">监察机关为防止被调查人及相关人员逃匿境外，经省级以上监察机关批准，可以对被调查人及相关人员采取限制出境措施，由公安机关依法执行（《监察法》第30条）</td></tr>
<tr><td>调查程序</td><td colspan="2">调查人员采取讯问、询问、留置、搜查、调取、查封、扣押、勘验检查等调查措施，均应当依照规定出示证件，出具书面通知，由二人以上进行，形成笔录、报告等书面材料，并由相关人员签名、盖章
调查人员进行讯问以及搜查、查封、扣押等重要取证工作，应当对全过程进行录音录像，留存备查（《监察法》第41条）</td></tr>
<tr><td>认罪认罚从宽</td><td colspan="2">涉嫌职务犯罪的被调查人主动认罪认罚，具备法定情形的，监察机关经领导人员集体研究，并报上一级监察机关批准，可以在移送检察院时提出从宽处罚的建议</td></tr>
<tr><td rowspan="2">监察调查与刑事诉讼程序的衔接</td><td>移送检察院</td><td>对涉嫌职务犯罪的，监察机关经调查认为犯罪事实清楚，证据确实、充分的，制作起诉意见书，连同案卷材料、证据一并移送检察院依法审查、提起公诉（《监察法》第45条）</td></tr>
<tr><td>涉案财物的移送</td><td>监察机关经调查，对违法取得的财物，依法予以没收、追缴或者责令退赔；对涉嫌犯罪取得的财物，应当随案移送检察院（《监察法》第46条）</td></tr>
</table>

练一练

1. 张某抢劫案，公安机关拘留张某后送往看守所之前，不得对张某进行讯问。[1]

2. 传唤犯罪嫌疑人，均应出示公安机关、检察院的证明文件。[2]

3. 我国犯罪嫌疑人只有对与案件无关的问题才有拒绝回答的权利，其所享有的自由供述的权利是受到一定限制的。[3]

4. 搜查和检查妇女的身体，均应当由女工作人员进行。[4]

5. 勘验和搜查均需分别出示勘验证和搜查证，并应有见证人到场且对勘验、搜查的

[1] 答案：错误（公安机关拘留张某后送往看守所之前，可以对张某进行讯问）。

[2] 答案：错误（该表述存在例外，在现场讯问犯罪嫌疑人，出示工作证件，可以口头传唤）。

[3] 答案：正确。

[4] 答案：错误（检查妇女的身体，应由女工作人员或者医师进行）。

过程进行录像。[1]

6. 段某通过网络传播淫秽物品案中，公安机关发现存储淫秽视频的服务器在美国，公安机关应当采取打印、拍照或者录像等方式固定相关证据。[2]

7. 采取技术侦查措施收集的证据应当经过法庭调查程序查证属实，否则，不得作为定案的根据。[3]

8. 陆某杀人案中，公安机关带陆某前去指认案发现场，应当将该现场混杂在其他6处场所中让陆某辨认，否则，该辨认笔录不得作为定案的根据。[4]

9. 被害人对公安机关作出的不立案决定和撤销案件的决定不服的，均可以请求检察院进行立案监督，也可以向法院提起自诉。[5]

10. 甲诈骗乙一案中，K市B区公安局查封了乙的别墅，乙向B区公安局提出申诉、控告，B区公安局予以驳回，乙还可以向K市检察院申诉。[6]

11. 公安机关对周某杀人案经过侦查，未查清事实，遂决定侦查终结，作出撤销案件的决定。[7]

12. 采用技术调查、侦查证据作为定案根据的，法院在裁判文书中可以表述相关证据的名称、证据种类、证明对象、技术调查、侦查措施使用的技术设备、技术方法。[8]

---

[1] 答案：错误（搜查需出示搜查证，但存在例外。勘验和搜查的过程不是都应进行录像）。

[2] 答案：错误（该情形下，公安机关可以直接提取电子数据）。

[3] 答案：错误（对采取技术侦查措施收集的证据，必要时，审判人员可以在庭外对证据进行核实）。

[4] 答案：错误（对现场无须混杂辨认）。

[5] 答案：错误（被害人对公安机关撤销案件的决定，不得请求检察院进行监督）。

[6] 答案：错误（乙还可以向B区检察院申诉）。

[7] 答案：错误（犯罪事实未查清的，不得侦查终结，作出撤销案件的决定）。

[8] 答案：错误（不能表述技术调查、侦查措施使用的技术设备、技术方法）。

第十三章 起 诉

审查起诉流程图

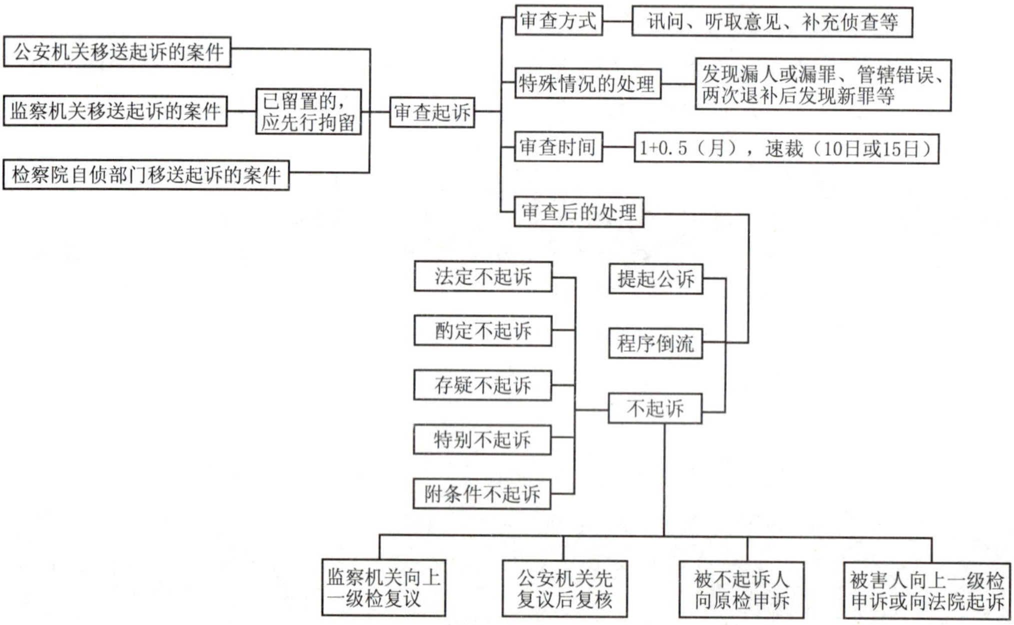

考点一 刑事起诉制度★

起诉方式	（1）现代各国的刑事公诉制度主要分两种类型：一种是刑事公诉独占主义，即刑事案件的起诉权被国家垄断，排除被害人自诉；另一种是刑事公诉兼自诉制度，即较为严重犯罪案件的起诉权由检察机关代表国家行使，而少数轻微的刑事案件则允许公民自诉 （2）我国刑事诉讼实行**以公诉为主、自诉为辅**的犯罪追诉机制
起诉原则	（1）**起诉法定主义**，即只要被告人的行为符合法定起诉条件，公诉机关必须起诉 （2）**起诉便宜主义**，即被告人的行为在具备起诉条件时，是否起诉，由检察官**自由裁量** （3）在起诉原则上，我国**以起诉法定主义为主，兼采起诉便宜主义**

考点二 审查起诉的程序★★（《刑诉法》第169—174条）

管辖（起诉与审判管辖对应）	(1) 检察院审查起诉时发现没有管辖权，应移送有管辖权的检察院审查起诉，同时通知移送起诉的公安机关 (2) 审查起诉时发现调查、侦查管辖错误的处理： 检察院自侦案件：发现属监委管辖→商监委办理；发现属公安管辖：符合起诉条件：直接起诉；事实不清、证据不足：移送有关机关 发现公安侦查案件属监委管辖、发现监委调查案件属公安管辖→**征求公安、监委意见**→没意见且符合起诉条件：起诉；有意见或不符合起诉条件：退回移送机关 （《高检规则》第357条） (3) 监察机关移送起诉的案件，需要依照刑事诉讼法的规定指定审判管辖的，**检察院**应当在监察机关移送起诉二十日前**协商同级法院办理指定管辖有关事宜**（《高检规则》第329条）
监察机关的留置向强制措施的变更★★★	(1) 对于监察机关移送起诉的已采取留置措施的案件，检察院应当在受理案件后，及时对犯罪嫌疑人作出拘留决定，交公安机关执行。执行拘留后，留置措施自动解除。检察院应当在拘留后的十日以内作出是否逮捕、取保候审或者监视居住的决定。在特殊情况下，决定的时间可以延长一日至四日。检察院决定采取强制措施的期间不计入审查起诉期限（《刑诉法》第170条第2款、《高检规则》第142—144条） (2) 对于监察机关移送起诉的未采取留置措施的案件，检察院受理后，在审查起诉过程中根据案件情况，可以依照《高检规则》的相关规定决定是否采取逮捕、取保候审或者监视居住措施（《高检规则》第146条）
必经步骤★★★	**应当讯问犯罪嫌疑人，听取辩护人或者值班律师**、被害人及其诉讼代理人的意见，并记录在案。辩护人或者**值班律师**、被害人及其诉讼代理人**提出书面意见的，应当附卷**（《刑诉法》第173条第1款）
认罪认罚案件的审查起诉★★★	(1) **告知和听取意见**：犯罪嫌疑人认罪认罚的，检察院应当告知其享有的诉讼权利和认罪认罚的法律规定，听取犯罪嫌疑人、辩护人或者值班律师、被害人及其诉讼代理人对下列事项的意见，并记录在案：①涉嫌的犯罪事实、罪名及适用的法律规定；②从轻、减轻或者免除处罚等从宽处罚的建议；③认罪认罚后案件审理适用的程序；④其他需要听取意见的事项（即定罪量刑、适用的法律和程序）（《刑诉法》第173条第2款、《高检规则》第269条） 犯罪嫌疑人在侦查阶段违背意愿认罪认罚的，检察院可以重新开展认罪认罚工作（《高检规则》第271条第2款） (2) **签署认罪认罚具结书**：①犯罪嫌疑人自愿认罪，同意量刑建议和程序适用的，应当在辩护人或者值班律师在场的情况下签署认罪认罚具结书。具结书应当由犯罪嫌疑人及其辩护人、值班律师签名 未成年犯罪嫌疑人认罪认罚的，应当在**法定代理人、辩护人**在场的情况下签署认罪认罚具结书。法定代理人无法到场的，**合适成年人**可以代为行使到场权、知情权、异议权等。**未成年**犯罪嫌疑人签署具结书时，其**法定代理人应当到场并签字确认**。法定代理人无法到场的，**合适成年人应当到场签字确认**

续表

认罪认罚案件的审查起诉 ★★★	②犯罪嫌疑人有辩护人的，应当由辩护人在场见证具结并签字，不得绕开辩护人安排值班律师代为见证具结。辩护人确因客观原因无法到场的，可以通过远程视频方式见证具结 ③犯罪嫌疑人自愿认罪认罚，没有委托辩护人，拒绝值班律师帮助的，签署具结书时，应当通知值班律师到场见证，并在具结书上注明。值班律师对人民检察院量刑建议、程序适用有异议的，检察官应当听取其意见，告知其确认犯罪嫌疑人认罪认罚的自愿性后应当在具结书上签字 ④检察院提起公诉后开庭前，被告人自愿认罪认罚的，检察院可以组织听取意见。达成一致的，被告人应当在辩护人或者值班律师在场的情况下签署认罪认罚具结书 ⑤犯罪嫌疑人认罪认罚，有下列情形之一的，不需要签署认罪认罚具结书：A. 犯罪嫌疑人是盲、聋、哑人，或者是尚未完全丧失辨认或者控制自己行为能力的精神病人的；B. 未成年犯罪嫌疑人的法定代理人、辩护人对未成年人认罪认罚有异议的；C. 其他不需要签署认罪认罚具结书的情形。[1]有这些情形，犯罪嫌疑人未签署认罪认罚具结书的，不影响认罪认罚从宽制度的适用（《刑诉法》第174条、《高检规则》第272条） （3）**不起诉后反悔的处理**：犯罪嫌疑人认罪认罚，检察院依法作出酌定不起诉决定后，**犯罪嫌疑人反悔的**，检察院应当进行审查，并区分下列情形依法作出处理： ①**发现犯罪嫌疑人没有犯罪事实，或者符合《刑事诉讼法》第16条规定的情形之一**的，应当撤销原不起诉决定，依法重新作出法定不起诉决定 ②犯罪嫌疑人犯罪情节轻微，依照刑法不需要判处刑罚或者免除刑罚的，可以维持原不起诉决定 ③排除认罪认罚因素后，符合起诉条件的，应当根据案件具体情况撤销原不起诉决定，依法提起公诉（《高检规则》第278条）
检察院提前介入侦查或调查[2]	（1）经公安机关商请或者检察院认为确有必要时，可以派员适时**介入**重大、疑难、复杂案件的**侦查活动**，**参加**公安机关对于**重大案件的讨论**，对案件性质、收集证据、适用法律等**提出意见**，**监督**侦查活动是否合法 （2）经**监察机关商请**，检察院可以派员**介入**监察机关办理的职务犯罪案件（《高检规则》第256条）（检察院不得对监察机关进行监督）
特殊情形	（1）**发现新罪的**：检察院对已经退回监察机关二次补充调查或者退回公安机关二次补充侦查的案件，在审查起诉中又发现新的犯罪事实——应当将线索移送监察机关或者公安机关。对已经查清的犯罪事实，应当依法提起公诉（《高检规则》第349条） （2）**核准追诉程序**：须报请最高人民检察院核准追诉的案件，公安机关在核准之前可以依法对犯罪嫌疑人采取强制措施。公安机关报请核准追诉并提请逮捕犯罪嫌疑人，检察院经审查认为必须追诉而且符合法定逮捕条件的，可以依法批准逮捕，同时要求公安机关在报请核准追诉期间不得停止对案件的侦查。未经最高人民检察院核准，不得对案件提起公诉（《高检规则》第321条）

[1] 不需要签署认罪认罚具结书的情形（口诀）："盲聋哑、精神病、未成年人的法辩有异议"。

[2] 检察院介入公安机关侦查和监察机关调查有两个区别：A. 检察院可以主动或者被动地介入公安机关的侦查，但检察院只能被动地介入监察机关的调查，不能主动介入监察机关的调查。B. 检察院介入公安机关侦查的目的，是引导和监督公安机关的侦查活动，但是，检察院介入监察机关调查的目的，是配合监察机关的调查活动，不能监督监察机关的调查。

续表

期限	一个月，可以延长十五日。犯罪嫌疑人认罪认罚，符合速裁程序适用条件的，应当在十日以内作出决定，对可能判处的有期徒刑超过一年的，可以延长至十五日（《刑诉法》第172条第1款）

考点三　审查起诉的结果（提起公诉、程序倒流和不起诉）（《刑诉法》第175—177条）

（一）提起公诉

提起公诉的条件	犯罪事实清楚，证据确实、充分，依法需要追究刑事责任
起诉材料的移送	案卷材料和全部证据

（二）程序倒流和不起诉（《高检规则》第365、366条）

情形＼案件类型	检察院对于监察机关或者公安机关移送起诉的案件	检察院负责捕诉的部门对于本院负责侦查的部门移送起诉的案件
犯罪嫌疑人没有犯罪事实，或者符合《刑事诉讼法》第16条规定的情形	应当作出不起诉决定	应当退回本院负责侦查的部门，建议撤销案件
犯罪事实并非犯罪嫌疑人所为	需要重新调查或者侦查的，应当在作出不起诉决定后书面说明理由，将案卷材料退回监察机关或者公安机关并建议重新调查或者侦查	—

考点四　不起诉★★★（《刑诉法》第175、177—182条）

不起诉的区别

区别＼种类	法定不起诉（绝对不起诉）	酌定不起诉（相对不起诉）	证据不足不起诉（存疑不起诉）
适用对象	没有犯罪事实，或者符合《刑诉法》第16条规定的情形	犯罪情节轻微，依照刑法规定不需要判处刑罚或者免除刑罚的	证据不足，不符合起诉条件
批准主体	检察长		
有无裁量权	无	有	有

续表

不起诉的区别			
区别＼种类	法定不起诉（绝对不起诉）	酌定不起诉（相对不起诉）	证据不足不起诉（存疑不起诉）
被害人可否申诉	可以	可以	可以
被不起诉人可否申诉	不可以	可以	不可以
注意：上述三类不起诉针对的是行为人，而不是行为人的某一个行为			
不起诉决定的程序			
特定案件的批准程序	检察院直接受理侦查的案件，以及监察机关移送起诉的案件，拟作不起诉决定的，应当报请上一级检察院批准（《高检规则》第371条）		
能否再起诉	在证据不足不起诉后，如果有新的证据，检察院可以再针对该事实提起公诉		
宣布与生效	公开宣布、立即生效		
送达	（1）被害人或者其近亲属及其诉讼代理人 （2）被不起诉人及其辩护人以及被不起诉人的所在单位 （3）监察机关或者公安机关（《高检规则》第377、378条）		
不起诉的救济程序	（1）被害人：向上一级检察院申诉，然后向法院起诉，或直接起诉 （2）被不起诉人：对酌定不起诉可向原决定的检察院申诉 （3）公安机关：先向原决定的检察院复议，后向上一级检察院复核（与不批捕的救济程序相同） （4）监察机关：向上一级检察院提请复议		
对被不起诉人和涉案财物的处理	（1）对人：①被不起诉人在押的，**应当立即释放**；被采取其他强制措施的，**应当通知执行机关解除**（《高检规则》第376条第3款） ②训诫、责令具结悔过、赔礼道歉、赔偿损失 ③对被不起诉人需要给予行政处罚、处分或者需要没收其违法所得的，检察院应当提出检察意见，移送有关主管机关处理 （2）对物：①需要对侦查中查封、扣押、冻结的财物解除查封、扣押、冻结的，应当书面通知解除查封、扣押、冻结 ②检察院决定不起诉的案件，对犯罪嫌疑人违法所得及其他涉案财产的处理，参照《高检规则》第248条的规定办理		
特别不起诉[1]	（1）犯罪嫌疑人自愿如实供述涉嫌犯罪的事实，有重大立功或者案件涉及国家重大利益的，经最高人民检察院核准，公安机关可以撤销案件，检察院可以作出不起诉决定，也可以对涉嫌数罪中的一项或者多项不起诉 根据上述规定不起诉或者撤销案件的，检察院、公安机关应当及时对查封、扣押、冻结的财物及其孳息作出处理（《刑诉法》第182条） （2）犯罪嫌疑人自愿如实供述涉嫌犯罪的事实，有重大立功或者案件涉及国家重大利益，需要撤销案件的，应当层报公安部，由公安部商请最高人民检察院核准后撤销案件。报请撤销案件的公安机关应当同时将相关情况通报同级人民检察院		

〔1〕 特别不起诉既可以针对“人”作出，也可以针对“某一犯罪事实”作出。

考点五　检察院撤回、追加、补充、变更起诉★★（《高检规则》第423、424、426条）

情形	撤回起诉	【总结】程序倒流、法定不起诉和证据不足不起诉的情形[1]
	追加、补充起诉	法院宣告判决前，检察院发现**遗漏同案犯罪嫌疑人或者罪行**的，应当要求公安机关补充移送起诉或者补充侦查；对于**犯罪事实清楚，证据确实、充分的，可以直接追加、补充起诉**
	变更起诉	检察院发现被告人的**真实身份**或者**犯罪事实**与起诉书中叙述的身份或者指控犯罪事实不符的，或者事实、证据没有变化，但**罪名、适用法律**与起诉书不一致的
程序		（1）对于撤回起诉的案件，检察院应当在撤回起诉后30日以内作出不起诉决定。需要重新调查或者侦查的，应当在作出不起诉决定后将案卷材料退回监察机关或者公安机关，建议监察机关或者公安机关重新调查或者侦查，并书面说明理由 对于撤回起诉的案件，没有新的事实或者新的证据，检察院不得再行起诉 （2）变更、追加、补充或者撤回起诉应当以书面方式在**判决宣告前**向法院提出

考点六　补充侦查与补充调查★★★（《刑诉法》第90、170、175、204、205、208条，《高法解释》第274、277、297条，《高检规则》第342—350条）

区别 种类	原因	主体与方式	次数与期限	后果	期限的计算
审查批捕阶段的补充侦查	检察院对于公安机关提请批准逮捕的案件进行审查后，应当根据情况分别作出**批准逮捕**或者**不批准逮捕**的**决定**。**对于不批准逮捕的**，检察院应当说明理由，**需要补充侦查**的，应当同时**通知公安机关**				
审查起诉阶段的补充侦查、补充调查	犯罪事实不清、证据不足或者存在遗漏罪行、遗漏同案犯罪嫌疑人	（1）公安侦查的案件：可以退回公安机关补充侦查，也可以由检察院自行侦查 （2）检察院自侦的案件：检察院捕诉部门应退回本院侦查部门补充侦查；**必要时也可以自行侦查，可以要求侦查部门予以协助** （3）监察机关移送起诉的案件：**检察院经审查认为需要补充核实的**，应退回监察机关补充调查，必要时可以自行补充侦查（补充调查时，人不退回留置）★★★	两次，一次一个月——这是对退回补充侦查、补充调查的限制	第一次退回补充侦查或者调查后——可以作出证据不足不起诉的处理；第二次退回补充侦查或者调查后——依法作出证据不足不起诉的处理[2]	

〔1〕法院宣告判决前，检察院发现具有下列情形之一的，经检察长批准，可以撤回起诉：

A. **不存在犯罪事实的；B. 犯罪事实并非被告人所为的；C. 情节显著轻微、危害不大，不认为是犯罪的；D. 证据不足或证据发生变化，不符合起诉条件的；E. 被告人因未达到刑事责任年龄，不负刑事责任的；F. 法律、司法解释发生变化导致不应当追究被告人刑事责任的；G.** 其他不应当追究被告人刑事责任的。

〔2〕A. 检察院对于**二次退回补充调查或者补充侦查**的案件，仍然认为证据不足，不符合起诉条件的，经检察长批准，**依法作出不起诉**决定。

B. 检察院对于经过**一次退回补充调查或者补充侦查**的案件，认为证据不足，不符合起诉条件，且没有再次退回补充调查或者补充侦查必要的，经检察长批准，可以作出不起诉决定。（《高检规则》第367条）

续表

区别 种类	原因	主体与方式	次数与期限	后果	期限的计算
审判阶段的补充侦查	(1) 检察院向法院申请补充侦查的理由：与上同 (2) **被告人提出新的立功线索的，法院可以建议检察院补充侦查** (3) 法院**发现新的事实，可能影响定罪量刑的**，或者需要补查补证的，应当通知检察院，由其决定是否补充、变更、追加起诉或者补充侦查	只能由检察院补充侦查	两次，一次一个月	补充侦查期限届满后，检察院未将补充的证据材料移送法院的，法院**可以根据在案证据作出判决、裁定**（《高法解释》第274条）	**重新计算**
特殊情形	改变审查起诉管辖后的退回补充侦查： (1) **如何退回**：可以经原受理案件的检察院协助，直接退回原侦查案件的公安机关补充侦查，也可以自行侦查（《高检规则》第350条） (2) **退回的次数**：改变管辖前后退回补充侦查的次数总共不得超过二次				

练一练

1. 甲市乙县公安局对李某盗窃案侦查终结，移送乙县检察院审查起诉，乙县检察院认为李某可能判处无期徒刑，乙县检察院向甲市中级法院提起公诉，并通知乙县公安局。[1]

2. 甲市检察院对本院侦查部门移送的刘某滥用职权案审查起诉时，发现刘某系该市环保局副局长，甲市检察院认为刘某滥用职权的犯罪事实清楚、证据确实、充分，符合起诉条件，甲市检察院可对刘某直接起诉。[2]

3. 检察院对乔某故意杀人和盗窃案审查起诉时，认为乔某的故意杀人罪符合起诉条件，但盗窃罪的事实不清。检察院遂对乔某的故意杀人罪提起公诉，对盗窃罪作出不起诉决定。[3]

4. 甲市检察院对李某故意伤害案审查起诉时，鉴于李某认罪认罚，对李某作出不起诉决定，之后，李某反悔，甲市检察院经审查，认为李某情节显著轻微，危害不大、不认为是犯罪，甲市检察院遂维持原不起诉决定。[4]

---

〔1〕答案：错误（乙县检察院应将该案移送甲市检察院，由甲市检察院向甲市中级法院提起公诉）。

〔2〕答案：错误（刘某滥用职权案应由监察机关立案调查，甲市检察院不得直接起诉，而应商监察机关办理）。

〔3〕答案：错误（检察院对乔某的故意杀人罪提起公诉，对盗窃罪不得作不起诉决定）。

〔4〕答案：错误（甲市检察院应当撤销原酌定不起诉决定，重新作出法定不起诉决定）。

5. 检察院对夏某抢劫石某案作出不起诉决定后，可责令夏某向石某赔礼道歉、赔偿损失，同时对夏某作出行政处罚的决定。[1]

6. 法院审理任某拐卖妇女案中，合议庭发现任某可能有立功的法定量刑情节，而检察院移送的案卷中没有相关证据材料的，可以建议检察院补充侦查。[2]

7. 检察院撤回起诉后，根据一事不再理原则，不得再行起诉。[3]

8. 未成年人认罪认罚的案件，均不需要签署认罪认罚具结书，但可对其从宽处理。[4]

9. 王某因涉嫌受贿罪被甲省乙市监察委员会采取留置措施，之后移送乙市检察院审查起诉，乙市检察院对王某解除留置后，可对王某先行拘留，也可以直接对王某决定逮捕。[5]

10. 张某认罪认罚，其委托辩护人李某。张某在签署认罪认罚具结书时，李某无法到场，检察院可安排值班律师钱某代为见证具结。[6]

11. 秦某自愿认罪认罚，没有委托辩护人，其拒绝值班律师帮助，秦某在签署具结书时，检察院无须再通知值班律师到场见证。[7]

12. 周某（16 周岁）签署具结书时，其法定代理人应当到场并签字确认。法定代理人无法到场的，合适成年人应当到场签字确认 。[8]

---

〔1〕 答案：错误（检察院不得对夏某作出行政处罚的决定，只能建议行政机关对夏某作出行政处罚的决定）。

〔2〕 答案：错误（该情形下，法院应当通知检察院在指定时间内移送，而不得建议检察院补充侦查）。

〔3〕 答案：错误（对于撤回起诉的案件，如果有新的事实或者新的证据，检察院可以再行起诉）。

〔4〕 答案：错误（未成年犯罪嫌疑人的法定代理人、辩护人对未成年人认罪认罚有异议，不需要签认罪认罚具结书）。

〔5〕 答案：错误（乙市检察院应对王某先行拘留，不得直接对王某决定逮捕）。

〔6〕 答案：错误（检察院不得绕开辩护人李某，让值班律师钱某代为见证具结）。

〔7〕 答案：错误（秦某没有委托辩护人，拒绝值班律师帮助的，签署具结书时，应当通知值班律师到场见证）。

〔8〕 答案：正确。

第十四章 刑事审判概述

考点一　刑事审判的特征★

（1）职权性	指刑事案件一经起诉到法院，就产生诉讼系属的法律效力，法院就有义务、有权力进行审理并作出裁判
（2）亲历性	指案件的裁判者必须自始至终参与审理，审查所有证据，对案件作出判决须以充分听取控辩双方的意见为前提
（3）程序性	指审判活动应当严格遵循法定的程序，否则，可能导致审判活动无效并需要重新进行的法律后果
（4）公开性	指审判活动应当公开进行，除了为了保护特定的社会利益依法不公开审理的案件外，都应当公开审理。即使依法不公开审理的案件，宣告判决也应当公开
其他特征：（5）审判程序启动的被动性；（6）独立性；（7）中立性；（8）公正性；（9）终局性	

考点二　审判原则★★（《刑诉法》第188、285条，《高法解释》第222、223条）

审判公开原则★★★	是指法院审理案件和宣告判决公开进行（除评议外）	
	应当不公开审理的情形	（1）涉及**国家秘密**的案件。（2）涉及**个人隐私**的案件。（3）**审判的时候**被告人**不满十八周岁**的案件（此处的年龄，是指被告人开庭审理时的年龄，而不是指犯罪时的年龄）
	可以不公开审理的情形	**当事人提出的确属涉及商业秘密**的案件
	不公开审理的要求	（1）不公开审理的案件，**任何人不得旁听，但具有《刑事诉讼法》第285条规定情形的除外**（《高法解释》第222条） （2）审判的时候被告人不满十八周岁的案件，不公开审理。但是，经**未成年被告人及其法定代理人同意，未成年被告人所在学校和未成年人保护组织**可以派代表到场。（《刑诉法》第285条）到场代表的人数和范围，由法庭决定。经法庭同意，到场代表**可以参与**对未成年被告人的**法庭教育**工作 （3）宣判必须公开，但评议一律秘密进行 （4）**对依法公开审理，但可能需要封存犯罪记录的案件，不得组织人员旁听；有旁听人员的，应当告知其不得传播案件信息**（《高法解释》第557条）

续表

审判公开原则★★★	不公开审理的要求	（5）对未成年人刑事案件，宣告判决**应当公开**进行。对**依法应当封存犯罪记录**的案件，宣判时，**不得组织人员旁听**；有旁听人员的，**应当告知其不得传播案件信息**（《高法解释》第578条）
	不得旁听案件审理的人	**精神病人、醉酒的人、未经法院批准的未成年人**以及其他不宜旁听的人不得旁听案件审理（《高法解释》第223条）
直接言词原则[1]★★	（1）所谓**直接原则**，包括直接审理原则（指法官必须与诉讼当事人和诉讼参与人直接接触）和直接采证原则（指法官直接审查案件事实材料和证据） （2）所谓**言词原则**，是指法庭审理须以口头陈述的方式进行	
辩论原则	（1）辩论的主体是控辩双方和其他当事人 （2）辩论的内容是证据问题、事实问题、程序问题和法律适用问题 （3）法院裁判的作出应以充分的辩论为必经程序	
集中审理原则（不中断审理原则）★★	要求	【口诀】“审判不断、人员不换”[2]
	意义	（1）实现审判公正和效率 （2）实现被告人的辩护权和迅速审判权，迅速审判权是指被追诉人在受指控后，有权获得及时的审判 （3）让裁判者正确裁判 （4）实现审判监督，防止司法不公

考点三　审级制度——两审终审制★（《刑诉法》第10条）

含义	（1）一个案件至多经过两级法院审判即告终结 （2）一审的裁判不立即生效；上诉期内无上诉和抗诉，才生效 （3）二审的裁判是终审的裁判，不得上诉和提出二审抗诉 第二审判决、裁定是**终审**的判决、裁定的，自**宣告之日**起发生法律效力
例外	（1）一审终审：最高人民法院审理的第一审案件 （2）两审不终：**死刑案件和法定刑以下判处刑罚的案件**

考点四　审判组织★★（《刑诉法》第183—185条，《高法解释》第212—217条，《人民陪审员法》第5—17、19—23条，《最高人民法院关于进一步加强合议庭职责的若干规定》第2、4、5—8、10条，《关于适用〈中华人民共和国人民陪审员法〉若干问题的解释》第3、5、6、9、11—13、17条）

类型	特别提示
独任庭	只适用于基层法院、简易程序（可能判处三年有期徒刑以下刑罚的案件，可以独任审判）、速裁程序；只能由审判员组成独任庭

---

〔1〕直接原则：见人见证；言词原则：口头陈述。

〔2〕A. 一个案件组成一个审判庭进行审判，而且在案件审理已经开始尚未结束以前不允许法庭再审理任何其他案件。B. **法庭成员不可更换。若要更换，则应重新审判，但更换为候补的法官和陪审员除外。**C. 集中证据调查与法庭辩论。D. 庭审不中断并迅速作出裁判。

续表

<table>
<tr><th>类型</th><th colspan="4">特别提示</th></tr>
<tr><td rowspan="15">合议庭★★</td><td rowspan="6">合议庭的组成和人数★★</td><td colspan="2">基层、中级一审</td><td>审判员3人或者由审判员和人民陪审员共3人或者7人组成</td></tr>
<tr><td colspan="2">高级一审</td><td>审判员3人至7人或者由审判员和人民陪审员共3人或者7人组成</td></tr>
<tr><td colspan="2">最高一审</td><td>审判员3人至7人</td></tr>
<tr><td colspan="2">二审</td><td>审判员3人或者5人</td></tr>
<tr><td colspan="2">死刑复核</td><td>审判员3人</td></tr>
<tr><td colspan="3">特定案件没收违法所得程序、对在境外的被告人缺席审判、强制医疗程序、减刑、假释案件均应组成合议庭审理。审判长由审判员担任</td></tr>
<tr><td rowspan="4">合议庭的审理规则</td><td colspan="3">下列案件可以由审判长提请院长或者庭长决定组织相关审判人员共同讨论，合议庭成员应当参加：【口诀】“一群分新难”[1]
上述案件的讨论意见供合议庭参考，不影响合议庭依法作出裁判</td></tr>
<tr><td colspan="2">评议的原则</td><td>秘密评议；合议庭成员平等、独立表达意见并说明理由；同一合议庭原则（开庭审理和评议案件的合议庭必须同一）；少数服从多数原则；合议庭全体成员均应参加评议；合议庭成员、法官助理、书记员全部在评议笔录上签名；评议时发表意见不受追究；审理、评议后应及时作出裁决</td></tr>
<tr><td colspan="2">评议的顺序</td><td>合议庭评议案件时，先由承办法官介绍案件涉及的相关法律、证据规则，然后由人民陪审员和法官依次发表意见，审判长最后发表意见并总结合议庭意见</td></tr>
<tr><td colspan="3">陪审员要求合议庭将案件提请院长决定是否提交审判委员会讨论决定的，应当说明理由；陪审员提出的要求及理由应当写入评议笔录</td></tr>
<tr><td rowspan="3">人民陪审员制度★★</td><td colspan="2">正面条件</td><td>（1）拥护中华人民共和国宪法。（2）年满28周岁。（3）遵纪守法、品行良好、公道正派。（4）具有正常履行职责的身体条件。（5）一般应当具有高中以上文化程度</td></tr>
<tr><td rowspan="2">禁止性条件[2]</td><td>职务禁止</td><td>下列人员不能担任人民陪审员：（1）人民代表大会常务委员会的组成人员，监察委员会、法院、检察院、公安机关、国家安全机关、司法行政机关的工作人员。（2）律师、公证员、仲裁员、基层法律服务工作者。（3）其他</td></tr>
<tr><td>违法违纪禁止</td><td>有下列情形之一的，不得担任人民陪审员：（1）受过刑事处罚的。（2）被开除公职的。（3）被吊销律师、公证员执业证书的。（4）被纳入失信被执行人名单的。（5）因受惩戒被免除人民陪审员职务的。（6）其他有严重违法违纪行为，可能影响司法公信的</td></tr>
</table>

[1] A. 重大、疑难、复杂或者新类型的案件；B. 合议庭有重大分歧的案件；C. 合议庭意见与以往同类型案件的裁判有可能不一致的案件；D. 当事人反映强烈的群体性纠纷案件；E. 其他案件。

[2] 人民陪审员的禁止性条件（口诀）：“公检法安监司人，公律仲工，开吊惩处失信人”

续表

类型				特别提示
合议庭★★	人民陪审员制度★★	人民陪审员的候选人和人选	随机抽选	司法行政机关会同基层法院、公安机关，从辖区内的常住居民名单中**随机抽选拟任命人民陪审员数五倍以上的人员**作为**人民陪审员候选人**，对人民陪审员候选人进行资格审查，征求候选人意见 司法行政机关会同基层法院，从通过资格审查的人民陪审员候选人名单中**随机抽选**确定人民陪审员人选，**由基层法院院长提请同级人民代表大会常务委员会任命**
			个人申请和组织推荐	因审判活动需要，可以通过**个人申请**和**基层群众性自治组织、人民团体推荐**的方式产生人民陪审员候选人，经司法行政机关会同基层人民法院、公安机关进行资格审查，确定人民陪审员人选，**由基层法院院长提请同级人民代表大会常务委员会任命** **依照此种方式产生的人民陪审员，不得超过人民陪审员名额数的五分之一**
		参审案件（随机抽选）		（1）**基层**人民法院审判案件需要由人民陪审员参加合议庭审判的，应当在人民陪审员名单中**随机**抽取确定 **中级**人民法院、**高级**人民法院审判案件需要由人民陪审员参加合议庭审判的，在其**辖区内的基层法院**的人民陪审员名单中**随机**抽取确定 （2）因案件类型需要具有相应专业知识的人民陪审员参加合议庭审判的，可以根据具体案情，在符合专业需求的人民陪审员名单中随机抽取确定
		任期		5年，**一般不得连任**
		人民陪审员参与审理的案件范围		（1）法院审判第一审刑事、民事、行政案件，有下列情形之一的，**由人民陪审员和法官组成合议庭进行**： ①**涉及群体利益、公共利益**的 ②**人民群众广泛关注或者其他社会影响较大**的 ③案情复杂或者有其他情形，需要由人民陪审员参加审判的 法院审判上述案件，法律规定由法官独任审理或者由法官组成合议庭审理的，从其规定 （2）第一审**刑事案件被告人、民事案件原告或者被告、行政案件原告申请**由人民陪审员参加合议庭审判的，法院**可以**决定由人民陪审员和法官组成合议庭审判[1]
		人民陪审员参加合议庭的形式和职权	三人合议庭	人民陪审员与法官**同权**：人民陪审员对**事实认定、法律适用**，独立发表意见，**行使表决权**

〔1〕人民陪审员参与审理的案件范围（口诀）："申请公共群体，关注社会影响"。

续表

<table>
<tr><th>类型</th><th colspan="5">特别提示</th></tr>
<tr><td rowspan="5">合议庭★★★</td><td rowspan="5">人民陪审员制度★★</td><td rowspan="3">人民陪审员参加合议庭的形式和职权</td><td rowspan="3">七人合议庭（法官三人与人民陪审员四人）</td><td>审理的案件范围[1]</td><td>（1）可能判处十年以上有期徒刑、无期徒刑、死刑，社会影响重大的刑事案件
（2）根据《民事诉讼法》《行政诉讼法》提起的公益诉讼案件
（3）涉及征地拆迁、生态环境保护、食品药品安全，社会影响重大的案件（即涉及公共利益的案件）
（4）其他社会影响重大的案件</td></tr>
<tr><td>陪审员的职权（事实审）</td><td>人民陪审员全程参加合议庭评议，人民陪审员对事实认定，独立发表意见，并与法官共同表决；对法律适用，可以发表意见，但不参加表决</td></tr>
<tr><td>事实和法律问题的区分</td><td>（1）七人合议庭开庭前，应当制作事实认定问题清单，根据案件具体情况，区分事实认定问题与法律适用问题，对争议事实问题逐项列举，供人民陪审员在庭审时参考。事实认定问题和法律适用问题难以区分的，视为事实认定问题
（2）七人合议庭评议时，审判长应当归纳和介绍需要通过评议讨论决定的案件事实认定问题，并列出案件事实问题清单</td></tr>
<tr><td colspan="2">法官对陪审员的指引</td><td colspan="2">（1）审判长应当履行与案件审判相关的指引、提示义务，但不得妨碍人民陪审员对案件的独立判断
（2）合议庭评议案件，审判长应当对本案中涉及的事实认定、证据规则、法律规定等事项及应当注意的问题，向人民陪审员进行必要的解释和说明</td></tr>
<tr><td colspan="2">陪审员参与审理</td><td colspan="2">（1）法院应当在开庭前，将相关权利和义务告知人民陪审员，并为其阅卷提供便利条件
（2）庭审过程中，人民陪审员依法有权向诉讼参加人发问，审判长应当提示人民陪审员围绕案件争议焦点进行发问
（3）案件审结后，法院应将裁判文书副本及时送交参加该案审判的人民陪审员
（4）人民陪审员列席审判委员会讨论其参加审理的案件时，可以发表意见</td></tr>
<tr><td>审判委员会</td><td colspan="5">（1）应当提交审判委员会讨论的案件：A. 高级人民法院、中级人民法院拟判处死刑立即执行的案件，以及中级人民法院拟判处死刑缓期执行的案件；B. 本院已经发生法律效力的判决、裁定确有错误需要再审的案件；C. 人民检察院依照审判监督程序提出抗诉的案件[2]
（2）提交审判委员会讨论的程序：
合议庭、独任审判员认为难以作出决定→提请院长决定→提交审判委员会讨论</td></tr>
</table>

〔1〕人民陪审员参加的七人合议庭审理的案件（口诀）：“十年以上+‘两公’（公益诉讼和公共利益）”。

〔2〕应当提交审判委员会讨论的案件（口诀）：“再抗死”。

续表

类型	特别提示
审判委员会	（3）审判委员会与合议庭、独任审判员的关系： ①审判委员会的决定，合议庭、独任审判员应当执行 ②合议庭、独任审判员有不同意见的，可以建议院长提交审判委员会**复议**

练一练

1. 公开审理的案件一定是开庭审理的案件。[1]

2. 第二审判决自法院作出之日起生效。[2]

3. 在法院审理万某等人组织卖淫案中，合议庭对证据有疑问的，宣布休庭，对证据进行调查核实。这一做法违背了刑事审判的亲历性的要求。[3]

4. 在新冠肺炎疫情防控期间，某区法院采用远程视频方式审理多起危险驾驶案，该做法违背了审判的亲历性要求和直接言词原则。[4]

5. 人民陪审员参与七人合议庭审理时，只参与事实认定问题的评议和表决，不参与法律适用问题的评议和表决。[5]

6. 事实认定问题和法律适用问题难以区分的，视为法律适用问题。[6]

7. 高级法院拟判处死刑缓期执行的案件，合议庭应当提请院长决定提交审判委员会讨论决定。[7]

〔1〕答案：正确。

〔2〕答案：错误（如果是终审判决的，自法院宣告之日起生效）。

〔3〕答案：错误（该做法中，合议庭成员参与了审理，未违背刑事审判的亲历性要求）。

〔4〕答案：错误（远程视频方式审理案件，未违背审判的亲历性要求和直接言词原则）。

〔5〕答案：错误（人民陪审员参与七人合议庭审理时，应全程参加评议，即对事实认定问题和法律适用问题都要参加评议）。

〔6〕答案：错误（事实认定问题和法律适用问题难以区分的，视为事实认定问题）。

〔7〕答案：错误（该案不属于应当提交审判委员会讨论的案件）。

第十五章 第一审程序

第一审程序流程图

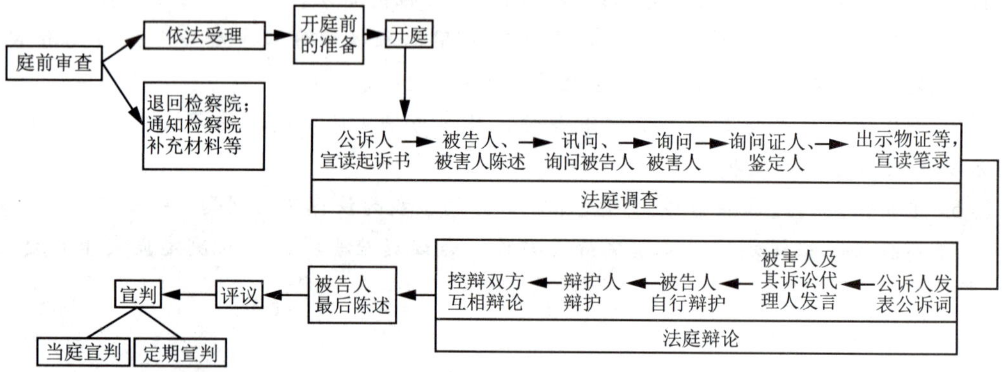

考点一 公诉案件庭前审查★★（《刑诉法》第176、186条，《高法解释》第219、298条，《六机关规定》第24、25条）

情形	庭前审查后的处理〔1〕
起诉书中有明确的指控犯罪事实并且附有案卷材料、证据	应当决定开庭审判（《六机关规定》第25条）
不属于本院管辖的	应当退回检察院
被告人不在案的	应当退回检察院；但是，对检察院按照缺席审判程序提起公诉的，应当依照缺席审判程序的规定作出处理
检察院起诉移送的有关材料不符合规定的条件，需要补充材料的	应当通知检察院在3日内补送
宣告被告人无罪，检察院根据新的事实、证据材料重新起诉的	应当依法受理（注意：经法庭审理，在依法作出判决时，**对前案作出的判决，不予撤销**）

〔1〕 庭前审查中退回检察院的情形（口诀）："不能管、不在案、无新又诉、告时赦他死"。公诉案件庭前审查采用的是书面审查、程序性审查。

续表

情形	庭前审查后的处理
法院裁定准许撤诉的案件，检察院没有**新的影响定罪量刑**的事实、证据，重新起诉的	**应当退回检察院**
《刑诉法》第16条第2—6项	应当退回检察院；属于告诉才处理的案件，应当同时告知被害人有权提起自诉
被告人真实身份不明，但符合"事实清楚、证据确实充分"的	应当依法受理

考点二　庭前会议（《刑诉法》第187条，《高法解释》第226—233条）★★★

可以召开庭前会议的情形[1]	（1）**证据材料较多、案情重大复杂**的 （2）控辩双方对事实、证据存在**较大争议**的 （3）社会**影响重大**的 （4）其他情形（《高法解释》第226条）
启动	**控辩双方可以申请**法院召开庭前会议，提出申请应当说明理由。法院经审查认为**有必要的，应当**召开庭前会议；**决定不召开的，应当告知申请人**（《高法解释》第227条）
办理的事项	庭前会议可以就下列事项**向控辩双方了解情况，听取意见**：（1）是否对案件管辖有异议；（2）是否申请有关人员回避；（3）是否申请不公开审理；（4）是否申请排除非法证据；（5）是否提供新的证据材料；（6）是否申请重新鉴定或者勘验；（7）是否申请收集、调取证明被告人无罪或者罪轻的证据材料；（8）是否申请证人、鉴定人、有专门知识的人、调查人员、侦查人员或者其他人员出庭，是否对出庭人员名单有异议；（9）是否对涉案财物的权属情况和人民检察院的处理建议有异议；（10）与审判相关的其他问题 对上述规定中**可能导致庭审中断的程序性事项**，法院**可以在庭前会议后依法作出处理，并在庭审中说明处理决定和理由。控辩双方没有新的理由，在庭审中再次提出有关申请或者异议的，法庭可以在说明庭前会议情况和处理决定理由后，依法予以驳回** 庭前会议中，法院**可以开展附带民事调解**（《高法解释》第228条）
庭前会议对庭审的作用	在庭前会议中，审判人员**可以询问**控辩双方对证据材料有无异议，对**有异议**的证据，**应当**在庭审时**重点调查**；**无异议**的，庭审时举证、质证**可以简化**（《高法解释》第229条）
主持和参与主体	（1）**主持者**：庭前会议由**审判长主持**，合议庭**其他审判员也可以主持**庭前会议 （2）**参与者**：召开庭前会议**应当通知公诉人、辩护人到场**。庭前会议准备**就非法证据排除了解情况、听取意见，或者准备询问控辩双方对证据材料的意见的，应当通知被告人到场**。有**多名**被告人的案件，**可以根据情况确定参加庭前会议的被告人**（《高法解释》第230条）

[1] 可以召开庭前会议的情形（口诀）："多大杂"。

续表

召开方式	(1) 庭前会议**一般不公开**进行 (2) 根据案件情况，庭前会议**可以采用视频**等方式进行（《高法解释》第231条）
庭前会议事项的处理	(1) **建议检察院补充材料或者撤回起诉**：法院在庭前会议中听取控辩双方对案件事实、证据材料的意见后，**对明显事实不清、证据不足的案件，可以建议检察院补**
庭前会议事项的处理	充材料或者撤回起诉。建议撤回起诉的案件，检察院不同意的，开庭审理后，没有新的事实和理由，一般不准许撤回起诉（《高法解释》第232条） (2) 对召开庭前会议的案件，**可以在开庭时告知庭前会议情况**。对庭前会议中**达成一致意见**的事项，法庭在向控辩双方核实后，**可以当庭予以确认**；**未达成一致意见的事项**，法庭**可以归纳控辩双方争议焦点**，**听取控辩双方意见，依法作出处理**。控辩双方在庭前会议中就有关事项达成一致意见，**在庭审中反悔的，除有正当理由外，法庭一般不再进行处理**（《高法解释》第233条）

考点三　法庭审判★★★

开庭 ⟶ 法庭调查 ⟶ 法庭辩论 ⟶ 被告人最后陈述 ⟶ 评议、宣判

法庭结构图

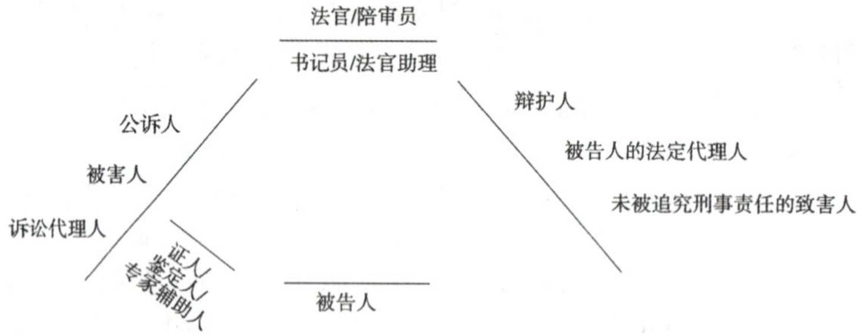

开庭审理	(1) **被害人、诉讼代理人**经传唤或者通知未到庭，不影响开庭审理的，法院**可以开庭审理**。 (2) **辩护人**经通知未到庭，被告人同意的，法院**可以开庭审理**，但被告人属于应当提供法律援助情形的除外（《高法解释》第225条） (3) **被害人人数众多，且案件不属于附带民事诉讼范围的**，被害人可以**推选若干代表人参加庭审**（对被害人人数众多的涉众型犯罪案件，**可以通过互联网公布相关文书，通知**有关人员出庭）（《高法解释》第224条）★★
宣布开庭	(1) 注意书记员和审判长的分工（审判长查明当事人的情况，宣布合议庭组成和告知诉讼权利） (2) 被告人认罪认罚的，审判长应当告知被告人享有的诉讼权利和认罪认罚的法律规定，审查认罪认罚的自愿性和认罪认罚具结书内容的真实性、合法性（《刑诉法》第190条）★★★
法庭调查★★★	总顺序：公诉人宣读起诉书→被告人、被害人陈述→讯问、询问被告人[1]→询问被害人→询问证人、鉴定人→出示物证、宣读鉴定意见和有关笔录

[1] 根据案件情况，就**证据问题**对被告人的询问、发问可以在**举证、质证**环节进行。

续表

<table>
<tr><td rowspan="9">法庭调查
★★★</td><td colspan="2">举证、质证的方法：（1）对关键证据和有争议的证据，一般应单独举证、质证；（2）对无异议的非关键证据，举证方可仅就证据的名称及拟证明的事实作出说明（《高法解释》第268条）</td></tr>
<tr><td colspan="2">法庭调查的原则：先由控方出示证据，再由辩方出示证据；先出示人证，后出示物证；先出示活的证据，再出示死的证据</td></tr>
<tr><td colspan="2">发问被告人的规则：除书记员以外都可以发问，但是除公诉人外，其他人发问需经审判长许可（《刑诉法》第191条）</td></tr>
<tr><td colspan="2">对人证（证人、鉴定人、有专门知识的人、调查人员、侦查人员或者其他人员）的调查：（《刑诉法》第192—194条、《高法解释》第259—266条）
（1）询问的顺序（控辩双方申请出庭的证人：谁提请通知的，谁先问。法庭依职权通知证人等出庭的，发问顺序由审判长根据案件情况确定）
（2）询问的规则：单独询问；不能旁听对本案的审理；发问的内容应当与本案事实有关；不得以诱导方式发问；不得威胁证人；不得损害证人的人格尊严</td></tr>
<tr><td colspan="2">对物证、笔录、意见和文书的调查：
公诉人、辩护人向法庭出示物证，让当事人辨认，对未到庭的证人、鉴定人的笔录、意见和其他文书当庭宣读。审判人员应当听取控辩双方的意见（《刑诉法》第195条）</td></tr>
<tr><td>专家
辅助人
★★★</td><td>（1）参加诉讼的方式：公诉人、当事人及其辩护人、诉讼代理人申请法庭通知有专门知识的人出庭
（2）作用：就鉴定意见和专门性问题的报告提出意见（该意见是质证意见，不是证据）
（3）法院的处理：法庭认为有必要的，应当通知有专门知识的人出庭
（4）人数：申请有专门知识的人出庭，不得超过二人。有多种类鉴定意见的，可以相应增加人数（《高法解释》第250条）
（5）出庭规则：有专门知识的人出庭，适用鉴定人的有关规定（《刑诉法》第197条）。有专门知识的人可向鉴定人发问，有专门知识的人属于回避的对象，有专门知识的人不能旁听案件的审理</td></tr>
<tr><td>法庭
调查权</td><td>（1）条件：对证据有疑问的，必要时，法庭可以宣布休庭，对证据进行调查核实
（2）手段：勘验、检查、查封、扣押、鉴定和查询、冻结（但无搜查权）
（3）是否需要通知控辩双方到场：必要时，可以通知检察人员、辩护人、自诉人及其法定代理人到场
（4）是否需要当庭质证：对控辩双方补充的和审判人员庭外调查核实取得的证据，应当经过当庭质证才能作为定案的根据。但是，对不影响定罪量刑的非关键证据、有利于被告人的量刑证据以及认定被告人有犯罪前科的裁判文书等证据，经庭外征求意见，控辩双方没有异议的除外（《高法解释》第69、271条）★★</td></tr>
<tr><td>补送
材料</td><td>审判期间，合议庭发现被告人可能有自首、坦白、立功等法定量刑情节，而检察院移送的案卷中没有相关证据材料的，应当通知检察院在指定时间内移送</td></tr>
</table>

续表

法庭辩论		(1) 范围：**定罪、量刑、涉案财物处理的事实、证据**（与法庭调查相同）、适用法律等 (2) 原则：先控方、后辩方（即公诉人→被害人及其诉讼代理人→被告人→辩护人） (3) 发现与**定罪、量刑有关**的新事实的处理：在必要时，可以宣布恢复法庭调查 (4) 公诉人当庭发表与起诉书不同的意见，**属于变更、追加、补充或者撤回起诉的，法院应当要求检察院在指定时间内以书面方式提出**；必要时，可以宣布休庭。检察院在指定时间内**未提出**的，法院应当根据法庭审理情况，**就起诉书指控的犯罪事实依法作出判决、裁定**。检察院变更、追加、补充起诉的，法院应当给予被告人及其辩护人必要的准备时间（《高法解释》第289条）★★
被告人最后陈述		(1) 被告人最后陈述权是**不可剥夺的权利，不可由他人代替行使** (2) 未成年被告人最后陈述后，**其法定代理人可以进行补充陈述**（《刑诉法》第281条第4款） (3) 被告人在最后陈述中提出了新的事实、证据，合议庭认为**可能影响正确裁判的**，应当恢复法庭调查 (4) 如果被告人提出新的辩解理由，合议庭认为**可能影响正确裁判的，应当**恢复法庭辩论（《高法解释》第288条）
评议和宣判		(1) 评议一律不公开 (2) 宣判一律公开，分当庭宣判、定期宣判 (3) 判决种类：有罪判决、无罪判决（查清确实无罪的，应当判决宣告被告人无罪；证据不足，不能认定被告人有罪的，应当以证据不足、指控的犯罪不能成立，判决宣告被告人无罪）、被告人不负刑事责任的判决（未达刑事责任年龄、精神病人，不予处罚的）★★ (4) **变更罪名**（判决事实与起诉事实一致的，法院可直接变更罪名） 注意：审判期间，法院**发现新的事实，可能影响定罪量刑的**，或者**需要补查补证**的，**应当通知检察院，由其决定是否补充、变更、追加起诉或者补充侦查**。检察院**不同意或者在指定时间内未回复书面意见**的，法院应当**就起诉指控的事实依法作出裁判**（《高法解释》第297条）★★ (5) **部分合议庭成员不能履职的处理：庭审结束后、评议前**，部分合议庭成员不能继续履行审判职责的，法院**应当依法更换合议庭组成人员，重新开庭审理** **评议后、宣判前**，部分合议庭成员因调动、退休等正常原因不能参加宣判，**在不改变原评议结论的情况下，可以由审判本案的其他审判员宣判**，裁判文书上**仍署审判本案的合议庭成员的姓名**（《高法解释》第301条）★★
刑事在线诉讼	**可以**适用的范围	(1) 刑事**速裁程序**案件；(2) **减刑、假释**案件；(3) 因其他特殊原因不宜线下审理的刑事案件
	适用条件和阶段	经**公诉人、当事人、辩护人同意**，**可以**根据案件情况，**采取在线方式讯问被告人、开庭审理、宣判等**
	出庭方式	案件采取在线方式审理的，按照以下情形分别处理： (1) 被告人、罪犯**被羁押的，可以在看守所、监狱等羁押场所在线出庭** (2) 被告人、罪犯**未被羁押的，因特殊原因确实无法到庭的，可以在法院指定的场所在线出庭** (3) **证人、鉴定人一般应当在线下出庭，但法律和司法解释另有规定的除外**

考点四　认罪认罚案件的审理程序（《刑诉法》第 201 条、《高法解释》第 347—358 条）★★★

法院对检察院指控罪名的审查和认定	对认罪认罚案件，检察院起诉指控的**事实清楚**，但**指控的罪名与审理认定的罪名不一致**的，法院**应当听取检察院、被告人及其辩护人对审理认定罪名的意见，依法作出判决**（《高法解释》第 352 条）
法院对量刑建议的审查和采纳	（1）认罪认罚案件中对量刑建议的采纳：对于认罪认罚案件，法院依法作出判决时，**一般应当**采纳检察院指控的罪名和量刑建议，但有下列情形的除外：**①被告人的行为不构成犯罪或者不应当追究其刑事责任的；②被告人违背意愿认罪认罚的；③被告人否认指控的犯罪事实的；④起诉指控的罪名与审理认定的罪名不一致的；⑤其他可能影响公正审判的情形**[1] （2）对认罪认罚案件，法院经审理认为量刑建议**明显不当**，或者被告人、辩护人对量刑建议**提出异议**的，检察院**可以调整量刑建议**。检察院**不调整或者调整后仍然明显不当**的，法院**应当依法作出判决** 适用**速裁程序**审理认罪认罚案件，**需要调整量刑建议**的，**应当在庭前或者当庭作出调整**；调整量刑建议后，仍然符合速裁程序适用条件的，**继续适用速裁程序审理**（《高法解释》第 353 条）
法院对认罪认罚案件的从宽处罚	（1）对认罪认罚案件，法院**一般应当**对被告人**从轻**处罚；符合非监禁刑适用条件的，**应当适用非监禁刑**；具有法定减轻处罚情节的，**可以减轻处罚** （2）对认罪认罚案件，**应当根据被告人认罪认罚的阶段早晚以及认罪认罚的主动性、稳定性、彻底性等**，在**从宽幅度上体现差异** （3）共同犯罪案件，**部分被告人认罪认罚的，可以**依法**对该部分被告人从宽处罚**，但应当注意全案的量刑平衡（《高法解释》第 355 条）
审判阶段认罪认罚的处理	被告人在检察院**提起公诉前未认罪认罚，在审判阶段认罪认罚**的，法院**可以不再通知检察院提出或者调整量刑建议**。对前述规定的案件，法院**应当就定罪量刑听取控辩双方意见**，根据认罪认罚从宽的规定**作出判决**（《高法解释》第 356 条）

考点五　审理程序的中断（延期审理、中止审理、终止审理）★★

（《刑诉法》第 204—206、296、297 条，《高法解释》第 99、273、274、295、314、332 条，《高检规则》第 420、436、447 条）

种类 区别点	延期审理	中止审理	终止审理
情形	**补充侦查；回避；变更、追加起诉；新证据**[2]	（1）被告人患有**严重疾病**，无法出庭的 （2）被告人**脱逃**的 （3）自诉人患有**严重疾病**，无法出庭，未委托诉讼代理人出庭的	（1）《刑诉法》第 16 条第 2—6 项 （2）在违法所得没收案件审理过程中，在逃的犯罪嫌疑人、被告人自动投案或者被抓获的

[1] 法院不采纳的情形（口诀）："不构罪、不追究、不自愿、不认罪、不一致"。

[2] 延期审理的情形（口诀）：**"补、回、变、新"**（谐音：不会变心）。

续表

种类 区别点	延期审理	中止审理	终止审理
情形		(4) 由于不能抗拒的原因[1]	(3) 对境外的被告人缺席审理后，认定的罪名不属于“贪污贿赂、危害国家安全、恐怖活动犯罪”的罪名的
是否需要申请	需要	无须	无须
裁决方式	决定	裁定	裁定
适用阶段	法庭审理过程中	法院受理案件后至作出判决前	—
停止的活动	不能停止法庭审理以外的诉讼活动	暂停一切诉讼活动	
期间的计算	(1) 计入审限：新证据；申请回避 (2) 重新计算：补充侦查、变更、追加起诉的	不计入审限	—

考点六　对违反法庭秩序的处理（《刑诉法》第199条，《高法解释》第307、308、310条）

处理方式 区分点	警告、训诫	责令退出法庭	强行带出法庭	罚款	拘留	暂扣相关设备及存储介质，删除相关内容
适用情形	情节较轻的	训诫无效的	不听制止的	情节严重的		未经许可对庭审活动进行录音、录像、拍照或者使用即时通讯工具等传播庭审活动的
决定主体	审判长	审判长	审判长	院长	院长	审判长
决定方式	口头	口头	口头	书面	书面	—
要求	—	—	—	1000元以下	15日以下	—
救济手段	无	无	无	向上一级法院申请复议		无
特别注意	(1) 担任辩护人、诉讼代理人的律师严重扰乱法庭秩序，被强行带出法庭或者被处以罚款、拘留的，法院应当通报司法行政机关，并可以建议依法给予相应处罚（《高法解释》第308条）					

[1] 中止审理的情形（口诀）：病了、跑了。

续表

特别注意	(2) 辩护人、诉讼代理人被**责令退出法庭、强行带出法庭**或者被处以**罚款**后，**具结保证书**，保证服从法庭指挥、不再扰乱法庭秩序的，经**法庭许可，可以继续担任辩护人、诉讼代理人** 辩护人、诉讼代理人具有下列情形之一的，**不得继续担任同一案件的辩护人、诉讼代理人**：①**擅自退庭**的；②**无正当理由不出庭或者不按时出庭，严重影响审判顺利进行**的；③**被拘留或者具结保证书后再次被责令退出法庭、强行带出法庭**的（《高法解释》第310条第2、3款）

考点七　简易程序★★★（《刑诉法》第214—221条，《高法解释》第359—368条）

适用范围	(1) 审级：基层、一审 (2) 条件（口诀）：证据足；事实对；同意简易和认罪[1] 对未成年人刑事案件，法院决定适用简易程序审理的，应当征求未成年被告人及其法定代理人、辩护人的意见。上述人员提出异议的，不适用简易程序（《高法解释》第566条）
不适用的情形	（口诀）“盲聋哑、精神病[2]、影响大、不认罪（不同意适用简易程序）、辩无罪、不构罪”[3]
程序提起	被告人及其辩护人可申请适用，检察院可以建议；但须法院、被告人同意
审判组织	(1) 可能判处**三年有期徒刑以下刑罚**的——由合议庭或者独任庭审理；可能判处**有期徒刑超过三年**的——由合议庭审理 (2) 适用简易程序独任审判过程中，发现对被告人可能判处的有期徒刑超过三年的，**应当转由合议庭审理**（《高法解释》第366条）
审理程序	(1) 传唤、送达简便 (2) 适用简易程序审理公诉案件，检察院**应当**派员出席法庭（《刑诉法》第216条第2款） (3) **被告人有辩护人的，应当通知其出庭**（《高法解释》第363条） (4) 审判人员**应当询问被告人对指控的犯罪事实的意见**，告知被告人适用简易程序审理的法律规定，**确认被告人是否同意适用简易程序审理** (5) 审理程序简便（不受普通程序关于**送达期限**、讯问被告人、询问证人、鉴定人、出示证据、法庭辩论程序规定的限制，但在判决宣告前**应当听取被告人的最后陈述意见**） (6) **一般应当当庭宣判，裁判文书可以简化**（《高法解释》第367条）

[1] A. **案件事实清楚、证据充分**的；B. **被告人承认自己所犯罪行**，**对指控的犯罪事实没有异议**的；C. 被告人**对适用简易程序没有异议**的。

[2] 【总结】盲聋哑、精神病人案件诉讼程序的特殊之处：应当提供法律援助辩护；检察院审查批捕时应当讯问犯罪嫌疑人；不适用简易程序和速裁程序；认罪认罚案件不需要签署具结书。

[3] A. 被告人是**盲、聋、哑**人的；B. 被告人是尚未完全丧失辨认或者控制自己行为能力的**精神病人**的；C. 案件有**重大社会影响**的；D. 共同犯罪案件中部分被告人**不认罪**或者对适用简易程序**有异议**的；E. 辩护人作**无罪辩护**的；F. 被告人认罪但经审查认为可能**不构成犯罪**的；G. 不宜适用简易程序审理的其他情形（《高法解释》第360条）。

续表

简易程序转为普通程序的情形[1]	(1) 被告人的行为可能不构成犯罪的 **(2) 被告人可能不负刑事责任的** (3) 被告人当庭对起诉指控的犯罪事实予以否认的 (4) 案件事实不清、证据不足的 (5) 不应当或者不宜适用简易程序的其他情形（《高法解释》第368条）
审理期限	(1) 适用简易程序审理案件，法院应当在受理后**20日以内**审结 (2) 对可能判处的**有期徒刑超过三年**的，可以延长至**一个半月** (3) 决定转为普通程序审理的案件，审理期限应当从**作出决定之日**起计算

考点八　速裁程序★★★（《刑诉法》第222—226条，《高法解释》369—377条）

（一）速裁程序

适用范围	(1) 审级：基层、一审 (2) 条件（口诀）：证据实足；事实对；认罪认罚；三年以下；同意速裁[2]
不适用的情形[3]	(1) 被告人是盲、聋、哑人的 (2) 被告人是尚未完全丧失辨认或者控制自己行为能力的精神病人的 (3) 被告人是未成年人的（审理时未满18周岁） (4) 案件有重大社会影响的 (5) 共同犯罪案件中部分被告人对指控的犯罪事实、罪名、量刑建议或者适用速裁程序有异议的 (6) 被告人与被害人或者其法定代理人没有就附带民事诉讼赔偿等事项达成调解或者和解协议的 (7) **辩护人作无罪辩护**的 (8) 其他不宜适用速裁程序审理的
程序提起	**被告人及其辩护人可申请适用，**检察院可以建议；**但须**法院、被告人同意。**公安机关认为案件符合速裁程序适用条件的，可以在起诉意见书中建议检察院适用速裁程序办理**
审判组织	由审判员一人独任审判
审理程序	(1) 可以集中开庭，逐案审理。公诉人简要宣读起诉书后，审判人员应当当庭询问被告人对指控事实、证据、量刑建议以及适用速裁程序的意见，核实具结书签署的自愿性、真实性、合法性，并核实附带民事诉讼赔偿等情况 (2) 不受普通程序规定的送达期限的限制，一般不进行法庭调查、法庭辩论，但在判决宣告前应当听取辩护人的意见和被告人的最后陈述意见

---

[1] 简易程序转为普通程序的情形（口诀）：不构罪、不追究、不认罪、不清楚。

[2] 速裁程序适用的条件：

A. 案件事实清楚，证据确实、充分。

B. 认罪认罚。

C. 同意适用速裁程序。

D. 可能判处三年有期徒刑以下刑罚。

[3] 不适用速裁程序的情形（口诀）："盲聋哑、精神病、未成年、影响大、不认罪罚、不调和、辩无罪"。

续表

审理程序	(3) 法院适用速裁程序审理的案件，**检察院应当派员出席法庭**（《高检规则》第441条）（自诉案件不能适用速裁程序） (4) 应当当庭宣判，裁判文书可以简化
审理期限	(1) 法院应当在受理后十日以内审结；对可能判处的有期徒刑超过一年的，可以延长至十五日（与速裁案件的审查起诉期限相同） (2) 决定转为普通程序或者简易程序审理的案件，审理期限应当**从作出决定之日**起计算
速裁程序转为普通程序、简易程序的情形[1]	(1) 被告人的行为可能**不构成犯罪**或者**不应当追究刑事责任的** (2) 被告人**违背意愿认罪认罚**的 (3) 被告人**否认指控的犯罪事实**的 (4) 案件**疑难、复杂**或者对**适用法律有重大争议**的 (5) 其他不宜适用速裁程序的情形

（二）速裁程序与简易程序的异同

—	速裁程序	简易程序
法院、审判级别	基层、一审	
适用条件	事实清楚，证据确实、充分，认罪认罚，同意适用，三年以下	事实清楚、证据充分、认罪、同意适用、有期徒刑及其以下
不适用的情形	盲聋哑、精神病、未成年、影响大、不认罪罚、不调和、辩无罪、自诉案件	盲聋哑、精神病、影响大、不认罪、不构罪、辩无罪
程序提起	被告人及其辩护人可申请适用，检察院可以建议适用；但须法院、被告人同意	
审判组织	独任庭	三年以下：合议庭或独任庭；超过三年：合议庭
送达	不受普通程序规定的送达期限的限制	
审理程序	一般不进行法庭调查、法庭辩论，但应听取辩护人的意见和被告人的最后陈述意见	可简化法庭调查、法庭辩论，在判决宣告前应听取被告人的最后陈述意见
检察院是否应派员出庭	应派员出庭	公诉案件中应派员出庭
宣判	应当当庭宣判，裁判文书可以简化	一般应当当庭宣判，裁判文书可以简化
审理期限	一年以下：10日；超过一年：15日（与审查起诉期限相同）	三年以下：20日；超过三年：一个半月

[1] 速裁转普通或简易的情形（口诀）：“不构罪、不追究、不自愿、不认罪、疑难复杂、有争议”。

考点九 量刑程序（《人民检察院办理认罪认罚案件开展量刑建议工作的指导意见》《关于规范量刑程序若干问题的意见》）

要点	程序规定		
量刑程序的地位	法院审理刑事案件，在法庭审理中应当保障量刑程序的相对独立性		
量刑建议	认罪认罚的案件中提出量刑建议★	提出量刑建议的方式	（1）犯罪嫌疑人认罪认罚的，检察院应当就主刑、附加刑、是否适用缓刑等提出量刑建议 （2）办理认罪认罚案件，检察院一般应当提出确定刑量刑建议。对新类型、不常见犯罪案件，量刑情节复杂的重罪案件等，也可以提出幅度刑量刑建议 （3）检察院提出量刑建议，一般应当制作量刑建议书，与起诉书一并移送法院。对于案情简单、量刑情节简单，适用速裁程序的案件，也可以在起诉书中载明量刑建议
		提出量刑建议时听取意见的程序	（1）检察院办理认罪认罚案件提出量刑建议，应当按照有关规定对听取意见情况进行同步录音录像 （2）检察院办理认罪认罚案件提出量刑建议，应当听取被害人及其诉讼代理人的意见。必要时，检察院可以听取侦查机关、相关行政执法机关、案发地或者居住地基层组织和群众的意见。检察院听取意见可以采取当面、远程视频等方式进行 （3）检察院在听取意见的过程中，必要时可以通过出示、宣读、播放等方式向犯罪嫌疑人开示或部分开示影响定罪量刑的主要证据材料，说明证据证明的内容，促使犯罪嫌疑人认罪认罚
		量刑建议的调整	（1）对于认罪认罚案件，犯罪嫌疑人签署具结书后，没有新的事实和证据，且犯罪嫌疑人未反悔的，检察院不得撤销具结书、变更量刑建议。除发现犯罪嫌疑人认罪悔罪不真实、认罪认罚后又反悔或者不履行具结书中需要履行的赔偿损失、退赃退赔等情形外，不得提出加重犯罪嫌疑人刑罚的量刑建议 （2）开庭审理前或者休庭期间调整量刑建议的，应当重新听取被告人及其辩护人或者值班律师的意见。适用速裁程序审理认罪认罚案件，需要调整量刑建议的，应当在庭前或者当庭作出调整 （3）被告人签署认罪认罚具结书后，庭审中反悔不再认罪认罚的，检察院应当了解反悔的原因，被告人明确不再认罪认罚的，检察院应当建议法院不再适用认罪认罚从宽制度，撤回从宽量刑建议，并建议法院在量刑时考虑相应情况 （4）被告人认罪认罚而庭审中辩护人作无罪辩护的，检察院应当核实被告人认罪认罚的真实性、自愿性。被告人仍然认罪认罚的，可以继续适用认罪认罚从宽制度
		量刑监督	认罪认罚案件中，法院采纳检察院提出的量刑建议作出判决、裁定，被告人仅以量刑过重为由提出上诉，因被告人反悔不再认罪认罚致从宽量刑明显不当的，检察院应当依法提出抗诉

续表

<table>
<tr><th colspan="2">要点</th><th>程序规定</th></tr>
<tr><td colspan="2">量刑意见</td><td>自诉人、被告人及其辩护人、被害人及其诉讼代理人可以提出量刑意见</td></tr>
<tr><td rowspan="4">量刑的具体程序</td><td>简易程序</td><td>在确认被告人对起诉书指控的犯罪事实和罪名没有异议，自愿认罪且知悉认罪的法律后果后，法庭审理可以直接围绕量刑进行，不再区分法庭调查、法庭辩论</td></tr>
<tr><td>适用普通程序的认罪案件</td><td>在确认被告人了解起诉书指控的犯罪事实和罪名，自愿认罪且知悉认罪的法律后果后，法庭审理主要围绕量刑和其他有争议的问题进行，可以适当简化法庭调查、法庭辩论程序</td></tr>
<tr><td>被告人不认罪或者辩护人作无罪辩护的案件</td><td>法庭调查和法庭辩论分别进行
在法庭调查阶段，应当在查明定罪事实的基础上，查明有关量刑事实，被告人及其辩护人可以出示证明被告人无罪或者罪轻的证据，当庭发表质证意见
在法庭辩论阶段，审判人员引导控辩双方先辩论定罪问题。在定罪辩论结束后，审判人员告知控辩双方可以围绕量刑问题进行辩论，发表量刑建议或者意见，并说明依据和理由
被告人及其辩护人参加量刑问题的调查的，不影响作无罪辩解或者辩护</td></tr>
<tr><td colspan="2">（1）在法庭审理中，审判人员对量刑证据有疑问的，可以宣布休庭，对证据进行调查核实，必要时也可以要求检察院补充调查核实。检察院补充调查核实有关证据，必要时可以要求侦查机关提供协助。对于控辩双方补充的证据，应当经过庭审质证才能作为定案的根据。但是，对于有利于被告人的量刑证据，经庭外征求意见，控辩双方没有异议的除外
（2）在法庭辩论中，出现新的量刑事实，需要进一步调查的，应当恢复法庭调查，待事实查清后继续法庭辩论
（3）定罪证据和量刑证据分开出示的，应当先出示定罪证据，后出示量刑证据
对于有数起犯罪事实的案件的量刑证据，可以在对每起犯罪事实举证时分别出示，也可以对同类犯罪事实一并出示；涉及全案综合量刑情节的证据，一般应当在举证阶段最后出示
（4）对于适用速裁程序审理的案件，可以简化量刑说理</td></tr>
</table>

考点十　自诉案件审理程序★★（《刑诉法》第210—213条、《高法解释》第316—334条）

调解	除公诉转自诉案件外，可调解；应当制作调解书，签收时生效（《高法解释》第328条）
和解	三类自诉案件均可和解
撤诉	三类自诉案件均可撤诉，撤诉分为两类： （1）**裁定**按撤诉处理：自诉人经**两次**传唤，无正当理由拒不到庭，或者未经法庭准许中途退庭的 （2）申请撤诉：法院应审查是否为自愿撤诉，自愿的，应准许；非自愿的，不予准许（《高法解释》第329、331条）

续表

反诉	除公诉转自诉案件外，可反诉[1] （1）对象：自诉人 （2）与本案有关的行为 （3）案件性质应相同，为前两类自诉案件 （4）提出期限为自诉判决宣告前（《高法解释》第334条）
可分性	（1）自诉人的可分性。（2）被告人的可分性（**告知其放弃告诉或不参加诉讼的法律后果**，可以另行提起民事诉讼）（《高法解释》第323条）
开庭审理	（1）对犯罪事实清楚，有足够证据的自诉案件，应当开庭审理（《高法解释》第326条） （2）对**通过信息网络实施的侮辱、诽谤行为**，被害人向法院告诉，但提供证据确有困难的，法院**可以要求公安机关提供协助** （3）被告人实施两个以上犯罪行为，分别属于公诉案件和自诉案件，法院**可以一并审理** （4）自诉案件中依法宣告无罪的案件，**有附带民事诉讼**的，其附带民事部分**可以**依法进行**调解**或者一并作出**判决**，也**可以告知**附带民事诉讼原告人**另行提起民事诉讼**

考点十一　单位犯罪案件的诉讼程序★★（《高法解释》第335—346条）

诉讼代表人	**确定**[2]	（1）应当是**法定代表人、实际控制人**或者主要负责人（即“老大”） （2）法定代表人、**实际控制人**或者主要负责人被指控为单位犯罪直接责任人员或者因客观原因无法出庭的，应当由被告单位委托其他负责人或者职工作为诉讼代表人。但是，有关人员被指控为单位犯罪直接责任人员或者知道案件情况、负有作证义务的除外 依据上述规定难以确定诉讼代表人的，可以由被告单位委托**律师等单位以外的人员**作为诉讼代表人 **诉讼代表人不得同时担任被告单位或者被指控为单位犯罪直接责任人员的有关人员的辩护人**
	出庭[3]	（1）开庭审理单位犯罪案件，**应当通知**被告单位的诉讼代表人出庭 （2）没有诉讼代表人参与诉讼的，应当要求**检察院**确定 （3）被告单位的诉讼代表人不出庭的，应当按照下列情形分别处理： ①诉讼代表人系被告单位的法定代表人、**实际控制人**或者主要负责人，无正当理由拒不出庭的，可以拘传其到庭；因客观原因无法出庭，或者下落不明的，应当要求检察院另行确定诉讼代表人 ②诉讼代表人系其他人员的，应当要求检察院另行确定诉讼代表人
	权利	享有被告人的诉讼权利。开庭时，诉讼代表人席位置于审判台前左侧，与辩护人席并列

〔1〕公诉转自诉案件，不能调解、不能反诉，可以和解、可以撤诉、可以适用简易程序。
〔2〕一般老大当，老大被罚，其他当。被告单位委托，检察院确定。
〔3〕老大不来，可拘传；其他不来，另找人。

续表

追加起诉	(1) 对应当认定为单位犯罪的案件，检察院只作为自然人犯罪起诉的，法院**应当建议**检察院**对犯罪单位追加起诉** (2) 检察院仍以自然人犯罪起诉的，法院**应当依法审理**，按照单位犯罪直接负责的主管人员或者其他直接责任人员追究刑事责任
涉案财物的处理	(1) 被告单位的违法所得及其孳息，尚未被依法追缴或者查封、扣押、冻结的，法院应当决定追缴或者查封、扣押、冻结 (2) 为保证判决的执行，法院可以先行查封、扣押、冻结被告单位的财产，或者由被告单位提出担保
审理障碍	(1) 审判期间，被告单位被**吊销营业执照、宣告破产**但**尚未完成清算、注销登记**的，**应当继续审理**；被告单位被**撤销、注销的**，对单位犯罪直接负责的主管人员和其他直接责任人员**应当继续审理**[1] (2) 审判期间，被告单位合并、分立的，应当将**原单位**列为被告单位，并注明合并、分立情况。对被告单位所判处的罚金以**其在新单位的财产及收益**为限

考点十二 判决、裁定和决定★

—	判决	裁定	决定
适用对象	实体问题。[判决书的内容包括：首部、事实部分（事实部分包括四个方面：检察院指控被告人犯罪的事实和证据；被告人的供述、辩护和辩护人的辩护意见；经法庭审理查明的事实和据以定案的证据）、理由部分、结果部分和尾部]	程序问题和部分实体问题。（终止审理、中止审理、维持原判、撤销原判发回重审、驳回自诉、核准死刑、减刑、假释、撤销缓刑、减免罚金等）	程序问题。（如回避；是否立案；有关强制措施；实施各种侦查行为；撤销案件；延长羁押期限；起诉或不起诉；开庭审判；延期审理；抗诉；提起再审程序等）
适用阶段	审判阶段	审判、执行阶段	侦查、审查起诉、审判、执行阶段
适用机关	法院	法院	侦查、检察、审判、执行机关
表现形式	书面	书面、口头	书面、口头
排他性	一个案件只有一个生效判决	一个案件可有多个裁定	一个案件可有多项决定
法律效力	不服未生效的判决，可以上诉或抗诉	部分未生效的裁定（如**准许撤回起诉、终止审理等裁定**），可以上诉或抗诉	一经作出立即生效，不得上诉或抗诉，部分决定可申请复议一次（如回避、司法拘留、罚款等）

[1] 单位“半死”，继续审理单位和单位负责人；单位“全死”，不审单位，只审单位负责人。

练一练

1. 李某盗窃案，其认罪认罚，检察院应当在起诉书中提出确定刑的量刑建议。[1]

2. 检察院起诉刘某诈骗罪，法院在庭前审查中，认为刘某仅构成侵占罪，法院应当终止审理。[2]

3. 在尤某故意杀人案的庭前会议中，辩护人申请法院排除刑讯而获得的供述，法院应当在庭前会议中进行调查并作出是否排除该供述的决定。[3]

4. 在法庭调查中，公诉人对证人、鉴定人发问，无须经审判长许可。[4]

5. 法庭在庭外调查核实取得的被告人自首的证据，经庭外征求意见，控辩双方没有异议的，可不经当庭质证即可作为定案的根据。[5]

6. 检察院起诉蔡某绑架韩某，在审理中，蔡某提出系因韩某欠其债务而使用暴力手段将其拘禁，法院经核实，认为该事实确实存在，法院直接以非法拘禁罪对蔡某定罪处罚。[6]

7. 检察院对楚某盗窃案提起公诉，法院经过审理，认为证明楚某盗窃行为的事实清楚，证据确实、充分，但楚某未满16周岁，法院遂判决楚某无罪。[7]

8. 速裁程序、简易程序可转为普通程序，普通程序也可以转为简易程序、速裁程序。[8]

9. 共同犯罪案件中部分被告人对罪名、量刑建议有异议的，法院既不能适用简易程序，也不能适用速裁程序。[9]

10. 法院适用简易程序和速裁程序审理案件时，均可不进行法庭调查和法庭辩论，均应当当庭宣判。[10]

11. 张某盗窃苏某的手机，检察院对该案审查起诉时，张某认罪认罚，检察院提出量刑建议时，应当听取苏某及其诉讼代理人、侦查机关的意见。[11]

12. 检察院对沙某非法拘禁邓某一案作出不起诉决定，邓某对沙某向法院提起自诉附带民事诉讼，法院对该自诉和附带民事诉讼均可调解，沙某也可对邓某提起反诉。[12]

13. 在审理单位犯罪案件时，被告单位的诉讼代表人有权对该案的专家辅助人发

---

[1] 答案：错误（检察院对李某一般应当提出确定刑的量刑建议，而且，检察院一般应当制作量刑建议书，也可以在起诉书中载明量刑建议）。

[2] 答案：错误（应退回检察院，同时告知被害人有权提起自诉）。

[3] 答案：错误（法院不得在庭前会议中进行调查并作出是否排除该供述的决定）。

[4] 答案：错误（须经审判长许可）。

[5] 答案：正确。

[6] 答案：错误（法院应当通知检察院，由检察院决定是否补充、变更、追加起诉或者补充侦查）。

[7] 答案：错误（法院应判决楚某不负刑事责任）。

[8] 答案：错误（普通程序不得转为简易程序、速裁程序）。

[9] 答案：错误（法院可适用简易程序，但不能适用速裁程序）。

[10] 答案：错误（法院适用简易程序审理案件时，对法庭调查和法庭辩论可以简化，一般应当当庭宣判）。

[11] 答案：错误（在必要时，检察院可以听取侦查机关的意见）。

[12] 答案：错误（对该自诉不可调解，沙某对邓某不可反诉）。

问。[1]

14. 召开庭前会议，应当通知被告人到场，应当公开进行。[2]

15. 法院在庭前会议中听取控辩双方对案件事实、证据材料的意见后，对明显事实不清、证据不足的案件，可以建议检察院撤回起诉。建议撤回起诉的案件，检察院不同意的，开庭审理后，再申请撤回起诉，法院不予准许。[3]

16. 控辩双方在庭前会议中就有关事项达成一致意见，在庭审中反悔的，法庭不再进行处理。[4]

17. 某集资诈骗案，被害人多达几万人，被害人可以推选若干代表人参加庭审。[5]

18. 甲抢夺案，其认罪认罚并签署认罪认罚具结书，之后，检察院不得撤销具结书、变更量刑建议。[6]

19. 甲诈骗案庭审中，公诉人改变了起诉书中表述的案发时间，但不影响定罪量刑，法院宣布休庭并要求检察院书面变更起诉。[7]

20. "庭审结束后、评议前，部分合议庭成员不能继续履行审判职责的，法院应当依法更换合议庭组成人员，重新开庭审理。"这一规定体现了审判的亲历性的要求。[8]

21. 被告人在检察院提起公诉前未认罪认罚，在审判阶段认罪认罚的，法院应当通知检察院提出或者调整量刑建议。在就定罪量刑听取控辩双方意见后，根据认罪认罚从宽的规定作出判决。[9]

22. 辩护人、诉讼代理人被责令退出法庭、强行带出法庭或者被处以罚款、拘留后，不得继续担任同一案件的辩护人、诉讼代理人。[10]

23. 甲抢劫案的庭审中，甲的辩护人作无罪辩护，但是甲认罪认罚，法院可以继续适用认罪认罚从宽制度。[11]

24. 甲盗窃案，其认罪认罚，法院采纳检察院对甲提出的量刑建议作出判决，甲仅以量刑过重为由提出上诉，检察院应当提出抗诉 。[12]

25. 检察院起诉甲商贸公司及其总经理王某虚开增值税专用发票罪，甲商贸公司委托周律师担任甲商贸公司的诉讼代表人，周律师可以同时担任甲商贸公司或者王某的

---

〔1〕 答案：正确。

〔2〕 答案：错误（召开庭前会议，应当通知公诉人、辩护人到场，一般不公开进行）。

〔3〕 答案：错误（没有新的事实和理由，一般不准许撤回起诉）。

〔4〕 答案：错误（除有正当理由外，法庭一般不再进行处理）。

〔5〕 答案：正确。

〔6〕 答案：错误（若没有新的事实和证据，且甲未反悔的，检察院才不得撤销具结书、变更量刑建议）。

〔7〕 答案：错误（尽管公诉人当庭发表与起诉书不同的意见，但是不属于变更、追加、补充或者撤回起诉的情形，法院无须要求检察院以书面方式提出）。

〔8〕 答案：正确。

〔9〕 答案：错误（法院可不再通知检察院提出或调整量刑建议）。

〔10〕 答案：错误（辩护人、诉讼代理人被责令退出法庭、强行带出法庭或者被处以罚款后，具结保证书，保证服从法庭指挥、不再扰乱法庭秩序的，经法庭许可，可以继续担任辩护人、诉讼代理人）。

〔11〕 答案：正确。

〔12〕 答案：错误（甲仅以量刑过重为由提出上诉，因甲反悔不再认罪认罚致从宽量刑明显不当的，检察院才应依法提出抗诉）。

辩护人。[1]

26. 检察院起诉甲贸易公司走私普通货物罪，甲贸易公司被宣告破产但尚未完成注销登记的，法院应当终止审理。[2]

27. 审理单位犯罪案件，在讯问单位主要负责人等其他被告人时，被告单位的诉讼代表人不应在场。被告单位的诉讼代表人可为自己委托辩护人辩护。[3]

28. 张某因贪污罪被监察机关立案调查，在监察机关调查、检察院审查起诉期间，张某均不认罪认罚，法院审理时，张某认罪认罚。法院对张某适用认罪认罚从宽处理，需经监察机关批准。[4]

---

[1] 答案：错误（周律师不得同时担任甲商贸公司或者王某的辩护人）。

[2] 答案：错误（法院应当继续审理）。

[3] 答案：错误（前半句话正确，后半句话错误，因为，诉讼代表人本身不能也无须委托辩护人为自己辩护）。

[4] 答案：错误（法院对张某适用认罪认罚从宽处理，无须监察机关批准）。

第十六章 第二审程序

第二审程序流程图

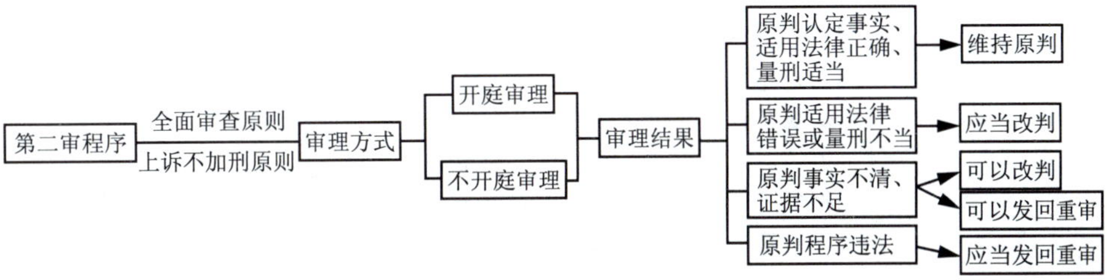

考点一　上诉和抗诉★★

—	上诉	抗诉
主体	（1）独立的上诉主体：被告人、自诉人及其法定代理人、附带民事诉讼当事人及其法定代理人 （2）非独立的上诉主体：被告人的辩护人和近亲属（《刑诉法》第 227 条）	（1）抗诉主体：提起公诉的检察机关 （2）申请抗诉的主体：公诉案件的被害人及其法定代理人有申请抗诉权（只能针对**判决**）（《刑诉法》第 228、229 条）
理由	无须理由	确有错误
形式	书面或者口头	书面
途径	通过原审法院或二审法院	通过原审法院

考点二　全面审查原则★（《刑诉法》第 233 条）

有无上诉和抗诉	既要审查上诉或者抗诉的部分，又要审查没有上诉或者抗诉的部分
事实、证据和法律	既要审查一审判决认定的事实是否正确，证据是否确实、充分，又要审查一审判决适用法律有无错误
刑事与附带民事	既要审查刑事诉讼部分，又要审查附带民事诉讼部分
实体与程序	既要审查实体问题，又要审查程序问题

续表

共同犯罪案件中的全面审查	共同犯罪案件，只有部分被告人提出上诉，或者自诉人只对部分被告人的判决提出上诉，或者检察院只对部分被告人的判决提出抗诉的，第二审法院应当**对全案进行审查，一并处理**（《高法解释》第389条）

考点三　上诉不加刑原则★★★（《刑诉法》第237条、《高法解释》第401条）

含义	（1）只有在**被告人一方**提起上诉时，上诉不加刑才能适用。注意：上诉不加刑原则本身没有例外 ①被告人或者他的法定代理人、辩护人、近亲属上诉的案件，**不得对被告人的刑罚作出实质不利的改判** ②被告人或者其法定代理人、辩护人、近亲属提出上诉，检察院未提出抗诉的案件，第二审法院发回重新审判后，**除有新的犯罪事实且检察院补充起诉的以外，原审法院不得加重被告人的刑罚** 对上述案件，原审法院对上诉发回重新审判的案件依法作出判决后，检察院抗诉的，**第二审法院不得改判为重于原审法院第一次判处的刑罚** ③检察院提出抗诉或者自诉人提出上诉的，不受上诉不加刑的限制 ④既有被告人一方上诉，又有检察院提出抗诉或者自诉人提出上诉的，同样不受上诉不加刑原则的限制 （2）上诉不加刑的“刑”包括：**刑种、刑期、刑罚的执行方法**等 ①只有被告人一方上诉的，二审法院认为原判认定的**罪数不当**的，**可以改变罪数，并调整刑罚**，但**不得加重决定执行的刑罚或者对刑罚执行产生不利影响** ②只有被告人一方上诉，原判对被告人宣告缓刑的，二审法院不得撤销缓刑或者延长缓刑考验期 **③只有被告人一方上诉，原判没有宣告职业禁止、禁止令的，二审法院不得增加宣告；原判宣告职业禁止、禁止令的，二审法院不得增加内容、延长期限** **④只有被告人一方上诉，原判对被告人判处死刑缓期执行没有限制减刑、决定终身监禁的，二审法院不得限制减刑、决定终身监禁** （3）只有被告人一方上诉，原判认定的罪名不当的，**二审法院可以改变罪名，但不得加重刑罚或者对刑罚执行产生不利影响**
如何加刑	只有被告人一方上诉，原判判处的刑罚不当、应当适用附加刑而没有适用的，二审法院不得**直接加重刑罚、适用附加刑**。原判判处的刑罚**畸轻**，必须依法改判的，**应当在第二审判决、裁定生效后，依照审判监督程序重新审判**
共同犯罪中的上诉不加刑原则	（1）同案审理的案件，只有部分被告人上诉的，二审法院既不得加重上诉人的刑罚，也不得加重其他同案被告人的刑罚（**一并原则**） （2）检察院只对部分被告人的判决提出抗诉，或者自诉人只对部分被告人的判决提出上诉的，二审法院不得对其他同案被告人加重刑罚（对于被抗诉的人可以加刑）（**分离原则**）

考点四　二审的审理程序★★★

方式（《刑诉法》第234条，《高法解释》第393、394条）	**应当开庭审理的情形★★★**	（1）检察院抗诉的案件 （2）**被告人、自诉人及其法定代理人**对第一审认定的事实、证据提出异议，**可能影响定罪量刑的上诉**案件 （3）被告人被判处**死刑（包括死刑立即执行和死刑缓期执行）**的**上诉**案件 （4）**被判处死刑（包括死刑立即执行和死刑缓期执行）的被告人没有上诉，同案的其他被告人上诉**的案件 （5）其他应当开庭审理的案件[1]
	可以不开庭审理的情形	对上诉、抗诉案件，第二审法院经审查，认为原判事实不清、证据不足，或者具有《刑诉法》第238条规定的违反法定诉讼程序情形，需要发回重新审判的，可以不开庭审理
	不开庭审理的方式	第二审法院决定不开庭审理的，**应当讯问被告人，听取其他当事人、辩护人、诉讼代理人的意见**。合议庭全体成员应当阅卷，必要时应当提交书面阅卷意见
检察院派员出庭		**检察院提出抗诉的案件或者第二审法院开庭审理**的公诉案件，**同级检察院都应当**派员出席法庭
检察院阅卷		第二审法院应当在**决定开庭审理后**及时通知检察院查阅案卷。检察院应当在1个月以内查阅完毕。检察院查阅案卷的时间**不计入**审理期限[2]
对新证据的处理		第二审期间，检察院或者被告人及其辩护人提交新证据的，法院应当及时通知对方查阅、摘抄或者复制（《高法解释》第395条）
审理程序		开庭审理上诉、抗诉案件，可以重点围绕对第一审判决、裁定**有争议**的问题或者**有疑问**的部分进行[3]
共同犯罪案件的二审（《高法解释》第392、399条）		（1）对同案审理案件中未上诉的被告人，未被申请出庭或者法院认为没有必要到庭的，可以不再传唤到庭 （2）同案审理的案件，未提出上诉、检察院也未对其判决提出抗诉的被告人要求出庭的，应当准许。出庭的被告人可以参加法庭调查和辩论 （3）共同犯罪案件，只有部分被告人提出上诉，或者自诉人只对部分被告人的判决提出上诉，或者检察院只对部分被告人的判决提出抗诉的，其他同案被告人也可以委托辩护人辩护

[1] 二审应当开庭审理的情形（口诀）："死刑、抗诉、影响罪刑之事实上诉"。

[2] 第二审法院通知同级检察院查阅案卷的前提是第二审开庭审理，若第二审不开庭审理，第二审法院无须通知同级检察院查阅案卷。

[3] 开庭审理上诉、抗诉案件，可以重点围绕对第一审判决、裁定**有争议**的问题或者**有疑问**的部分进行。根据案件情况，可以按照下列方式审理：A. 宣读第一审判决书，可以只宣读案由、主要事实、证据名称和判决主文等；B. 法庭调查应当重点围绕对第一审判决提出异议的事实、证据以及提交的新的证据等进行，对没有异议的事实、证据和情节，可以直接确认；C. 对同案审理案件中未上诉的被告人，未被申请出庭或者法院认为没有必要到庭的，**可以不再传唤到庭**；D. 被告人犯有数罪的案件，对其中事实清楚且无异议的犯罪，可以不在庭审时审理。（《高法解释》第399条第1款）

续表

自诉案件的二审	（1）二审的反诉：二审反诉的，法院**应当**告知其另行起诉（《高法解释》第412条） （2）二审的调解、和解：对第二审自诉案件，必要时可以调解，当事人也可以自行和解。调解结案的，应当制作调解书，第一审判决、裁定视为自动撤销；当事人自行和解的，依照《高法解释》第329条的规定处理；裁定准许撤回自诉的，应当撤销第一审判决、裁定（《高法解释》第411条）
宣判 （《高法解释》第413条）	（1）第二审法院可以委托第一审法院代为宣判，并向当事人送达第二审判决或裁定书。第一审法院应当在代为宣判后5日内将宣判笔录送交第二审法院，并在送达完毕后及时将送达回证送交第二审法院 （2）委托宣判的，第二审法院**应当直接**向同级检察院送达第二审判决或裁定书

考点五　附带民事诉讼的二审★★（两个诉讼、全面审查；处理刑事不以民事为基础；但处理民事必须以刑事为基础）（《高法解释》第407—409条）

—	**是否生效**		**处理**
刑民都上诉	刑事未生效	民事未生效	按二审程序一并改判
只针对刑事上诉、抗诉	刑事未生效	民事生效	民错：民事按审监程序，刑事按二审
只针对民事上诉	刑事生效	民事未生效	刑错：对刑事按审监程序进行再审，并将民事部分与刑事部分**一并审理**（附带民事审结前，可以暂缓送监执行）

考点六　二审审理后的处理[1]★★★（《刑诉法》第236、238条）

维持原判	原判决认定事实和适用法律正确、量刑适当的，应当裁定驳回上诉或者抗诉，维持原判
直接改判	（1）应当改判：认定事实没有错误，但适用法律错误或者量刑不当的
	（2）可以改判：事实不清或证据不足的，可以在查清事实后改判
发回重审	（1）事实不清或证据不足的，可以裁定撤销原判，发回原审法院重新审判 二审以事实不清、证据不足为由发回重审，只能发回一次；但是，二审以违反法定程序为由发回重审，不受次数限制[2]
	（2）二审法院发现一审法院的审理有下列违反法定诉讼程序的情形之一的，应当裁定撤销原判，发回原审法院重新审判 **①违反《刑诉法》有关公开审判的规定的** **②违反回避制度的**

〔1〕对于速裁案件的第二审程序，《高法解释》第377条规定："适用**速裁程序**审理的案件，第二审法院**以事实不清、证据不足为由**发回原审法院重新审判的，原审法院应当适用第一审**普通程序**重新审判。"

《高法解释》第357条规定："对被告人**在第一审程序中未认罪认罚，在第二审程序中认罪认罚**的案件，**应当根据其认罪认罚的具体情况决定是否从宽，并依法作出裁判**。确定从宽幅度时应当与第一审程序认罪认罚**有所区别**。"

〔2〕第二审法院发现原审法院在重新审判过程中，有《刑事诉讼法》第238条规定的情形之一（即违反法定程序），**或者违反第239条规定的**（即未另行组成合议庭，依照第一审程序进行审判），应当裁定撤销原判，发回重新审判。（《高法解释》第406条）

续表

发回重审	③剥夺或者限制了当事人的法定诉讼权利，可能影响公正审判的 ④审判组织的组成不合法的 ⑤其他违反法律规定的诉讼程序，可能影响公正审判的[1]

考点七　对查封、扣押、冻结在案财物的处理★（《刑诉法》第245条，《六机关规定》第36、37条，《高法解释》第437—450条）

基本原则	**随案移送、禁止私用、最终上缴** 对作为证据使用的实物，应当随案移送。任何单位和个人不得挪用或者自行处理。最后，必须一律上缴国库
例外	（1）对**被害人的合法财产**，**应当及时返还**（《刑诉法》第245条第1款）
	（2）**无关的财物**要**解除查封、扣押、冻结，并予以退还**（《刑诉法》第145条） **特例**：查封、扣押、冻结的财物属于被告人合法所有的，应当在赔偿被害人损失、执行财产刑后及时返还被告人（《高法解释》第449条第2款）
	（3）**不宜移送的**在案财物之处理 ①**总的原则**：用清单等文件作为代替品随案移送 ②**两类处理方式**： A.“**良性资产”（上缴）**——查封、扣押的赃款赃物，或者冻结在金融机构的赃款等，裁判生效后，由法院通知查封、扣押机关上缴国库 对于被扣押、冻结的债券、股票、基金份额等财产，在扣押、冻结期间权利人申请出售，经扣押、冻结机关审查，**不损害国家利益、被害人利益，不影响诉讼正常进行的，以及扣押、冻结的汇票、本票、支票的有效期即将届满的**，可以在判决生效前依法出售或者变现，所得价款由扣押、冻结机关保管，并及时告知当事人或者其近亲属 审判期间，对不宜长期保存、易贬值或者市场价格波动大的财产，或者有效期即将届满的票据等，经权利人申请或者同意，并经院长批准，可以依法先行处置，所得款项由人民法院保管。涉案财物先行处置应当依法、公开、公平（《高法解释》第439条） B.“**不良资产”（处理）**——对违禁品或者不宜长期保存的物品，应当依照国家有关规定处理（《六机关规定》第36条）
	（4）第**二审**期间，发现第一审判决未对随案移送的涉案财物及其孳息作出处理的，**可以裁定撤销原判，发回原审法院重新审判**，由原审法院依法对涉案财物及其孳息一并作出处理。判决**生效后**，发现原判未对随案移送的涉案财物及其孳息作出处理的，由**原审法院依法对涉案财物及其孳息另行作出处理**（《高法解释》第446条）

练一练

1. 二审抗诉将阻止第一审裁判生效，上诉不会阻止第一审裁判生效。[2]

[1] 二审因程序违法发回重审的情形（口诀）：“公开、回避、组织、剥权”。
[2] 答案：错误（合法的上诉阻止第一审裁判生效）。

2. 被害人不能对第一审未生效的裁定申请检察院抗诉，所以，检察院不得针对第一审未生效的裁定抗诉提起第二审程序。[1]

3. F市Z县法院对方某敲诈勒索案一审，判处方某7年有期徒刑，方某提出上诉，F市中级法院以事实不清为由发回Z县法院重审，Z县法院重审时发现新的犯罪事实，认为方某构成绑架罪，于是改判方某15年有期徒刑。[2]

4. 被告人被判处死缓的上诉案件，第二审法院应当开庭审理。[3]

5. 甲与乙共同非法吸收公众存款案中，甲被判处10年有期徒刑，乙被判处5年有期徒刑，甲提出上诉，乙未上诉，第二审法院决定开庭审理，乙是否参加法庭调查、是否参加法庭辩论、是否委托辩护人辩护，均由乙自己决定。[4]

6. 法院适用简易程序审理张某盗窃案，在审理时公诉人未对张某进行讯问，辩护人以此为由请求第二审法院撤销原判、发回重审，第二审法院予以支持。[5]

7. 对被害人的合法财产，应在法院作出生效裁判后予以返还。[6]

8. A市B区检察院起诉何某入户抢劫，B区法院认为何某患有癔症精神障碍，具有减轻处罚的情节，以抢劫罪判处何某有期徒刑3年。何某提出上诉，A市中级法院认为一审认定事实不清，何某不具有减轻处罚的情节，遂发回B区法院重审。B区法院裁定维持原判。之后，B区检察院抗诉提起二审，A市中级法院经过二审改判何某有期徒刑10年。[7]

9. A市B区法院一审以刘某犯故意伤害罪判处11年有期徒刑，刘某提出上诉，A市中级法院认为原判事实清楚，证据充分，但认定罪名不当，量刑偏轻，遂改判刘某故意杀人罪，维持11年有期徒刑。[8]

---

〔1〕 答案：错误（检察院可以对第一审未生效的裁定抗诉提起第二审程序）。

〔2〕 答案：错误（Z县法院重审时发现新的犯罪事实，Z县检察院补充起诉后，Z县法院才可改判方某15年有期徒刑）。

〔3〕 答案：正确。

〔4〕 答案：正确。

〔5〕 答案：错误（适用简易程序审理时，公诉人讯问被告人可以省略，故该一审审理过程中没有程序违法，第二审法院不得撤销原判、发回重审）。

〔6〕 答案：错误（对被害人的合法财产，应当及时返还）。

〔7〕 答案：错误（A市中级法院不得加重何某的刑罚）。

〔8〕 答案：错误（A市中级法院不得改变刘某的罪名）。

第十七章 死刑复核程序★★

死刑立即执行案件复核流程图

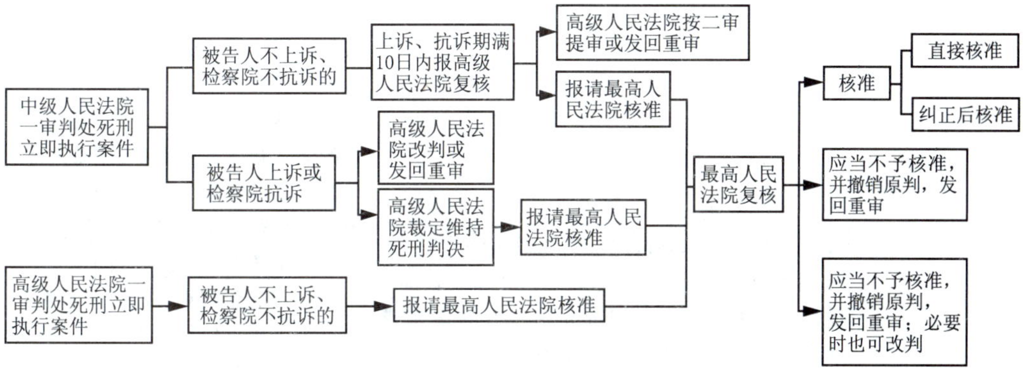

（《刑诉法》第246—251条，《高法解释》第423—436条，《关于办理死刑复核案件听取辩护律师意见的办法》第1、4—9条）

区别点＼类型	死刑立即执行案件	死刑缓期二年执行案件
核准法院	最高人民法院（除依法由最高人民法院判决的以外）	高级人民法院和解放军军事法院
报请程序	自动上报（对死刑立即执行10日内）、逐级上报、一案一报 中院判死立执： 无上诉、抗诉→报高院复核：（1）高院同意：裁定后报最高法院核准；（2）认定事实或引用法律条款有瑕疵但应判死刑的：可以在纠正后作出核准的判决、裁定；（3）高院不同意：提审改判或发回重审 有上诉、抗诉→高院二审：高院同意：维持原判→报最高法院核准；高院不同意：改判或发回重审	
复核庭组成	3名审判员	
讯问被告人	必须	必须

续表

区别点＼类型	死刑立即执行案件	死刑缓期二年执行案件
律师的参与	辩护律师提出要求的，**应当**听取辩护律师的意见。死刑复核期间，辩护律师提出书面意见的，**应当附卷**	—
最高人民检察院的监督	最高检察院**可以**向最高法院提出意见。最高法院应当审查，并将采纳情况及理由反馈最高检察院。最高法院应当根据有关规定向最高检察院通报死刑案件复核结果	—
全面审查原则	【总结】复核死刑、死刑缓期执行案件，应当全面审查：影响被告人定罪、判死刑的情节和事实、诉讼程序是否合法	
处理[1] ★★★	(1) **核准死刑：** ①直接核准：原判认定事实和适用法律正确、量刑适当、诉讼程序合法的，应当裁定核准 ②纠正后核准：原判认定的某一具体事实或者引用的法律条款等存在瑕疵，但判处被告人死刑并无不当的，**可以在纠正后作出核准的判决、裁定** (2) **应当裁定不予核准，并撤销原判，发回重新审判** ①原判事实不清、证据不足的（事实原因） **②复核期间出现新的影响定罪量刑的事实、证据的（新事实、证据）** ③原审违反法定诉讼程序，可能影响公正审判的（程序原因） **(3) 应当裁定不予核准，并撤销原判，发回重新审判，必要时也可以改判：**原判认定**事实正确、证据充分，但依法不应当判处死刑的（量刑过重）**	(1) 没问题应核准：原判认定事实和适用法律正确、量刑适当、诉讼程序合法的，应当裁定核准 (2) 有瑕疵纠正后核准：原判认定的某一具体事实或者引用的法律条款等存在瑕疵，但判处被告人死刑缓期执行并无不当的，**可以在**纠正后作出核准的判决、裁定 (3) 法律错量刑重应当改：原判认定事实正确，但**适用法律有错误，或者量刑过重的，应当**改判 **(4) 事实问题可改可发回：原判事实不清、证据不足的，可以裁定不予核准，并撤销原判，发回重新审判，或者依法改判** **(5) 新事实证据可改可发回：复核期间出现新的影响定罪量刑的事实、证据的，可以裁定不予核准，并撤销原判，发回重新审判，或者依照《高法解释》第271条的规定审理后依法改判** **(6) 程序违法应发回：原审违反法定诉讼程序，可能影响公正审判的，**应当**裁定不予核准，并撤销原判，发回重新审判** (7) 死缓复核不加刑：高级人民法院复核死刑缓期执行案件，不得加重被告人的刑罚（《高法解释》第428条）

[1] 最高人民法院复核死刑立即执行案件后的处理方式：有错应发回，量刑过重可改判是例外。

续表

类型 区别点	死刑立即执行案件	死刑缓期二年执行案件
发回重审的审理方式 ★★★	(1) 发回哪一级： ①可以发回一审法院或者二审法院 ②对最高人民法院发回第二审法院重新审判的案件，第二审法院一般不得发回第一审法院重新审判 ③发回复核的高级法院重新审判的，高级法院**可以依照第二审程序提审或者发回重新审判** ④依照上述①、②、③的规定发回重新审判的案件，第一审法院**判处死刑、死刑缓期执行的**，上一级法院依照第二审程序或者复核程序审理后，**应当依法作出判决或者裁定，不得再发回重新审判**。但是，第一审法院有《刑诉法》第238条规定的情形（即违反法定程序）或者违反《刑诉法》第239条规定（即未另行组成合议庭，依照第一审程序进行审判）的**除外** (2) 发回后应当开庭审理的情形： ①发回第二审重审的案件——**必须通过开庭查清事实、核实证据或者纠正原审程序违法的** ②发回第一审重审的案件（全部开庭） 【总结】最高法院复核死刑案件后发回原审法院重审，原审法院应开庭审理，但最高法院以量刑过重为由发回二审法院重审的，不是必须开庭审理 (3) 发回后**应当另行组成合议庭的情形**： ①原判认定事实不清、证据不足的（事实原因） ②违反法定诉讼程序，可能影响公正审判的（程序原因） 注意：因为**出现新的影响定罪量刑的事实、证据的**以及**原判认定事实正确、证据充分，但依法不应当判处死刑**而发回重新审判的案件，原审法院不是应当另行组成合议庭审理	—

练一练

1. 霍某因故意杀人罪被H省C市中级法院一审判处死刑立即执行，霍某提出上诉，H省高级法院二审维持了死刑。之后，报请最高法院复核该案，最高法院认为该案事实不清、证据不足，最高法院裁定不予核准，发回H省高级法院重审，H省高级法院不得再发回C市中级法院重审。[1]

2. 甲与乙共同绑架并杀害丙，S省Y市中级法院一审判处甲和乙均为死刑立即执行，最高法院复核该案时，认为甲的死刑判决认定事实正确，但依法不应当判处死刑。乙的死刑判决认定事实不清、证据不足，最高法院应当对全案裁定不予核准，并撤销原判，发回重新审判。[2]

3. 秦某被K市中级法院以故意杀人罪判处死刑立即执行，最高人民法院复核该案时，认为原判认定事实正确、证据充分，但依法不应当判处死刑的，应当裁定不予核准，并撤销原判，发回重新审判。[3]

4. 张某被D省H市中级法院以绑架罪判处死刑立即执行，最高人民法院复核该案时，以事实不清、证据不足为由发回H市中级法院重审。H市中级法院维持张某的死刑立即执行判决，张某上诉，D省高级法院认为原审重审时审判组织不合法，D省高级法院应当依法作出判决或者裁定，不得再发回重新审判。[4]

---

〔1〕 答案：错误（H省高级法院一般不得发回C市中级法院重审）。

〔2〕 答案：正确。

〔3〕 答案：错误（最高人民法院应当裁定不予核准，并撤销原判，发回重新审判，必要时也可以改判）。

〔4〕 答案：错误（D省高级法院认为原审重审时审判组织不合法，D省高级法院发回重新审判）。

第十八章 审判监督程序

审判监督程序流程图

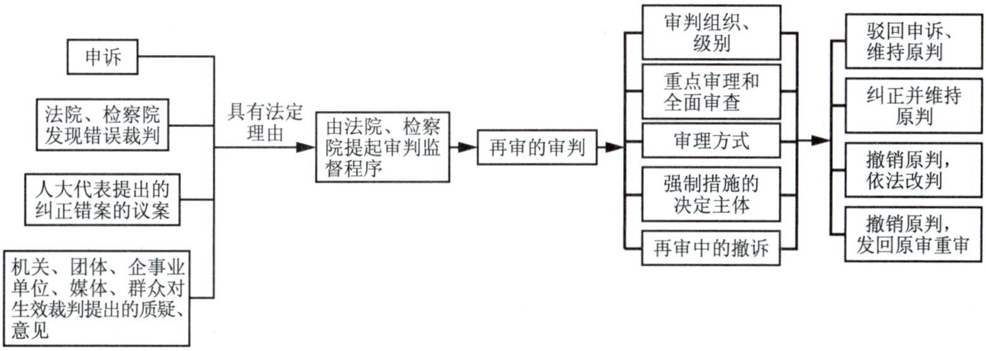

考点一　申诉与申诉的审查处理★

主体★	当事人及其法定代理人、近亲属、案外人；律师可代理申诉（《刑诉法》第252条）[1]
对象★	生效裁判（《刑诉法》第252条）
对申诉的审查处理★	（1）审查处理申诉的主体 ①申诉由**终审人民法院**审查处理 ②二审法院裁定准许撤回上诉的案件，申诉人对一审判决提出申诉的，**可以由一审法院**审查处理 ③上一级法院对未经终审法院审查处理的申诉，可以告知申诉人向终审法院提出申诉，或者直接交终审法院审查处理，并告知申诉人；案件疑难、复杂、重大的，也可以直接审查处理 ④对未经终审法院及其上一级法院审查处理，直接向上级法院申诉的，上级法院**应当**告知申诉人向下级法院提出（《高法解释》第453条） ⑤对死刑案件的申诉，可以由原核准的法院直接审查处理，也可以交由原审法院审查。原审法院应当制作审查报告，提出处理意见，层报原核准的法院审查处理（《高法解释》第455条）

[1] 案外人认为已经发生法律效力的判决、裁定侵害其合法权益，提出申诉的，法院应当审查处理。申诉可以委托律师代为进行。（《高法解释》第451条第2、3款）

续表

对申诉的审查处理★	(2) 两级申诉原则 申诉人对驳回申诉不服的，可以向上一级法院申诉。上一级法院经审查认为申诉不符合法院重新审判的理由的，应当说服申诉人撤回申诉；对仍然坚持申诉的，应当驳回或者通知不予重新审判（《高法解释》第459条） (3) 异地审查 最高人民法院或者上级法院**可以指定终审法院以外的法院**对申诉进行审查。被指定的法院审查后，应当制作审查报告，提出处理意见，**层报最高人民法院或者上级法院审查处理**（《高法解释》第454条） (4) 审查方式 对立案审查的申诉案件，法院**可以听取**当事人和原办案单位的意见，**也可以对原判据以定罪量刑的证据和新的证据进行核实**。必要时，**可以进行听证**（《高法解释》第456条）
法院应当重新审判的法定情形（《刑诉法》第253条、《高法解释》第457条）	(1) 有**新的证据**证明原判决、裁定认定的事实确有错误，**可能影响定罪量刑的** (2) 据以定罪量刑的证据不确实、不充分、依法**应当予以排除**，或者证明案件事实的**主要证据之间存在矛盾**的 (3) **主要事实依据被依法变更或者撤销的** (4) **原判决、裁定适用法律确有错误的** (5) **违反法律规定的诉讼程序，可能影响公正审判的** (6) 审判人员在审理该案件的时候，有贪污受贿、徇私舞弊、枉法裁判行为的
检察院对申诉的受理审查[1]（《高检规则》第593、594条）	(1) 当事人及其法定代理人、近亲属认为法院已经发生法律效力的判决、裁定确有错误，向检察院申诉的，由作出生效判决、裁定的法院的同级检察院依法办理 (2) 当事人及其法定代理人、近亲属直接向上级检察院申诉的，上级检察院可以交由作出生效判决、裁定的法院的同级检察院受理；案情重大、疑难、复杂的，上级检察院可以直接受理 (3) 当事人及其法定代理人、近亲属对法院已经发生法律效力的判决、裁定提出申诉，经检察院复查决定不予抗诉后继续提出申诉的，上一级检察院应当受理 (4) 对不服法院已经发生法律效力的判决、裁定的申诉，经两级检察院办理且省级检察院已经复查的，如果没有新的证据，检察院不再复查，但原审被告人可能被宣告无罪或者判决、裁定有其他重大错误可能的除外

考点二　提起审判监督程序的主体及权限★★★（《刑诉法》第254条）

主体	特别提示
各级人民法院院长和审判委员会	各级法院院长对**本院已经发生法律效力的判决和裁定**，如果发现在认定事实上或者在适用法律上确有错误，必须**提交审判委员会处理**，审判委员会经讨论作出本院再审的决定

[1] 对生效裁判向检察院申诉的程序与向法院申诉的程序类似。

续表

主体	特别提示
最高人民法院和其他上级人民法院	最高人民法院对各级法院的生效裁判提审或指令下级法院再审；上级法院对下级法院的生效裁判提审或指令下级法院再审
最高人民检察院和其他上级人民检察院	(1) 二审中的抗诉：下级检察院向上级法院提起 (2) 再审中的抗诉：上对下，同级抗诉（唯一的例外是，最高人民检察院对最高人民法院的生效裁判在同级之间抗诉） 最高人民检察院对四级法院的生效裁判向最高人民法院抗诉，上级检察院对下级法院的生效裁判向其同级法院抗诉

再审抗诉与二审抗诉比较图

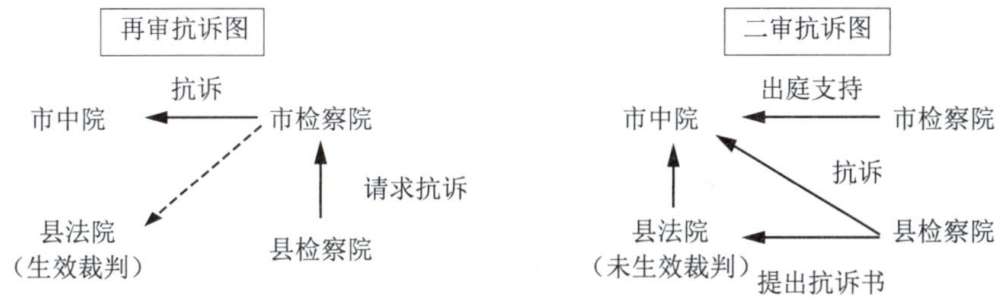

考点三　再审的审理程序及审理后的处理★★★

审判级别[1]	原来是一审，按一审；原来是二审，按二审；提审按二审（《刑诉法》第 256 条第 1 款）
审判组织★	由原审法院审理的，应当另行组成合议庭进行（《刑诉法》第 256 条第 1 款）
制作再审决定书的情形	对决定依照审判监督程序重新审判的案件，法院应当制作**再审决定书**（《高法解释》第 464 条）
再审对原裁判执行的影响★★★	再审期间不停止原判决、裁定的执行，但**被告人可能经再审改判无罪，或者可能经再审减轻原判刑罚而致刑期届满的**，可以**决定**中止原判决、裁定的执行，必要时，可以对被告人采取取保候审、监视居住措施（《刑诉法》第 257 条、《高法解释》第 464 条）
重点审理和全面审查	依照审判监督程序重新审判的案件，法院应当**重点**针对申诉、抗诉和决定再审的理由进行**审理**。**必要时**，应当对原判决、裁定认定的事实、证据和适用法律进行**全面审查**（《高法解释》第 465 条）[2]
指令重审★★★	上级法院指令下级法院再审的，**应当指令原审法院以外的下级法院审理**；由原审法院审理更为适宜的，也**可以指令原审法院审理**（《刑诉法》第 255 条、《高法解释》第 461 条）

〔1〕再审的审判级别（口诀）：“一是一，二是二，只要提审都是二。”
〔2〕【比较】注意与二审和死刑复核程序的区别：二审和死刑复核都应全面审查。

续表

检察院派员出庭	法院开庭审理的再审案件，**同级检察院应当派员出席法庭**（《刑诉法》第 256 条第 2 款）
同案原审被告人的不出庭	开庭审理的再审案件，再审决定书或者抗诉书只针对部分原审被告人，其他同案原审被告人不出庭不影响审理的，**可以不出庭**参加诉讼（《高法解释》第 468 条）
强制措施的决定主体★★★[1]	法院决定再审的案件，需要对被告人采取强制措施的，由**法院决定** 检察院提出抗诉的再审案件，需要对被告人采取强制措施的，由**检察院决定**（《刑诉法》第 257 条第 1 款）
再审不加刑★★	**除人民检察院抗诉的以外**，再审**一般不得**加重原审被告人的刑罚。再审决定书或者抗诉书只针对部分原审被告人的，**不得加重其他同案原审被告人的刑罚**（《高法解释》第 469 条）[2]
审理方式	法院审理下列再审案件，应当依法**开庭审理**（口诀）："一审全部审、二审事实审、抗诉加重审"[3]
重新审判后的处理[4]（《高法解释》第 472 条）	（1）原判决、裁定认定事实和适用法律正确、量刑适当的，应当裁定驳回申诉或者抗诉，维持原判决、裁定 （2）原判决、裁定定罪准确、量刑适当，但在认定事实、适用法律等方面有瑕疵的，应当裁定纠正并维持原判决、裁定 （3）原判决、裁定认定事实没有错误，但适用法律错误，或者量刑不当的，应当撤销原判决、裁定，依法改判 （4）依照第二审程序审理的案件，原判决、裁定事实不清、证据不足的，可以在查清事实后改判，也可以裁定撤销原判，发回原审法院重新审判 原判决、裁定事实不清或者证据不足，经审理事实已经查清的，应当根据查清的事实依法裁判；事实仍无法查清，证据不足，不能认定被告人有罪的，应当撤销原判决、裁定，判决宣告被告人无罪 符合对严重疾病的被告人、死亡的被告人缺席审判条件的，**可以缺席审判**（《高法解释》第 466 条第 3 款）
对被告人姓名等身份信息的更正	原判决、裁定认定被告人姓名等身份信息有误，但认定事实和适用法律正确、量刑适当的，作出生效判决、裁定的法院可以通过**裁定**对有关信息予以更正

练一练

1. 罗某因合同诈骗罪被T市G县法院一审判处3年有期徒刑，罗某上诉，在上诉期满后罗某撤回上诉，T市中级法院裁定准许，罗某对一审判决提出申诉，应当由T市

[1] 再审中强制措施的决定主体（口诀）："谁启动再审，谁决定强制措施。"

[2] A. 检察院抗诉提起再审，法院能加重刑罚；法院主动启动再审，一般不得加重刑罚；B. 针对谁启动再审，就可加重谁的刑罚；未被针对的被告人，不能加重刑罚；C. 再审不加刑有例外，上诉不加刑没有例外。

[3] A. 依照第一审程序审理的；B. 依照第二审程序需要对事实或者证据进行审理的；C. 人民检察院按照审判监督程序提出抗诉的；D. 可能对原审被告人（原审上诉人）加重刑罚的；E. 有其他应当开庭审理情形的。（《关于刑事再审案件开庭审理程序的具体规定（试行）》第 5 条）

[4] 再审重审后的处理方式与二审的处理方式类似。

中级法院审查处理该申诉。[1]

2. 对生效的刑事裁判，当事人必须先向法院申诉，若被驳回，才可以向检察院申诉。[2]

3. 基层检察院无权提起再审抗诉；最高人民检察院无权提起二审抗诉。[3]

4. 在刑事再审期间，法院应当决定中止原判决、裁定的执行。[4]

5. 聂某因强奸罪、故意杀人罪被H省S市中级法院一审判处死缓，聂某未上诉，S市检察院未抗诉，H省检察院认为该案判决事实不清、证据不足，有权对该案的判决向H省高级法院提起再审抗诉，H省高级法院应当制作再审决定书，按照二审程序对该案组成合议庭开庭审理。[5]

6. 张某被D省H市中级法院以故意杀人罪判处无期徒刑，判决生效后，张某向D省高级法院申诉，D省高级法院应当指定H市中级法院以外的法院对申诉进行审查。法院在审查申诉时可以进行听证。[6]

---

〔1〕 答案：错误（该申诉可以由第一审法院即G县法院审查处理，而不是应当由T市中级法院审查处理）。

〔2〕 答案：错误（当事人向法院申诉和向检察院申诉，没有先后顺序）。

〔3〕 答案：正确。

〔4〕 答案：错误（再审期间不停止原判决、裁定的执行，但被告人可能经再审改判无罪，或者可能经再审减轻原判刑罚而致刑期届满的，可以决定中止原判决、裁定的执行）。

〔5〕 答案：错误（H省检察院无权抗诉提起再审，应由最高人民检察院抗诉提起再审）。

〔6〕 答案：错误（D省高级法院可以指定H市中级法院以外的法院对申诉进行审查）。

第十九章 涉外刑事诉讼程序与司法协助制度

追究外国人刑事责任适用我国刑事诉讼法（《刑诉法》第17条）	外国人的范围：**具有外国国籍的人、国籍不明的人、无国籍人** 涉外刑事诉讼中的国籍确认：（《高法解释》第477条） （1）外国人的国籍，**根据其入境时持用的有效证件确认** （2）国籍不明的，**根据公安机关或者有关国家驻华使领馆出具的证明确认** （3）国籍无法查明的，以**无国籍人**对待，适用涉外刑事案件审理程序，在**裁判文书中写明“国籍不明”**
	（1）对于外国人犯罪应当追究刑事责任的，适用我国刑事诉讼法的规定 （2）对于享有外交特权和豁免权的外国人犯罪应当追究刑事责任的，通过**外交途径**解决
涉外刑事诉讼程序的适用范围	【总结】两类：涉及外国人的犯罪案件；需要进行刑事司法协助的案件
涉外刑事案件的通报与通知	（1）涉外刑事案件审判期间，法院应当将下列事项及时**通报同级人民政府外事主管部门**，并依照有关规定**通知有关国家驻华使领馆**： ①法院决定对外国籍被告人采取强制措施的情况 ②开庭的时间、地点、是否公开审理等事项 ③宣判的时间、地点 （2）涉外刑事案件宣判后，应当将处理结果及时**通报同级人民政府外事主管部门** （3）对外国籍被告人执行死刑的，死刑裁决下达后执行前，**应当通知其国籍国驻华使领馆** （4）外国籍被告人在案件审理中死亡的，**应当及时通报同级人民政府外事主管部门，并通知有关国家驻华使领馆** （5）需要向有关国家驻华使领馆通知有关事项的，应当层报高级人民法院，由高级人民法院按照有关规定通知
探视、会见在押的外国籍被告人	（1）法院受理涉外刑事案件后，**应当告知**在押的外国籍被告人享有与其国籍国驻华使领馆联系，与其监护人、近亲属会见、通信，以及请求法院提供翻译的权利 （2）涉外刑事案件审判期间，外国籍被告人在押，**其国籍国驻华使领馆官员要求探视的**，可以向受理案件的法院所在地的**高级法院**提出 （3）涉外刑事案件审判期间，外国籍被告人在押，其监护人、近亲属申请会见的，可以向受理案件的法院所在地的**高级法院**提出，并依照有关规定提供与被告人关系的

续表

探视、会见在押的外国籍被告人	证明。法院经审查**认为不妨碍案件审判的，可以批准** (4) 被告人拒绝接受探视、会见的，**应当由其本人出具书面声明**。拒绝出具书面声明的，应当记录在案；**必要时，应当录音录像**
公开审理	(1) 法院审理涉外刑事案件，应当公开进行，但依法不应公开审理的除外 (2) 公开审理的涉外刑事案件，外国籍当事人国籍国驻华使领馆官员要求旁听的，可以向受理案件的法院所在地的**高级法院**提出申请，法院应当安排 (3) 涉外刑事案件宣判后，外国籍当事人国籍国驻华使领馆要求提供裁判文书的，可以向受理案件的法院所在地的**高级法院**提出，法院可以提供
限制出境和暂缓出境	(1) 对涉外刑事案件的**被告人，可以决定限制出境**；对**开庭审理案件时必须到庭的证人**，可以要求**暂缓**出境。限制外国人出境的，应当通报同级人民政府外事主管部门和当事人国籍国驻华使领馆 (2) 法院决定限制外国人和中国公民出境的，应当书面通知被限制出境的人在**案件审理终结前不得离境**，并可以**采取扣留护照或者其他出入境证件的办法限制其出境**；扣留证件的，应当履行必要手续，并发给本人扣留证件的证明
外国籍当事人委托辩护人和诉讼代理人	(1) 外国籍被告人委托律师辩护，或者外国籍附带民事诉讼原告人、自诉人委托律师代理诉讼的，**应当委托具有中国律师资格并依法取得执业证书的律师** (2) 外国籍被告人在押的，其监护人、近亲属或者其国籍国驻华使领馆可以代为委托辩护人。其监护人、近亲属代为委托的，**应当提供与被告人关系的有效证明**[1] (3) 外国籍被告人没有委托辩护人的，法院**可以**通知法律援助机构为其指派律师提供辩护。被告人拒绝辩护人辩护的，**应当由其出具书面声明，或者将其口头声明记录在案；必要时，应当录音录像**。被告人属于应当提供法律援助情形的，依照《高法解释》第50条规定处理
使用中国通用的语言文字进行诉讼的原则	(1) 法院审判涉外刑事案件，使用我国通用的语言、文字，**应当**为外国籍当事人提供翻译。**翻译人员应当在翻译文件上签名** (2) 法院的诉讼文书为**中文本**。外国籍当事人不通晓中文的，**应当**附有外文译本，译本不加盖人民法院印章，以**中文本**为准 (3) 外国籍当事人通晓中国语言、文字，拒绝他人翻译，或者不需要诉讼文书外文译本的，**应当由其本人出具书面声明。拒绝出具书面声明的，应当记录在案；必要时，应当录音录像**
涉外刑事诉讼中的送达	(1) 涉外刑事诉讼中的送达方式（共七种）：根据国际条约规定的方式、外交途径、使领馆代为送达、向诉讼代理人送达、向外国单位的代表机构或者有权接受送达的分支机构、业务代办人送达、邮寄送达、采用传真、电子邮件等能够确认受送达人收悉的方式送达（《高法解释》第495条） (2) 通过外交途径送达的程序：外国驻华使领馆→我国外交部主管部门→最高人民法院→转有关法院办理

〔1〕外国籍当事人委托其监护人、近亲属担任辩护人、诉讼代理人的，被委托人**应当提供与当事人关系的有效证明**。经审查，符合刑事诉讼法、有关司法解释规定的，法院应当准许。

续表

刑事司法协助原则（《刑诉法》第18条）	渊源	协议、国际条约和互惠原则
	主体	我国的机关（**国家监察委员会、最高人民法院、最高人民检察院、公安部、国家安全部、司法部**）和国外司法机关
	内容	狭义的是指与审判有关的刑事司法协助，包括送达、询问证人和鉴定人、搜查、扣押、有关物品的移交以及提供有关法律资料等；广义的还包括引渡等

练一练

1. 法院对美国人杰克故意杀人案宣判后，应当及时将处理结果通报同级政府外事主管部门，并通知美国驻华使领馆。[1]

2. H市中级法院审理埃及人阿卜杜拉贩毒案期间，阿卜杜拉在押，埃及驻华使馆官员要求探视阿卜杜拉，可以向H市中级法院提出。阿卜杜拉拒绝接受探视的，法院可以不予安排，但应当由阿卜杜拉出具书面或者口头声明。[2]

〔1〕 答案：错误（无须通知美国驻华使领馆）。

〔2〕 答案：错误（阿卜杜拉应出具书面声明）。

第二十章 执 行

考点一 执行机关★★★、交付执行（《刑诉法》第259—261、264、269、271、272条）

法院	（口诀）无罪免刑、要钱要命[1]
监狱	有期徒刑（剩余刑期超过3个月的）、无期徒刑、死刑缓期2年执行判决
未成年犯监狱	未成年犯被判处的刑罚
公安机关	拘役、剥夺政治权利和（剩余刑期在3个月以下的）有期徒刑、驱逐出境
社区矫正机构	管制、宣告缓刑、假释、暂予监外执行（《刑诉法》第269条）
交付执行	同案审理的案件中，部分被告人被判处死刑，对未被判处死刑的同案被告人需要羁押执行刑罚的，应当在其判决、裁定生效后10日内交付执行。但是，该同案被告人参与实施有关死刑之罪的，**应当在复核讯问被判处死刑的被告人后交付执行**（《高法解释》第512条）

考点二 死刑立即执行判决的执行★（《刑诉法》第261—263条）

执行死刑命令的签发	最高人民法院院长签发执行死刑的命令	
执行死刑的主体及期限	（1）执行死刑命令由高级人民法院交付**第一审人民法院**执行 （2）第一审人民法院接到执行死刑命令后，应当在7日内执行 （3）在死缓期间故意犯罪，最高法院核准执行死刑的，由**罪犯服刑地的中级法院**执行	
执行死刑的场所和方法	（1）在刑场或者指定的羁押场所内执行 （2）采用枪决或者注射等方法执行。采用枪决、注射以外的其他方法执行死刑的，应当事先**层报**最高人民法院批准	
停止执行死刑的程序★	停止执行死刑的情形	口诀：同犯到案停死刑，怀孕立功他坏行[2]

[1] 即无罪、免除刑罚、罚金和没收财产及死刑立即执行判决。

[2] A. 罪犯可能有其他犯罪的；B. 共同犯罪的其他犯罪嫌疑人到案，可能影响罪犯量刑的；C. 共同犯罪的其他罪犯被暂停或者停止执行死刑，可能影响罪犯量刑的；D. 罪犯揭发重大犯罪事实或者有其他重大立功表现，可能需要改判的；E. 罪犯怀孕的；F. 判决、裁定可能有影响定罪量刑的其他错误的。

续表

<table>
<tr><td rowspan="6">停止执行死刑的程序★</td><td rowspan="3">停止执行后的审查、审核程序</td><td>下级法院发现的</td><td>（1）下级法院在接到执行死刑命令后、执行前，发现有停止执行死刑的情形的，应当暂停执行，并立即将请求停止执行死刑的报告和相关材料层报最高人民法院
（2）最高人民法院经审查，认为可能影响罪犯定罪量刑的，应当裁定停止执行死刑；认为不影响的，应当决定继续执行死刑</td></tr>
<tr><td>最高法院发现的</td><td>最高人民法院在执行死刑命令签发后、执行前，发现有停止执行死刑的情形的，应当立即裁定停止执行死刑，并将有关材料移交下级法院</td></tr>
<tr><td colspan="2">下级法院接到最高人民法院停止执行死刑的裁定后，应当会同有关部门调查核实停止执行死刑的事由，并及时将调查结果和意见层报最高人民法院审核
注意：最高法院的审查组织——最高人民法院原作出核准死刑判决、裁定的合议庭（必要时，另行组成）</td></tr>
<tr><td rowspan="3">最高法院审核后的处理</td><td colspan="2">（1）应当改判——确认罪犯正在怀孕的</td></tr>
<tr><td colspan="2">（2）应当裁定不予核准死刑，撤销原判，发回重新审判——确认罪犯有其他犯罪，依法应当追诉的；确认原判决、裁定有错误或者罪犯有重大立功表现，需要改判的</td></tr>
<tr><td colspan="2">（3）应当裁定继续执行死刑，并由院长重新签发执行死刑的命令——确认原判决、裁定没有错误，罪犯没有重大立功表现，或者重大立功表现不影响原判决、裁定执行的</td></tr>
</table>

考点三　财产刑和附带民事裁判的执行★★（《刑诉法》第271、272条，《高法解释》第521—532条，《关于刑事裁判涉财产部分执行的若干规定》第5、9—11、13、15条）

<table>
<tr><td>执行主体</td><td colspan="2">（1）第一审法院。被执行财产在外地的，可以委托财产所在地的同级法院执行
（2）对没收财产的判决，必要的时候，法院可以会同公安机关执行</td></tr>
<tr><td rowspan="2">执行时间</td><td>罚金刑</td><td>一次或者分期缴纳。期满不缴纳的，应当强制缴纳。对于不能全部缴纳罚金的，法院在任何时候发现被执行人有可以执行的财产，应当随时追缴；如果由于遭遇不能抗拒的灾祸等原因缴纳确实有困难的，经法院裁定，可以延期缴纳、酌情减少或者免除</td></tr>
<tr><td>没收财产刑</td><td>判决生效后，法院应当立即执行</td></tr>
</table>

续表

执行顺序	总体顺序：先民后刑[1] 被执行人在执行中同时承担刑事责任、民事责任，其财产不足以支付的，按照下列顺序执行：（1）人身损害赔偿中的医疗费用；（2）退赔被害人的损失；（3）其他民事债务；（4）罚金；（5）没收财产 债权人对执行标的依法享有优先受偿权，其主张优先受偿的，法院应当在前述第（1）项规定的医疗费用受偿后，予以支持[2]
没收财产的执行范围	判处没收财产的，应当执行刑事裁判生效时被执行人合法所有的财产。执行没收财产或罚金刑，应当参照被扶养人住所地政府公布的上年度当地居民最低生活费标准，保留被执行人及其所扶养人的生活必需费用
赃款赃物的追缴	（1）对赃款赃物及其收益，法院应当一并追缴。被执行人将赃款赃物投资或者置业，对因此形成的财产及其收益，法院应予追缴 （2）被执行人将赃款赃物与其他合法财产共同投资或者置业，对因此形成的财产中与赃款赃物对应的份额及其收益，法院应予追缴 （3）对于被害人的损失，应按照刑事裁判认定的实际损失予以发还或赔偿
执行措施	（1）刑事审判或者执行中，对于侦查机关已经采取的查封、扣押、冻结，法院应当在期限届满前及时续行查封、扣押、冻结。法院续行查封、扣押、冻结的顺位与侦查机关查封、扣押、冻结的顺位相同 （2）对侦查机关查封、扣押、冻结的财产，法院执行中可以直接裁定处置，无须侦查机关出具解除手续，但裁定中应当指明侦查机关查封、扣押、冻结的事实 （3）刑事裁判涉财产部分的裁判内容，应当明确、具体。涉案财物或者被害人人数较多，不宜在判决主文中详细列明的，可以概括叙明并另附清单
终结执行的情形	（1）据以执行的判决、裁定被撤销的 （2）被执行人死亡或者被执行死刑，且无财产可供执行的 （3）被判处罚金的单位终止，且无财产可供执行的 （4）依照《刑法》第53条规定（由于遭遇不可抗拒的灾祸等原因缴纳确实有困难的）免除罚金的 （5）应当终结执行的其他情形
恶意和善意转让的处理	第三人恶意取得涉案财产的，法院应予追缴；第三人善意取得涉案财物的，不予追缴[3]
涉案财物认定错误的纠正	执行过程中，案外人或被害人认为刑事裁判中对涉案财物是否属于赃款赃物认定错误或者应予认定而未认定，向执行法院提出书面异议，可以通过裁定补正的，执行机构应当将异议材料移送刑事审判部门处理；无法通过裁定补正的，应当告知异议人通过审判监督程序处理

[1] 先履行附带民事赔偿责任，再执行财产刑。

[2] 执行顺序（口诀）：“医（医疗）先（优先受偿权）退（退赔）债（债务）罚（罚金）没（没收财产）”

[3] 被执行人将刑事裁判认定为赃款赃物的涉案财物用于清偿债务、转让或者设置其他权利负担，具有下列情形之一的，法院应予追缴：A. 第三人明知是涉案财物而接受的；B. 第三人无偿或者以明显低于市场的价格取得涉案财物的；C. 第三人通过非法债务清偿或者违法犯罪活动取得涉案财物的；D. 第三人通过其他恶意方式取得涉案财物的。第三人善意取得涉案财物的，执行程序中不予追缴。作为原所有人的被害人对该涉案财物主张权利的，法院应当告知其通过诉讼程序处理。

续表

<table>
<tr><td>执行回转</td><td>财产刑全部或者部分被撤销的，已经执行的财产应当全部或者部分返还被执行人；无法返还的，应当依法赔偿</td></tr>
</table>

考点四　其他刑罚的执行★（注意：限制减刑是不利于被告人的处理——因而“撤销易追加难”）（《关于死刑缓期执行限制减刑案件审理程序若干问题的规定》）

<table>
<tr><td rowspan="6">死缓的执行</td><td>死缓的变更★</td><td colspan="2">被判处死刑缓期 2 年执行的罪犯，在死刑缓期执行期间，三种结果：
（1）故意犯罪，情节恶劣，应当执行死刑的——在判决、裁定发生法律效力后，应当层报最高人民法院核准执行死刑
（2）故意犯罪未执行死刑的——死刑缓期执行的期间重新计算，并报最高人民法院备案。备案不影响判决、裁定的生效和执行。最高人民法院经备案审查，认为原判不予执行死刑错误，确需改判的，应当依照审判监督程序予以纠正
（3）没有故意犯罪的——死刑缓期执行期满，应当予以减刑的，由执行机关提出书面意见，报请高级人民法院裁定（《刑诉法》第 261 条第 2 款）</td></tr>
<tr><td rowspan="5">死缓的限制减刑</td><td>作出时间</td><td>法院根据犯罪情节、人身危险性等情况，可以在作出裁判的同时决定对其限制减刑</td></tr>
<tr><td>死缓案件</td><td>（1）高级人民法院审理或者复核判处死刑缓期执行并限制减刑的案件，认为原判对被告人判处死刑缓期执行适当，但判决限制减刑不当的，应当改判，撤销限制减刑
（2）高级人民法院审理判处死刑缓期执行没有限制减刑的上诉案件，认为原判事实清楚、证据充分，但应当限制减刑的，不得直接改判，也不得发回重新审判。确有必要限制减刑的，应当在第二审判决、裁定生效后，按照审判监督程序重新审判（上诉不加刑）
（3）高级人民法院复核判处死刑缓期执行没有限制减刑的案件，认为应当限制减刑的，不得以提高审级等方式对被告人限制减刑（死缓复核不加刑）</td></tr>
<tr><td>死刑案件</td><td>（1）高级人民法院审理判处死刑的第二审案件，对被告人改判死刑缓期执行的，如果符合《刑法》第 50 条第 2 款的规定，可以同时决定对其限制减刑
（2）高级人民法院复核判处死刑后没有上诉、抗诉的案件，认为应当改判死刑缓期执行并限制减刑的，可以提审或者发回重新审判</td></tr>
<tr><td>宣告方式</td><td>在判决书主文部分单独作为一项予以宣告</td></tr>
<tr><td>救济方式</td><td>可以提出上诉</td></tr>
<tr><td>无罪和免除刑罚的执行</td><td colspan="3">如果被告人在押，在宣判后应当立即释放</td></tr>
</table>

考点五 监外执行★★★（《刑诉法》第265—269条）

适用对象	有期徒刑或者拘役[1]	对于被判处**有期徒刑或者拘役**的罪犯，有下列情形之一的，可以暂予监外执行： （1）有**严重疾病**需要保外就医的（**省级人民政府指定的医院**诊断并开具证明文件） （2）怀孕或者正在哺乳自己婴儿的妇女 （3）生活不能自理，适用暂予监外执行不致危害社会的 对适用保外就医**可能有社会危险性**的罪犯，或者**自伤自残**的罪犯，**不得保外就医**
	无期徒刑	暂予监外执行的法定情形：**怀孕或者正在哺乳自己婴儿的妇女**
适用主体	（1）交付执行前：交付执行的**法院**[2] 罪犯在被交付执行前，因有严重疾病、怀孕或者正在哺乳自己婴儿的妇女、生活不能自理的原因，依法提出暂予监外执行的申请的，有关病情诊断、妊娠检查和生活不能自理的鉴别，由**法院**负责组织进行［《全国人大常委会关于〈刑事诉讼法〉第254条（现第265条）第5款的解释》］ （2）交付执行后：对有期徒刑、无期徒刑的罪犯，监狱提出意见→**省级以上监狱管理机关**批准；对拘役的罪犯，看守所提出意见→**设区的市一级以上公安机关**批准（《刑诉法》第265条）	
收监	情形	（1）发现不符合暂予监外执行条件的 （2）严重违反有关暂予监外执行监督管理规定的 （3）暂予监外执行的情形消失后，罪犯刑期未满的
	决定主体[3]	对于法院决定暂予监外执行的罪犯应当予以收监的，由法院作出决定，将有关的法律文书送达公安机关、监狱或者其他执行机关。法院收监执行决定书，一经作出，立即生效
	收监的程序	（1）法院、公安机关对暂予监外执行的社区矫正对象决定收监执行的，由公安机关立即将社区矫正对象送交监狱或者看守所收监执行 （2）监狱管理机关对暂予监外执行的社区矫正对象决定收监执行的，监狱应当立即将社区矫正对象收监执行（《社区矫正法》第49条第3、4款）
特殊情形的处理	（1）不符合暂予监外执行条件的罪犯**通过贿赂等非法手段**被暂予监外执行的，在监外执行的期间**不计入**执行刑期 （2）罪犯在暂予监外执行期间**脱逃**的，脱逃的期间**不计入**执行刑期[4]	

---

〔1〕有期徒刑和拘役适用监外执行的条件（口诀）："有病、不理、孕婴妇女。"

〔2〕对于被告人可能符合暂予监外执行条件的，被告人及其辩护人有权向法院提出暂予监外执行的申请，看守所可以将有关情况通报法院。法院应当进行审查，并在交付执行前作出是否暂予监外执行的决定。（《六机关规定》第33条）

〔3〕收监的决定主体（口诀）：谁决定监外执行，谁决定收监。

〔4〕对于法院决定暂予监外执行的罪犯具有不计入执行刑期情形的，法院在决定予以收监的同时，应当确定不计入刑期的期间。对于监狱管理机关或者公安机关决定暂予监外执行的罪犯具有上述情形的，罪犯被收监后，所在监狱或者看守所应当及时向所在地的中级法院提出不计入执行刑期的建议书，由法院审核裁定。（《六机关规定》第34条）

续表

特殊情形的处理	被决定收监执行的社区矫正人员在逃的，社区矫正机构**应当立即通知公安机关，由公安机关负责追捕**（《六机关规定》第35条） （3）罪犯在暂予监外执行期间**死亡**的，执行机关**应当及时通知监狱或者看守所**

考点六　社区矫正（《社区矫正法》第9、17、26、27、29、45—48、52、54条）★

要点	内容
对社区矫正对象的电子定位	社区矫正对象有下列情形之一的，经县级司法行政部门负责人批准，可以使用电子定位装置，加强监督管理： （1）违反法院禁止令的 （2）无正当理由，未经批准离开所居住的市、县的 （3）拒不按照规定报告自己的活动情况，被给予警告的 （4）违反监督管理规定，被给予治安管理处罚的 （5）拟提请撤销缓刑、假释或者暂予监外执行收监执行的 前述规定的使用电子定位装置的期限**不得超过3个月**。对于不需要继续使用的，应当及时解除；对于期限届满后，经评估仍有必要继续使用的，经过批准，**期限可以延长，每次不得超过3个月** 社区矫正机构对通过电子定位装置获得的信息应当严格保密，有关信息**只能用于社区矫正工作，不得用于其他用途**（《社区矫正法》第29条）
离开市县、迁居的批准	社区矫正对象**离开所居住的市、县或者迁居，应当报经社区矫正机构批准**（《社区矫正法》第27条第1款）
社区矫正的解除与终止[1]	（1）**解除社区矫正的情形**：社区矫正对象**矫正期满或者被赦免**（《社区矫正法》第44条） （2）**终止社区矫正的情形**：社区矫正对象**被裁定撤销缓刑、假释，被决定收监执行**，或者社区矫正对象**死亡**（《社区矫正法》第45条）
未成年人的社区矫正	社区矫正机构为未成年社区矫正对象确定矫正小组，应当吸收熟悉未成年人身心特点的人员参加。对未成年人的社区矫正，应当与成年人分别进行 未成年社区矫正对象在社区矫正期间年满18周岁的，继续按照未成年人社区矫正有关规定执行
缓刑、假释的撤销	（1）①有漏罪或者新罪：审理案件的法院撤销缓刑、假释 ②其他原因：原审法院或者执行地法院撤销缓刑、假释（《社区矫正法》第46条第2款） （2）被提请撤销缓刑、假释的社区矫正对象可能逃跑或者可能发生社会危险的，**社区矫正机构**可以在提出撤销缓刑、假释建议的同时，**提请法院决定**对其予以**逮捕**（《社区矫正法》第47条第1款） （3）法院拟撤销缓刑、假释的，**应当听取社区矫正对象的申辩及其委托的律师的意见**（《社区矫正法》第48条第2款）

[1] 解除的情形是正常的情形，终止的情形是非正常的情形。

考点七　减刑、假释★★★（《刑诉法》第273、274条，《高法解释》第534、538—541条，《最高人民法院关于减刑、假释案件审理程序的规定》第4、6—8、14—16、21条，《人民检察院办理减刑、假释案件规定》第8、9、11、22条）

减刑、假释的裁定程序	(1) 死缓罪犯的减刑、无期徒刑罪犯的减刑和假释：由罪犯服刑地的高级法院裁定 (2) 有期徒刑（包括减为有期徒刑）罪犯的减刑、假释和拘役、管制罪犯的减刑：由罪犯服刑地的中级法院裁定 (3) 对社区矫正对象的减刑，由社区矫正执行地的**中级以上法院**在收到社区矫正机构减刑建议书后作出裁定
减刑、假释案件的审理	(1) **审理组织**：应当由审判员或者由审判员和人民陪审员组成合议庭进行 (2) **审理方式**：可以开庭审理或者书面审理 应当开庭审理的减刑、假释案件有（口诀）：重大立功报减刑；一般规定不得行；公示期间有意见；职务黑金要开庭[1] (3) 开庭审理的要求： ①法院开庭审理减刑、假释案件，应当通知检察院、执行机关及被报请减刑、假释罪犯参加庭审。法院**开庭审理**减刑、假释案件的，检察院**应当指派检察人员出席法庭，发表检察意见**，并对法庭审理活动是否合法进行监督 ②法院根据需要，可以通知证明罪犯确有悔改表现或者立功、重大立功表现的证人，公示期间提出不同意见的人，以及鉴定人、翻译人员等其他人员参加庭审 ③在减刑、假释案件审理中，罪犯不得聘请律师到庭发表意见。检察院系监督者，其不承担证明责任 ④开庭审理应当在罪犯刑罚**执行场所**或者**法院确定的场所**进行。有条件的法院可以采取**视频**开庭的方式进行 (4) 书面审理的要求： ①法院**书面**审理减刑、假释案件，**可以**就被报请减刑、假释罪犯是否符合减刑、假释条件进行调查核实或听取有关方面意见 ②法院**书面**审理减刑案件，**可以**提讯被报请减刑罪犯；**书面**审理假释案件，**应当**提讯被报请假释罪犯 (5) 审理减刑、假释案件，对罪犯积极履行刑事裁判涉财产部分、附带民事裁判确定的义务的，**可以认定有悔改表现，在减刑、假释时从宽掌握**；对确有履行能力而不履行或者不全部履行的，**在减刑、假释时从严掌握**

练一练

1. 拘役、剥夺政治权利和剩余刑期在1年以下的有期徒刑，由公安机关执行。[2]

---

[1] 下列减刑、假释案件，应当开庭审理：A. 因罪犯有重大立功表现报请减刑的；B. 报请减刑的起始时间、间隔时间或者减刑幅度不符合司法解释一般规定的；C. 被提请减刑、假释罪犯系职务犯罪罪犯，组织、领导、参加、包庇、纵容黑社会性质组织罪犯，破坏金融管理秩序罪犯或者金融诈骗罪犯的；D. 社会影响重大或者社会关注度高的；E. 公示期间收到不同意见的；F. 检察院提出异议的；G. 有必要开庭审理的其他案件。

[2] 答案：错误（剩余刑期在3个月以下而不是1年以下的有期徒刑，由公安机关执行）。

2. 被执行人在执行中同时承担刑事责任、民事责任，其财产不足以支付的，按照下列顺序执行：(1) 人身损害赔偿中的医疗费用；(2) 退赔被害人的损失；(3) 债权人的优先受偿权；(4) 其他民事债务；(5) 没收财产；(6) 罚金。[1]

3. 左某因故意杀人罪被Q省N市中级法院一审判处死缓，左某在Q省M市监狱内执行期间将同监犯人殴打致生活不能自理，经Q省M市中级法院改判为死刑立即执行，最高法院对该案的死刑裁判核准后，应由Q省N市中级法院执行左某的死刑。[2]

4. 米某因故意杀人罪被G省S市中级法院一审判处死刑，米某未上诉，检察院未抗诉，G省高级法院复核该案时，认为米某应改判死刑缓期执行并限制减刑的，G省高级法院应发回S市中级法院重新审判。[3]

5. 龙某因故意杀人罪被判处有期徒刑15年，在服刑期间，身患癌症，法院可以对其决定监外执行。在监外执行期间，龙某依法应当予以收监的，在法院作出决定后，由公安机关依法送交监狱执行刑罚。[4]

6. 王某因集资诈骗罪被某市中级法院判处15年有期徒刑，监狱报请服刑地的中级法院裁定减刑，中级法院应由审判员组成合议庭进行开庭审理，开庭审理时，应通知同级检察院派员出庭。[5]

7. 社区矫正对象矫正期满或者被赦免的，社区矫正终止；社区矫正对象被裁定撤销缓刑、假释，被决定收监执行的，应当解除社区矫正。[6]

---

〔1〕 答案：错误（正确的顺序是：人身损害赔偿中的医疗费用；债权人的优先受偿权；退赔被害人的损失；其他民事债务；罚金；没收财产）。

〔2〕 答案：错误（应由服刑地Q省M市中级法院执行死刑）。

〔3〕 答案：错误（G省高级法院可以提审或者发回S市中级法院重新审判）。

〔4〕 答案：错误（在服刑期间，由省级监狱管理机关批准对龙某监外执行。龙某需要收监的，由监狱管理机关决定后，由监狱立即将龙某收监执行）。

〔5〕 答案：错误（减刑的合议庭可由审判员组成，也可由审判员和人民陪审员组成）。

〔6〕 答案：错误（社区矫正对象矫正期满或者被赦免的，应当解除社区矫正；社区矫正对象被裁定撤销缓刑、假释，被决定收监执行的，社区矫正终止）。

第二十一章 未成年人刑事案件诉讼程序★★★

未成年人案件审判组织审理的案件范围★	(1) 被告人实施被指控的**犯罪时不满18周岁**、**法院立案时不满20周岁**的案件，由**未成年人案件审判组织**审理 下列案件可以由未成年人案件审判组织审理： ①**法院立案时不满22周岁的在校学生犯罪**案件 ②强奸、猥亵、虐待、遗弃未成年人等**侵害未成年人人身权利的犯罪**案件 ③由未成年人案件审判组织审理更为适宜的其他案件 共同犯罪案件有未成年被告人的或者其他涉及未成年人的刑事案件，是否由未成年人案件审判组织审理，由**院长根据实际情况决定** (2) 参加审理未成年人刑事案件的人民陪审员，可以从熟悉未成年人身心特点、关心未成年人保护工作的人民陪审员名单中**随机抽取**确定
优先保护、特殊保护、双向保护	(1) 特殊保护、优先保护是指，应当根据未成年人的身心特点并针对未成年人所享有的特殊权利给予特殊、优先保护，对于确有特殊困难、特殊需求的未成年人，应当予以特殊帮助 (2) 双向保护是指，既要注重保护未成年犯罪嫌疑人、被告人的合法权益，也要注重维护社会利益，使被害人得到平等保护，尤其要注重对未成年被害人的权利维护和帮扶救助
社会调查★★	(1) **公检法**办理未成年人刑事案件，**可以**对未成年犯罪嫌疑人、被告人进行社会**调查** (2) 社会调查的**内容**：成长经历、犯罪原因、监护教育等情况 (3) 社会调查的**主体**：公检法可以自行调查，也可以委托社区矫正机构、共青团、社会组织等调查，辩护人也可以提交反映未成年被告人上述情况的书面材料[1] (4) 社会调查报告的**地位**：可以作为检察院、法院办案和教育的参考 (5) 对未成年被告人情况的调查报告，以及辩护人提交的有关未成年被告人情况的书面材料，法庭应当审查并听取控辩双方意见。法院可以通知作出调查报告的人员出庭说明情况，接受控辩双方和法庭的询问（《高法解释》第575条）

〔1〕开展社会调查应当尊重和保护未成年人隐私，不得向不知情人员泄露未成年犯罪嫌疑人的涉案信息。人民检察院应当对公安机关移送的社会调查报告进行审查。必要时，可以进行补充调查。人民检察院制作的社会调查报告应当随案移送人民法院。（《高检规则》第461条）对检察院移送的关于未成年被告人情况的调查报告，以及辩护人提交的反映未成年被告人上述情况的书面材料，法庭应当接受。（《高法解释》第568条）

续表

法定代理人、其他合适成年人到场★★★	(1) 对于未成年人刑事案件，在讯问和审判时，**应当通知**未成年犯罪嫌疑人、被告人的**法定代理人**到场。无法通知、法定代理人不能到场或者法定代理人是共犯的，也可以通知未成年犯罪嫌疑人、被告人的**其他成年亲属，所在学校、单位、居住地基层组织或者未成年人保护组织的代表**到场，并将有关情况记录在案。到场的法定代理人**可以代为行使未成年犯罪嫌疑人、被告人的诉讼权利，代为行使权利时不得损害未成年犯罪嫌疑人的合法权益**[1] (2) 未成年犯罪嫌疑人**明确拒绝**法定代理人以外的合适成年人到场，且有正当理由的，检察院可以准许，但应当在征求其意见后通知其他合适成年人到场 讯问未成年犯罪嫌疑人应当**保护其人格尊严**（《高检规则》第466条第1款） (3) 到场的法定代理人或者其他人员认为办案人员在讯问、审判中侵犯未成年人合法权益的，**可以提出意见**。讯问笔录、法庭笔录应当交给到场的法定代理人或者其他人员阅读或者向他宣读 (4) 讯问女性未成年犯罪嫌疑人，**应当有女工作人员在场** (5) 询问未成年被害人、证人，适用上述（1）、（3）、（4）的规定（《刑诉法》第281条） (6) 审理未成年人遭受性侵害或者暴力伤害案件，在**询问未成年被害人、证人**时，**应当**采取**同步录音录像**等措施，**尽量一次完成**（《高法解释》第556条第2款）询问未成年被害人、证人，**应当以一次为原则，避免反复询问**（《高检规则》第465条第3、6款）
心理疏导、测评★	(1) 可以心理疏导的对象：检察院针对未成年犯罪嫌疑人、未成年被害人；法院针对**未成年被告人、被害人、证人**（无须同意） (2) 可以心理测评的对象：未成年犯罪嫌疑人、被告人（须经未成年犯罪嫌疑人、被告人及其法定代理人同意）（《高法解释》第569条、《人民检察院办理未成年人刑事案件的规定》第12条第3款） 心理疏导、心理测评可以委托专门机构、专业人员进行。**心理测评报告**可以作为办理案件和教育未成年人的**参考**
强制措施适用	(1) 对被逮捕且没有完成义务教育的未成年被告人，法院应当与教育行政部门互相配合，保证其接受义务教育（《高法解释》第553条第3款） (2) 对被拘留、逮捕和执行刑罚的未成年人与成年人**应当分别关押、分别管理、分别教育**（《刑诉法》第280条） (3) 对于没有固定住所、无法提供保证人的未成年犯罪嫌疑人适用取保候审的，可以指定合适的成年人作为保证人（《高检规则》第463条第3款） 法院对无固定住所、无法提供保证人的未成年被告人适用取保候审的，应当指定合适成年人作为保证人，必要时可以安排取保候审的被告人接受社会观护（《高法解释》第554条）
不公开审理和保密原则★★	参见第十四章“刑事审判概述”的“审判公开原则” **保密原则**要求办理未成年人刑事案件时应当对涉案未成年人的资料予以保密，不得向外界泄露。[2]涉案未成年人既包括犯罪嫌疑人、被告人，也包括被害人、证人等

[1] 到场的法定代理人可以代未成年人行使权利，到场的合适成年人不能代未成年人行使权利。

[2] 审理涉及未成年人的刑事案件，不得向外界披露该未成年人的姓名、住所、照片以及可能推断出该未成年人身份的其他资料。查阅、摘抄、复制的案卷材料，涉及未成年人的，不得公开和传播。（《高法解释》第559条）

续表

审理程序	(1) 审理可能判处5年有期徒刑以下刑罚或者过失犯罪的未成年人刑事案件，可以采取适合未成年人特点的方式设置法庭席位（《高法解释》第571条第2款） (2) **法庭辩论结束后，法庭**可以根据未成年人的生理、心理特点和案件情况，**对未成年被告人进行法治教育**；判决未成年被告人有罪的，宣判后，**应当对未成年被告人进行法治教育**。对未成年被告人进行教育，其法定代理人以外的成年亲属或者教师、辅导员等参与有利于感化、挽救未成年人的，法院应当邀请其参加有关活动。到场的法定代理人或者其他人员，经法庭同意，可以参与对未成年被告人的**法庭教育**等工作 (3) 对分案起诉至同一法院的未成年人与成年人共同犯罪案件，可以由同一个审判组织审理；不宜由同一个审判组织审理的，可以分别审理（《高法解释》第551条）
犯罪记录的封存★★★	(1) **犯罪时不满18周岁**，被判处**5年有期徒刑以下刑罚**以及**免予刑事处罚**的未成年人的犯罪记录，应当封存（《高法解释》第581条） 未成年人犯罪记录，是指**国家专门机关对未成年犯罪人员情况的客观记载**。应当封存的未成年人犯罪记录，包括**侦查、起诉、审判及刑事执行过程中形成的有关未成年人犯罪或者涉嫌犯罪的全部案卷材料与电子档案信息**（新增） **不予刑事处罚、不追究刑事责任、不起诉**[1]**、采取刑事强制措施的记录，以及对涉罪未成年人进行社会调查、帮教考察、心理疏导、司法救助等工作的记录**，按照规定的内容和程序进行封存（《关于未成年人犯罪记录封存的实施办法》第2、3条）（新增） (2) 对在**年满18周岁前后实施数个行为**，构成一罪或者一并处理的数罪，**主要犯罪行为是在年满18岁周岁前实施的**，被判处或者决定执行**5年有期徒刑以下刑罚以及免予刑事处罚的未成年人犯罪记录**，应当对**全案依法予以封存**（新增） (3) 未成年人**因事实不清、证据不足被宣告无罪**的案件，**应当对涉罪记录予以封存；但未成年被告人及其法定代理人申请不予封存或者解除封存的**，经法院同意，**可以不予封存或者解除封存**（新增） (4) 犯罪记录被封存的，不得向任何单位和个人提供，**但司法机关为办案需要或者有关单位根据国家规定进行查询的除外**。依法进行查询的单位，**应当对被封存的犯罪记录的情况予以保密**（《刑诉法》第286条第2款） 对于犯罪记录被封存的未成年人，在**入伍、就业**时**免除犯罪记录的报告义务**（新增） 被封存犯罪记录的未成年人本人或者其法定代理**人申请为其出具无犯罪记录证明**的，受理单位应当在3个工作日内**出具无犯罪记录的证明**（新增） (5) 对被封存犯罪记录的未成年人，符合下列条件之一的，封存机关**应当对其犯罪记录解除封存**：①在未成年时**实施新的犯罪**，且**新罪与封存记录之罪数罪并罚后被决定执行刑罚超过5年有期徒刑的**；②发现未成年时**实施的漏罪**，且**漏罪与封存记录之罪数罪并罚后被决定执行刑罚超过5年有期徒刑的**；③**经审判监督程序改判5年有期徒刑以上刑罚的**（新增）

〔1〕检察院对未成年犯罪嫌疑人作出法定不起诉、酌定不起诉、证据不足不起诉、特别不起诉，应当封存，附条件不起诉不需要封存。

续表

附条件不起诉★★★	意义		附条件不起诉制度是对本应进入刑事诉讼程序的刑事案件转向为非刑事诉讼的方式处置的非司法化，一些国家称之为**转向处置**
	适用条件[1]	实体要件	（1）对于未成年人[2]**涉嫌刑法分则第四章、第五章、第六章规定的犯罪，（2）可能判处一年有期徒刑以下刑罚，（3）犯罪事实清楚，证据确实、充分，符合起诉条件，（4）但有悔罪表现的**，检察院**可以**作出附条件不起诉的决定
		程序要件	（1）检察院在作出附条件不起诉的决定以前，**应当听取公安机关、被害人、未成年犯罪嫌疑人及其法定代理人、辩护人的意见。被害人是未成年人的，还应当听取被害人的法定代理人、诉讼代理人的意见** （2）未成年犯罪嫌疑人及其法定代理人对拟作出附条件不起诉决定提出异议的，检察院应当提起公诉。但是，未成年犯罪嫌疑人及其法定代理人提出无罪辩解，检察院经审查认为无罪辩解理由成立的，应当作出法定不起诉决定 未成年犯罪嫌疑人及其法定代理人对案件作附条件不起诉处理没有异议，仅对所附条件及考验期有异议的，检察院可以依法采纳其合理的意见，对考察的内容、方式、时间等进行调整；其意见不利于对未成年犯罪嫌疑人帮教，检察院不采纳的，应当进行释法说理 检察院作出起诉决定前，未成年犯罪嫌疑人及其法定代理人撤回异议的，检察院可以依法作出附条件不起诉决定（《高检规则》第470条）
	决定程序		（1）公安机关或者被害人对附条件不起诉有异议或争议较大的案件，检察院可以举行不公开听证会 （2）检察院作出附条件不起诉的决定后，应当制作附条件不起诉决定书，并在3日以内送达公安机关、被害人或者其近亲属及其诉讼代理人、未成年犯罪嫌疑人及其法定代理人、辩护人 （3）检察院**应当当面**向未成年犯罪嫌疑人及其法定代理人宣布附条件不起诉决定，告知考验期限、在考验期内应当遵守的规定以及违反规定应负的法律责任，并制作笔录附卷（《高检规则》第471条） （4）未成年犯罪嫌疑人在押的，作出附条件不起诉决定后，检察院应当作出释放或者变更强制措施的决定
	考验期内的监督考察		（1）在附条件不起诉的考验期内，由**检察院**对被附条件不起诉的未成年犯罪嫌疑人进行监督考察。检察院**应当要求未成年犯罪嫌疑人的监护人对未成年犯罪嫌疑人加强管教**，配合检察院做好监督考察工作 **检察院**可以会同**未成年犯罪嫌疑人的监护人、所在学校、单位、居住地的村民委员会、居民委员会、未成年人保护组织等的有关人员**，定期对未成年犯罪嫌疑人进行考察、教育，实施跟踪帮教（《高检规则》第474条）

〔1〕 附条件不起诉的适用条件（口诀）：“四五六章未成年，一年起诉好表现，听取三方的意见。”

〔2〕 此处的未成年犯罪嫌疑人的年龄以犯罪时的年龄为准。

续表

附条件不起诉★★★	考验期内的监督考察	（2）附条件不起诉的**考验期为6个月以上1年以下**，从检察院**作出附条件不起诉的决定之日**起计算。考验期**不计入**案件审查起诉期限。根据未成年犯罪嫌疑人在考验期的表现，可以在法定期限范围内适当缩短或者延长考验期 （3）被附条件不起诉的未成年犯罪嫌疑人，应当遵守下列规定： ①**遵守法律法规，服从监督** ②**按照考察机关的规定报告自己的活动情况** ③**离开所居住的市、县或者迁居，应当报经考察机关批准** ④**按照考察机关的要求接受矫治和教育**[1]（《刑诉法》第283条）
	考验后的处理	（1）被附条件不起诉的未成年犯罪嫌疑人，在考验期内有下列情形之一的，检察院**应当撤销附条件不起诉的决定，提起公诉**：新罪、漏罪、违规严重[2] （2）被附条件不起诉的未成年犯罪嫌疑人，在考验期内没有上述情形，考验期满的，检察院**应当**作出**不起诉**的决定，**考验期满作出不起诉的决定**以前，检察院**应当听取被害人的意见**（《刑诉法》第284条）
	救济途径	（1）对附条件不起诉的决定，**公安机关可以要求复议、提起复核或者被害人可以申诉**，适用《刑诉法》第179条、第180条的规定（《刑诉法》第282条） （2）检察院办理未成年人刑事案件，在**作出附条件不起诉的决定**以及**考验期满作出不起诉的决定**以前，**应当听取被害人的意见**。被害人对检察院对未成年犯罪嫌疑人作出的**附条件不起诉的决定**和**不起诉的决定**，**可以向上一级检察院申诉，不适用**《刑事诉讼法》第180条**关于被害人可以向法院起诉的规定**［《全国人大常委会关于〈刑诉法〉第271条（现第282条）第2款的解释》］
	期限计算	作出附条件不起诉决定的案件，审查起诉期限自检察院作出附条件不起诉决定之日起**中止计算**，自考验期限届满之日起或者检察院作出撤销附条件不起诉决定之日起**恢复计算**

练一练

1. 对未成年犯罪嫌疑人作附条件不起诉决定，须征得未成年犯罪嫌疑人、被害人和公安机关的同意。[3]

2. 是否需要通知法律援助机构为未成年人指定律师辩护是以其实施犯罪行为时的

〔1〕 检察院可以要求被附条件不起诉的未成年犯罪嫌疑人接受下列**矫治和教育**：A. 完成戒瘾治疗、心理辅导或者其他适当的处遇措施。B. 向社区或者公益团体提供公益劳动。C. 不得进入特定场所，与特定的人员会见或者通信，从事特定的活动。D. 向被害人赔偿损失、赔礼道歉等。E. 接受相关教育。F. 遵守其他保护被害人安全以及预防再犯的禁止性规定。（《高检规则》第476条）

〔2〕 A. 实施新的犯罪的。（新罪）

B. 发现决定附条件不起诉以前还有其他犯罪需要追诉的。（漏罪）

C. 违反治安管理规定，造成严重后果，或者多次违反治安管理规定的。（违规严重）

D. 违反有关附条件不起诉的监督管理规定，造成严重后果，或者多次违反有关附条件不起诉的监督管理规定的。（违规严重）（《高检规则》第479条）

〔3〕 答案：错误（对未成年犯罪嫌疑人作附条件不起诉决定，须征得未成年犯罪嫌疑人的同意，无须征得被害人和公安机关的同意）。

年龄为标准。[1]

3. 检察院对涉嫌寻衅滋事罪的未成年人小天作出附条件不起诉决定，在考察期间检察院可对其同时适用取保候审，要求小天不得进入特定场所。[2]

4. 张某（17周岁）故意伤害李某（19周岁）案中，检察院对张某作出不起诉决定，李某不服该不起诉决定，只能向上一级检察院申诉，不能向法院提起自诉。[3]

5. 小明涉嫌盗窃，检察院对小明拟作出附条件不起诉决定，但小明对考验期提出异议，检察院应当对小明提起公诉。[4]

6. 被告人未满16周岁的，不能适用速裁程序审理，也不能适用简易程序审理。[5]

7. 小凤（17周岁）抢劫小帆（14周岁）一案，检察院审查起诉时，原则上对小凤只能讯问一次，对小帆只能询问一次。[6]

8. 法院立案时不满22周岁的在校学生犯罪案件、性侵未成年人的犯罪案件，均应由未成年人案件审判组织审理。[7]

---

〔1〕答案：错误（应以到案和审判时的年龄为标准）。

〔2〕答案：正确。

〔3〕答案：错误（李某可向法院提起自诉）。

〔4〕答案：错误（若小明对附条件不起诉决定没有异议，只是对考验期提出异议，检察院可以采纳其合理意见，对考验期进行调整）。

〔5〕答案：错误（可以适用简易程序审理，但不能适用速裁程序审理）。

〔6〕答案：错误（检察院对小帆的询问应以一次为原则，但对小凤的讯问无次数限制）。

〔7〕答案：错误（不是“应”而是“可以”由未成年人案件审判组织审理）。

第二十二章 当事人和解的公诉案件诉讼程序★

适用条件[1] ★★★ （《刑诉法》第 288 条）	正面条件		下列公诉案件，犯罪嫌疑人、被告人真诚悔罪，通过向被害人赔偿损失、赔礼道歉等方式获得被害人谅解，被害人自愿和解的，双方当事人可以和解： （1）因民间纠纷[2]引起，涉嫌刑法分则第四章、第五章规定的犯罪案件，可能判处3 年有期徒刑以下刑罚的 （2）除渎职犯罪以外的可能判处 7 年有期徒刑以下刑罚的过失犯罪案件
	禁止性条件		犯罪嫌疑人、被告人在5 年以内曾经故意犯罪的，不适用当事人和解程序（《刑诉法》第 288 条） 无论该故意犯罪是否已经追究，均应当认定为 5 年以内曾经故意犯罪（《高检规则》第 492 条）
达成和解的主体	和解或代为和解	被害方	（1）死亡的：近亲属和解。近亲属有多人的，达成和解协议，应当经处于最先继承顺序的所有近亲属同意 （2）无行为能力或者限制行为能力人的：法定代理人、近亲属代为和解
		被告方	（1）限制行为能力人的：法定代理人代为和解 （2）在押的：经犯罪嫌疑人同意，其法定代理人、近亲属可以代为和解
	自行和解和促成和解		（1）双方当事人可以自行达成和解，也可以经人民调解委员会、村民委员会、居民委员会、当事人所在单位或者同事、亲友等组织或者个人调解后达成和解 检察院对于符合刑事和解条件的公诉案件，可以建议当事人进行和解，并告知相应的权利义务，必要时可以提供法律咨询（《高检规则》第 496 条） （2）对符合刑事和解条件的公诉案件，事实清楚、证据充分的，法院应当告知当事人可以自行和解；当事人提出申请的，法院可以主持双方当事人协商以达成和解 根据案件情况，法院可以邀请人民调解员、辩护人、诉讼代理人、当事人亲友等参与促成双方当事人和解（《高法解释》第 587 条）

〔1〕 当事人和解的公诉案件诉讼程序的适用条件（口诀）："民间纠纷四五三，七年以下过失犯，五年故意渎职难。"

〔2〕 有下列情形之一的，不属于因民间纠纷引起的犯罪案件：A. 雇凶伤害他人的；B. 涉及黑社会性质组织犯罪的；C. 涉及寻衅滋事的；D. 涉及聚众斗殴的；E. 多次故意伤害他人身体的；F. 其他不宜和解的。（《公安部规定》第 334 条）

续表

和解的对象	双方当事人可以就赔偿损失、赔礼道歉等**民事责任事项**进行**和解**，并且**可以就被害人及其法定代理人或者近亲属是否要求或者同意公安机关、检察院、法院对犯罪嫌疑人依法从宽处理进行协商，但不得对案件的事实认定、证据采信、法律适用和定罪量刑等**依法属于公安机关、检察院、法院**职权范围**的事宜进行协商（《高检规则》第495条）★
审查程序	双方当事人和解的，（1）公检法**应当**听取当事人和其他有关人员的意见，（2）对和解的**自愿性、合法性**进行审查，（3）并**主持制作和解协议书**（《刑诉法》第289条）
和解协议书[1]	检察院制作的和解协议书**应当**由**双方当事人**签字，**可以写明和解协议书系在检察院主持下制作**。检察人员不在当事人和解协议书上签字，也不加盖检察院印章（《高检规则》第498条）
	法院制作的和解协议书应当**由双方当事人和审判人员签名**，**但不加盖人民法院印章** 对和解协议中的赔偿损失内容，双方当事人要求保密的，**法院应当准许，并采取相应的保密措施**（《高法解释》第592条第2、4款）[2]
和解的履行	（1）和解协议书约定的赔偿损失内容，应当在双方签署协议后**立即履行**，**至迟在检察院作出从宽处理决定前履行**。确实难以一次性履行的，在提供有效担保并且被害人同意的情况下，**也可以分期履行**（《高检规则》第499条）
	（2）在审判阶段，和解协议约定的赔偿损失内容，被告人应当在协议签署后**即时**履行（《高法解释》第593条第1款）★
	（3）公安机关主持制作的和解协议**应当及时**履行（《公安部规定》第337条第2款）
对提起附带民事诉讼的处理	（1）双方当事人在侦查、审查起诉期间已经达成和解协议并全部履行，被害人或者其法定代理人、近亲属又提起附带民事诉讼的，**法院不予受理，但有证据证明和解违反自愿、合法原则的除外**（《高法解释》第594条） （2）被害人或者其法定代理人、近亲属提起附带民事诉讼后，**双方愿意和解，但被告人不能即时履行全部赔偿义务的，法院应当制作附带民事调解书**（《高法解释》第595条）
和解的反悔	（1）当事人在不起诉决定作出之前反悔的，**可以另行达成和解。不能另行达成和解的，检察院应当依法作出起诉或者不起诉决定** 当事人在不起诉决定作出之后反悔的，**检察院不撤销原决定，但有证据证明和解违反自愿、合法原则的除外**（《高检规则》第503条第2、3款）
	（2）和解协议已经全部履行，当事人反悔的，法院不予支持，**但有证据证明和解违反自愿、合法原则的除外**（《高法解释》第593条第2款）

---

[1] 达成和解的，公安机关应当主持制作和解协议书，并由双方当事人及其他参加人员签名。当事人中有未成年人的，未成年当事人的法定代理人或者其他成年亲属应当在场。（《公安部规定》第336条）

[2] 对公安机关、检察院主持制作的和解协议书，**当事人提出异议的，法院应当审查。经审查，和解自愿、合法的，予以确认，无须重新制作和解协议书；和解违反自愿、合法原则的，应当认定无效**。和解协议被认定无效后，双方当事人重新达成和解的，**法院应当主持制作新的和解协议书**。（《高法解释》第590条）

审判期间，双方当事人和解的，法院应当**听取当事人及其法定代理人等有关人员的意见**。双方当事人在庭外达成和解的，法院应当**通知检察院，并听取其意见**。经审查，和解自愿、合法的，**应当主持制作和解协议书**。（《高法解释》第591条）

续表

和解的无效[1]	犯罪嫌疑人或者其亲友等以**暴力、威胁、欺骗**或者其他非法方法**强迫、引诱**被害人和解，或者**在协议履行完毕之后威胁、报复被害人**的，应当认定**和解协议无效**。已经作出不批准逮捕或者不起诉决定的，检察院根据案件情况**可以撤销原决定，对犯罪嫌疑人批准逮捕或者提起公诉**（《高检规则》第504条）
和解后的处理 ★★★	（1）**公安机关可以向检察院提出从宽处理的建议** （2）**检察院可以向法院提出从宽处罚的建议**；对于犯罪情节轻微，不需要判处刑罚的，**可以作出不起诉的决定** （3）法院可以依法对被告人**从宽处罚**（《刑诉法》第290条） 对达成和解协议的案件，法院**应当对被告人从轻处罚；符合非监禁刑适用条件的，应当适用非监禁刑；判处法定最低刑仍然过重的，可以减轻处罚；综合全案认为犯罪情节轻微不需要判处刑罚的，可以免予刑事处罚** 共同犯罪案件，部分被告人与被害人达成和解协议的，**可以依法对该部分被告人从宽处罚，但应当注意全案的量刑平衡**（《高法解释》第596条）

练一练

1. 未成年人小明涉嫌与邻校同学聚众斗殴，可能判处二年有期徒刑，小明曾因过失致人重伤被判一年有期徒刑，该案可适用刑事和解程序，小明的父亲可以代为与被害人进行和解。[2]

2. 齐某故意伤害林某案，检察院审查起诉时，适用刑事和解程序，齐某和林某可以就民事赔偿数额进行和解，也可对该案的事实认定、证据采信、法律适用和定罪量刑进行协商。[3]

3. 刑事和解协议能够即时履行完毕的，法院可不制作和解协议书。[4]

4. 当事人达成和解的案件，公安机关可以撤销案件，也可以向检察院提出从宽处罚的建议。[5]

5. 张某因交通肇事致李某死亡，李某的近亲属有多人，达成和解协议，应当经同一继承顺序的所有近亲属同意。[6]

---

[1] 和解不具有自愿性、合法性的，应当认定无效。

[2] 答案：错误（聚众斗殴不是民间纠纷引起的犯罪，不可适用刑事和解程序）。

[3] 答案：错误（对该案的事实认定、证据采信、法律适用和定罪量刑不得协商）。

[4] 答案：错误（即使刑事和解协议能即时履行完毕，法院也应制作和解协议书）。

[5] 答案：错误（当事人达成和解的案件，公安机关不能撤销案件）。

[6] 答案：错误（应当经处于最先继承顺序的所有近亲属同意）。

第二十三章 缺席审判程序[1] ★★★

（《刑诉法》第 291—297 条、《高法解释》第 598—608 条）

对境外被告人缺席的案件的办理程序	适用条件★★★	（1）**贪污贿赂犯罪**案件，以及需要及时进行审判，经**最高人民检察院核准**的**严重危害国家安全犯罪、恐怖活动犯罪**案件 （2）犯罪嫌疑人、被告人在境外 （3）监察机关、公安机关移送起诉，检察院认为犯罪事实已经查清，证据确实、充分，依法应当追究刑事责任的，可以向法院提起公诉 （4）法院进行审查后，对于起诉书中有明确的指控犯罪事实，符合缺席审判程序适用条件的，应当决定开庭审判
	到案后的重新审查	（1）审查起诉期间，犯罪嫌疑人自动投案或者被抓获的，检察院**应当重新审查** 对严重危害国家安全犯罪、恐怖活动犯罪案件报请**核准期间**，犯罪嫌疑人自动投案或者被抓获的，报请核准的检察院**应当及时撤回报请，重新审查案件**（《高检规则》第 509 条） （2）**提起公诉后被告人到案**，法院**拟重新审理**的，检察院**应当商法院将案件撤回并重新审查**（《高检规则》第 510 条）
	对检察院起诉的庭前审查后的处理	**不属于可以适用缺席审判程序的案件范围、不属于本院管辖或者不符合缺席审判程序的其他适用条件**的，**应当退回检察院**（《高法解释》第 599 条）
	审理组织和管辖法院★	对在境外的犯罪嫌疑人、被告人的缺席审判，由**犯罪地、被告人离境前居住地或者最高人民法院指定的中级法院**组成合议庭进行审理
	送达★	法院应当通过有关国际条约规定的或者外交途径提出的司法协助方式，或者被告人所在地法律允许的其他方式，将传票和检察院的起诉书副本送达被告人，传票应当载明被告人到案期限以及不按要求到案的法律后果等事项；应当将**起诉书副本**送达**被告人近亲属**，告知其有权代为委托辩护人，并通知其敦促被告人归案。传票和起诉书副本送达后，被告人未按要求到案的，法院应当开庭审理，依法作出判决，并对违法所得及其他涉案财产作出处理

〔1〕 缺席审判的条件（口诀）：“贪贿国恐外逃犯，死亡有病缺席判”。

续表

<table>
<tr><td rowspan="6">对境外被告人缺席的案件的办理程序</td><td>委托或者指定辩护人★★</td><td colspan="3">(1) 法院缺席审判案件，被告人有权委托或者由近亲属代为委托一至二名辩护人。委托律师担任辩护人的，应当委托具有中华人民共和国律师资格并依法取得执业证书的律师；在境外委托的，应当依照有关规定对授权委托进行公证、认证
(2) 被告人及其近亲属没有委托辩护人的，法院应当通知法律援助机构指派律师为其提供辩护</td></tr>
<tr><td>被告人的近亲属参加诉讼★★</td><td colspan="3">(1) 被告人的近亲属申请参加诉讼的，应当在收到起诉书副本后、第一审开庭前提出，并提供与被告人关系的证明材料。有多名近亲属的，应当推选一至二人参加诉讼
(2) 被告人的近亲属参加诉讼的，可以发表意见，出示证据，申请法庭通知证人、鉴定人等出庭，进行辩论</td></tr>
<tr><td>裁判方式</td><td colspan="3">(1) 法院对境外被告人缺席审理后，作出有罪判决的，应当达到证据确实、充分的证明标准
(2) 经审理认定的罪名不属于对境外被告人缺席审理适用的罪名的，应当终止审理。适用缺席审判程序审理案件，可以对违法所得及其他涉案财产一并作出处理</td></tr>
<tr><td rowspan="3">缺席判决的救济程序★★★</td><td>上诉和抗诉</td><td colspan="2">(1) 法院应当将判决书送达被告人及其近亲属、辩护人
被告人或者其近亲属不服判决的，有权向上一级法院上诉。辩护人经被告人或者其近亲属同意，可以提出上诉
(2) 检察院认为法院的判决确有错误的，应当向上一级法院提出抗诉</td></tr>
<tr><td rowspan="2">重新审理</td><td>审理中到案后的重新审理</td><td>在审理过程中，被告人自动投案或者被抓获的，法院应当重新审理</td></tr>
<tr><td>生效后提出异议的重新审理</td><td>罪犯在判决、裁定发生法律效力后到案的，法院应当将罪犯交付执行刑罚。交付执行刑罚前，法院应当告知罪犯有权对判决、裁定提出异议。罪犯对判决、裁定提出异议的，法院应当重新审理。依照生效判决、裁定对罪犯的财产进行的处理确有错误的，应当予以返还、赔偿</td></tr>
<tr><td>对患有严重疾病的被告人的缺席审判</td><td colspan="4">因被告人患有严重疾病导致缺乏受审能力，无法出庭受审，中止审理超过六个月，被告人仍无法出庭，被告人及其法定代理人、近亲属申请或者同意恢复审理的，法院可以在被告人不出庭的情况下缺席审理，依法作出判决
符合上述情形，被告人无法表达意愿的，其法定代理人、近亲属可以代为申请或者同意恢复审理（《高法解释》第605条）</td></tr>
</table>

续表

对死亡被告人的缺席审判	(1) 法院受理案件后被告人**死亡**的，应当裁定**终止审理**；但有**证据证明被告人无罪，经缺席审理确认无罪**的，应当**判决宣告被告人无罪**。此处的“有证据证明被告人无罪，经缺席审理确认无罪”，包括**案件事实清楚，证据确实、充分，依据法律认定被告人无罪的情形，以及证据不足，不能认定被告人有罪**的情形（《高法解释》第606条） (2) 法院按照**审判监督程序重新审判**的案件，被告人**死亡**的，**可以缺席审理。有证据证明被告人无罪，经缺席审理确认被告人无罪**的，应当**判决宣告被告人无罪**；虽然**构成犯罪，但原判量刑畸重**的，应当**依法作出判决**（《高法解释》第607条）

练一练

1. 潜逃新西兰的朱某涉嫌受贿，数额巨大，经过最高人民检察院核准，才可对其缺席审判。[1]

2. 秦某强奸案审理中，秦某因病死亡，该案证据显示犯罪事实系秦某所为，法院对秦某缺席审判。[2]

3. 潜逃美国的董某涉嫌贪污一案，法院对董某缺席审判之前，将起诉书副本和传票送达到了董某的近亲属的住址，即视为送达完成。[3]

4. 在境外的犯罪嫌疑人、被告人缺席的案件审查起诉和审判阶段，犯罪嫌疑人、被告人及其近亲属没有委托辩护人的，检察院、法院应当通知法律援助机构指派律师为其提供辩护。[4]

5. 罪犯在缺席判决发生法律效力后到案，对缺席判决提出异议的，法院应当按照审判监督程序重新审理。[5]

6. 潜逃新西兰的宋某涉嫌挪用公款一案，法院作出缺席判决后，宋某的父亲和辩护人均需宋某同意后，才可提出上诉。[6]

7. 被告人的近亲属参加对境外的被告人的缺席审判程序的，被告人的近亲属可参加法庭辩论，进行最后陈述。[7]

8. 郎某涉嫌贪污罪，潜逃新西兰，M市检察院对郎某提起公诉，M市中级法院在庭前审查阶段和开庭审理后，认为郎某构成职务侵占罪，均应终止审理。[8]

---

〔1〕 答案：错误（无须最高人民检察院核准）。

〔2〕 答案：错误（该情形下，不可缺席审判，只能终止审理）。

〔3〕 答案：错误（应向被告人送达）。

〔4〕 答案：错误（只要求法院通知法律援助机构为境外的缺席被告人指派律师辩护，对检察院无此要求）。

〔5〕 答案：错误（法院应当按照正常的审理程序而不是审判监督程序重新审理）。

〔6〕 答案：错误（宋某的父亲作为其近亲属，无须宋某同意，即可上诉）。

〔7〕 答案：错误（被告人的近亲属无权进行最后陈述）。

〔8〕 答案：错误（在庭前审查阶段，应退回检察院）。

第二十四章 犯罪嫌疑人、被告人逃匿、死亡案件违法所得的没收程序★★

违法所得没收程序的流程

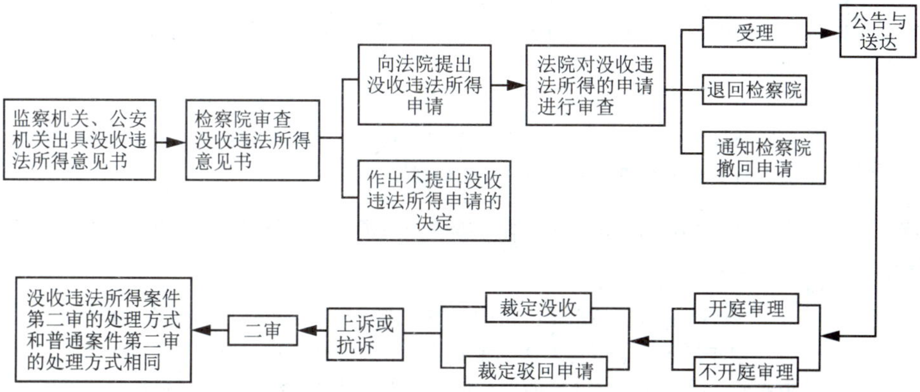

适用条件 ★★	(1) 依照刑法规定应当追缴违法所得及其他涉案财产，且符合下列情形之一的，检察院可以向法院提出没收违法所得的申请： ①犯罪嫌疑人、被告人实施了**贪污贿赂犯罪、恐怖活动犯罪等重大犯罪**后**逃匿**，在通缉一年后不能到案的[1] A. 上述“贪污贿赂犯罪、恐怖活动犯罪等”犯罪案件，是指下列案件： a. **贪污贿赂、失职渎职**等职务犯罪案件 b. 刑法分则第二章规定的相关**恐怖活动犯罪**案件，以及**恐怖活动组织、恐怖活动人员实施的杀人、爆炸、绑架等犯罪**案件 c. **危害国家安全、走私、洗钱、金融诈骗、黑社会性质组织、毒品犯罪**案件 d. **电信诈骗、网络诈骗犯罪**案件 B. **“重大”**是指在省、自治区、直辖市或者全国范围内具有较大影响，或者犯罪嫌疑人、被告人逃匿境外的 ②**犯罪嫌疑人、被告人死亡的**[2]

---

〔1〕“逃匿”是指犯罪嫌疑人、被告人为逃避侦查和刑事追究潜逃、隐匿，或者在刑事诉讼过程中脱逃的。（从客观和主观两个方面）拟制“逃匿”的情形：犯罪嫌疑人、被告人因意外事故下落不明满二年，或者因意外事故下落不明，经有关机关证明其不可能生存的，依照“逃匿”的规定处理。“通缉”是指公安机关发布通缉令或者公安部通过国际刑警组织发布红色国际通报（红通）。（这就意味着“网上追逃”“内部通报”等措施不属于“通缉”的范围）

〔2〕包括单位实施《刑事诉讼法》第280条（现第298条）第1款规定的“犯罪案件”后被撤销、注销，单位直接负责的主管人员和其他直接责任人员逃匿、死亡，导致案件无法适用刑事诉讼普通程序进行审理的情形。

续表

适用条件★★	(2)“违法所得”包括通过实施犯罪直接或者间接产生、获得的任何财产；违法所得部分或者全部转变、转化后的其他财产；来自违法所得转变、转化后的财产收益，或者来自已经与违法所得相混合财产中违法所得相应部分的收益（《高检规则》第515条）[1]
违法所得没收的运行程序	公安机关或监察机关提出没收意见→检察院审查后提出没收申请或作出不提出没收申请的决定→法院审理后作出没收裁定或驳回没收申请的裁定
检察院对没收意见的审查处理	(1) 对于监察机关或者公安机关移送的没收违法所得案件，经审查认为不符合没收违法所得程序适用条件的，**应当作出不提出没收违法所得申请的决定，并向监察机关或者公安机关书面说明理由；认为需要补充证据的，应当书面要求监察机关或者公安机关补充证据，必要时也可以自行调查** 监察机关或者公安机关补充证据的时间**不计入**检察院办案期限（《高检规则》第523条） (2) 在审查监察机关或者公安机关移送的没收违法所得意见书的过程中，在逃的犯罪嫌疑人、被告人自动投案或者被抓获的，检察院**应当终止审查，并将案卷退回监察机关或者公安机关处理**（《高检规则》第526条）
管辖法院、审理组织★	没收违法所得的申请，由**犯罪地或者犯罪嫌疑人、被告人居住地**的**中级人民法院**组成**合议庭**进行审理（不可以采用独任制审理）
法院对没收违法所得申请的审查处理	对于没收违法所得的申请，法院应当在审查完毕后根据以下情形分别处理： (1) 属于没收违法所得申请受案范围和本院管辖，且材料齐全、**有证据证明有犯罪事实的**，应当受理（此处的“有证据证明有犯罪事实”与一般逮捕的证据要件相同） (2) 不属于没收违法所得申请受案范围或者本院管辖的，应当退回检察院 (3) 对于没收违法所得申请不符合“有证据证明有犯罪事实”标准要求的，应当通知检察院撤回申请，检察院应当撤回 (4) 材料不全的，应当通知检察院在7日内补送，7日内不能补送的，应当退回检察院
公告★★	法院受理没收违法所得的申请后，应当发布公告，公告期为6个月。公告期间不适用中止、中断、延长的规定
申请参加诉讼	(1) **犯罪嫌疑人、被告人的近亲属和其他利害关系人**有权申请参加诉讼，也**可以委托诉讼代理人**参加诉讼（《刑诉法》第299条第2款）★ (2) 利害关系人在公告期满后申请参加诉讼，能够合理说明理由的，法院应当准许[2]

[1] “违法所得”的本质特征是其来源非法；“其他涉案财产”的本质特征是其用途（持有）违法。

[2] 利害关系人可以委托诉讼代理人参加诉讼。委托**律师**担任诉讼代理人的，应当委托具有中华人民共和国律师资格并依法取得执业证书的律师；**在境外委托的**，应当根据《高法解释》第486条的规定**对授权委托进行公证、认证**。

犯罪嫌疑人、被告人逃匿境外，委托诉讼代理人申请参加诉讼，且违法所得或者其他涉案财产所在地国（区）主管机关明确提出意见予以支持的，法院可以准许。法院准许参加诉讼的，犯罪嫌疑人、被告人的诉讼代理人依照关于利害关系人的诉讼代理人的规定行使诉讼权利。

续表

审理程序 ★★	(1) 法院在公告期满后由合议庭对没收违法所得申请案件进行审理 (2) 利害关系人申请参加或者委托诉讼代理人参加诉讼的，应当开庭审理。没有利害关系人申请参加诉讼的，或者利害关系人及其诉讼代理人无正当理由拒不到庭的，可以不开庭审理[1] (3) 法院对没收违法所得申请案件开庭审理的，检察院应当派员出席 (4) 出庭的检察人员应当宣读没收违法所得申请书，并在法庭调查阶段就申请没收的财产属于违法所得及其他涉案财产等相关事实出示、宣读证据（注意：此处不涉及对犯罪事实的相关证据的出示、宣读）[2]
举证责任和证明标准 ★★	(1) 法院对没收违法所得的申请进行审理，检察院**应当承担举证责任**（《高检规则》第529条） (2) 申请没收的财产**具有高度可能**属于违法所得及其他涉案财产的，应当认定为"申请没收的财产属于违法所得及其他涉案财产"[3]（注意：此处借鉴了民诉中的"优势证据"的证明标准，比普通刑事案件的证明标准要低）
处理方式	法院经审理认为，申请没收的财产属于违法所得及其他涉案财产的，除依法应当返还被害人的以外，应当裁定予以没收；申请没收的财产不属于违法所得或者其他涉案财产的，应当裁定驳回申请，解除查封、扣押、冻结措施
	在审理申请没收违法所得的案件过程中，在逃的犯罪嫌疑人、被告人到案的，法院应当裁定**终止审理**。**检察院向原受理申请的法院提起公诉的，可以由同一审判组织审理**（《高法解释》第625条）★ 在审理案件过程中，在逃的犯罪嫌疑人、被告人自动投案或者被抓获，法院按照《刑事诉讼法》第301条第1款的规定**终止审理**的，**检察院应当将案卷退回监察机关或者公安机关处理**（《高检规则》第532条）
审理过程中启动违法所得没收程序	在审理案件过程中，被告人脱逃或者死亡，符合《刑事诉讼法》第298条第1款规定的，**检察院可以向法院提出没收违法所得的申请**；符合《刑事诉讼法》第291条第1款规定的，检察院可以按照缺席审判程序向法院提起公诉。检察院向原受理案件的法院提出没收违法所得申请的，**可以由同一审判组织审理**（《高法解释》第626条）★
救济方式 ★★	对没收违法所得或者驳回申请的裁定，犯罪嫌疑人、被告人的近亲属和其他利害关系人或者检察院可以在**5日内**提出上诉、抗诉。检察院还可以针对按照违法所得没收程序所作的生效裁定提出再审抗诉（《高法解释》第622条、《六机关规定》第39条、《高检规则》第531条）

---

〔1〕违法所得没收案件的审理方式（口诀）：人来了，就开庭，人不来，可不开庭。

〔2〕对于确有必要出示但可能妨碍正在或者即将进行的刑事侦查的证据，针对该证据的法庭调查不公开进行。

利害关系人及其诉讼代理人对申请没收的财产属于违法所得及其他涉案财产等相关事实及证据有异议的，可以提出意见；对申请没收的财产主张权利的，应当出示相关证据。

〔3〕巨额财产来源不明犯罪案件中，没有利害关系人对违法所得及其他涉案财产主张权利，或者利害关系人对违法所得及其他涉案财产虽然主张权利但提供的相关证据没有达到相应证明标准的，应当视为"申请没收的财产属于违法所得及其他涉案财产"。

续表

二审程序★	(1) **审理方式**：检察院、利害关系人对第一审裁定认定的事实、证据没有争议的，第二审法院可以不开庭审理 (2) **审查范围**：第二审法院应当就上诉、抗诉请求的有关事实和适用法律进行审查 (3) **处理方式**：与普通案件第二审的处理方式相同 (4) 利害关系人**非因故意或者重大过失**在第一审期间未参加诉讼，在第二审期间申请参加诉讼的，法院应当准许，并撤销原裁定，发回原审法院重新审判
犯罪嫌疑人、被告人到案并对没收裁定提出异议的处理	没收违法所得裁定生效后，犯罪嫌疑人、被告人到案并对没收裁定提出异议，检察院向原作出裁定的法院提起公诉的，**可以由同一审判组织审理** 法院经审理，应当按照下列情形分别处理： (1) 原裁定**正确**的，**予以维持，不再对涉案财产作出判决** (2) 原裁定确有**错误**的，**应当撤销原裁定，并在判决中对有关涉案财产一并作出处理** 法院生效的没收裁定确有错误的，**除第一款规定的情形外，应当依照审判监督程序予以纠正**（《高法解释》第628条）

练一练

1. 法院在审理案件过程中，被告人死亡的，若符合违法所得没收程序适用的条件，法院可主动启动违法所得没收程序。[1]

2. 对没收违法所得的申请，可以由犯罪地或者财产所在地的中级法院组成合议庭进行审理。[2]

3. 法院对没收违法所得的申请进行审理，检察院和利害关系人分别对其主张承担举证责任。[3]

4. 法院对没收违法所得的申请进行审理时，应当进行公告和送达。[4]

5. 在对没收违法所得的申请庭前审查和审理中，对犯罪事实和违法所得、涉案财产的证明均应达到"事实清楚、证据确实充分"的标准。[5]

6. 没收违法所得裁定生效后，犯罪嫌疑人、被告人到案并对没收裁定提出异议，法院应当依照审判监督程序予以纠正。[6]

---

〔1〕答案：错误（应由检察院向法院提出没收违法所得的申请，不得由法院主动启动违法所得没收程序）。

〔2〕答案：错误（财产所在地的中级法院无管辖权）。

〔3〕答案：错误（应由检察院承担举证责任）。

〔4〕答案：错误（公告是必经程序，送达不是必经程序）。

〔5〕答案：错误（对犯罪事实的证明需达到"有证据证明有犯罪事实"的标准，对违法所得、涉案财产的证明需达到"具有高度可能"的标准）。

〔6〕答案：错误（若检察院向原作出没收裁定的法院提起公诉的，法院在审理该公诉案件时对该异议一并处理）。

第二十五章 依法不负刑事责任的精神病人的强制医疗程序★★

强制医疗程序的流程

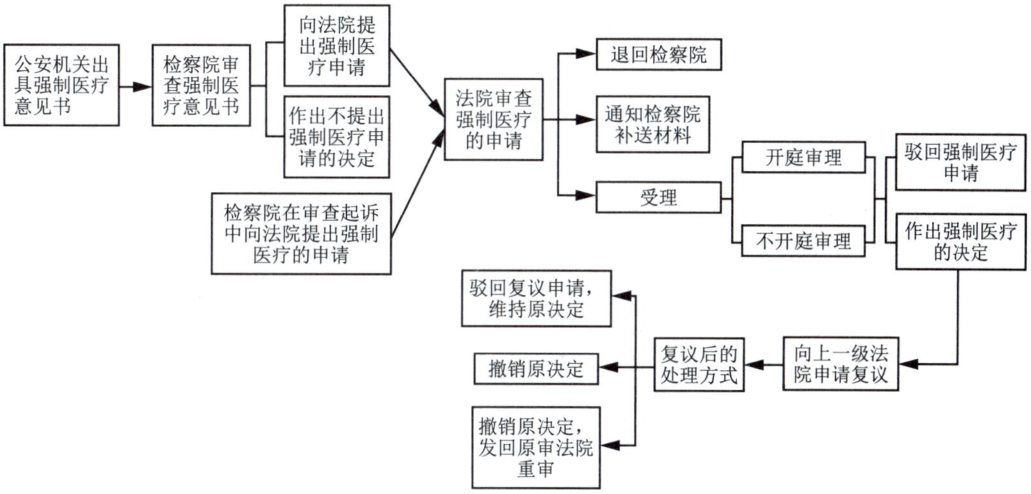

适用条件★★	**【口诀】暴力危害公（公共安全）民（公民人身安全）权，鉴定有病仍危险**[1]
管辖	（1）**地域管辖**：被申请人实施暴力**行为所在地**为主；**被申请人居住地**为辅 （2）**级别管辖**：**基层**检察院（申请）；**基层**法院（审理）（《高检规则》第535条、《高法解释》第631条）
适用程序	（1）公安机关提出强制医疗意见→检察院审查后提出强制医疗申请→法院审理后决定强制医疗 （2）公安机关移送起诉→检察院作不起诉同时提出强制医疗申请→法院审理后决定强制医疗 （3）公安机关移送起诉→检察院提起公诉→法院启动强制医疗程序后决定强制医疗
适用主体	（1）启动主体：检察院和法院。（2）决定主体：法院。（3）交付执行主体：公安机关。（4）监督主体：检察院

〔1〕A. **实施暴力行为，危害公共安全或者严重危害公民人身安全，社会危害性已经达到犯罪程度**；B. 经法定程序**鉴定**属于**依法不负刑事责任的精神病人**；C. **有继续危害社会可能的**。（《刑诉法》第302条、《高法解释》第630条、《高检规则》第534条）

续表

检察院对强制医疗意见的审查处理	(1) **处理方式**：对于公安机关移送的强制医疗案件，经审查认为不符合强制医疗适用条件的，**应当作出不提出强制医疗申请的决定，并向公安机关书面说明理由；认为需要补充证据的，应当书面要求公安机关补充证据，必要时也可以自行调查** 公安机关补充证据的时间**不计入**检察院办案期限（《高检规则》第539条） (2) **在审查起诉中**，犯罪嫌疑人经鉴定系依法不负刑事责任的精神病人的，检察院**应当作出不起诉决定**。认为符合强制医疗适用条件的，**应当向法院提出强制医疗的申请**（《高检规则》第543条）
审理组织	**合议庭**
审理方式★★	(1) 审理强制医疗案件，**应当组成合议庭，开庭审理**。但是，**被申请人、被告人的法定代理人请求不开庭审理，并经法院审查同意的除外**（《高法解释》第635条） (2) 法院对强制医疗案件**开庭审理的，检察院应当派员出席法庭**（《高检规则》第544条） (3) 被申请人要求出庭，法院经审查其身体和精神状态，认为可以出庭的，应当准许。出庭的被申请人，在法庭调查、辩论阶段，可以发表意见（《高法解释》第636条） (4) 法院审理检察院申请强制医疗的案件，**应当会见被申请人**，**听取被害人及其法定代理人的意见**（《高法解释》第635条） (5) 开庭审理申请强制医疗的案件，应区分法庭调查与法庭辩论阶段
法定代理人到场和法律援助★★	(1) 法院审理强制医疗案件，**应当通知被申请人或者被告人的法定代理人到场**；被申请人或者被告人的**法定代理人经通知未到场的，可以通知**被申请人或者被告人的**其他近亲属到场** (2) 被申请人或者被告人没有委托诉讼代理人的，**法院应当通知法律援助机构指派律师担任其诉讼代理人，为其提供法律帮助**（《刑诉法》第304条、《高法解释》第634条）
临时保护性约束措施★★	对实施暴力行为的精神病人，在法院决定强制医疗前，**公安机关可以采取临时的保护性约束措施**（《刑诉法》第303条）
检察院提出强制医疗申请，法院审理后的处理方式★★★	(1) 符合法律规定的强制医疗条件的，**应当作出对被申请人强制医疗的决定** (2) 被申请人属于依法不负刑事责任的精神病人，但不符合强制医疗条件的，**应当作出驳回强制医疗申请的决定**；被申请人已经造成危害结果的，**应当同时责令其家属或者监护人严加看管和医疗** (3) 被申请人具有完全或者部分刑事责任能力，依法应当追究刑事责任的，**应当作出驳回强制医疗申请的决定，并退回检察院依法处理**（《高法解释》第637条）
法院在审理案件过程中作出强制医疗决定的程序★★★	第一审法院在审理刑事案件过程中，发现被告人可能符合强制医疗条件的，适用强制医疗程序对案件进行审理后，应当按照下列情形分别处理： (1) 被告人符合强制医疗条件的，**应当判决宣告被告人不负刑事责任，同时作出对被告人强制医疗的决定** (2) 被告人属于依法不负刑事责任的精神病人，但不符合强制医疗条件的，**应当判决宣告被告人无罪或者不负刑事责任**；被告人已经造成危害结果的，**应当同时责令其家属或者监护人严加看管和医疗** (3) 被告人具有完全或者部分刑事责任能力，依法应当追究刑事责任的，**应当依照普通程序继续审理**（《高法解释》第639条） **第二审**法院在审理刑事案件过程中，发现被告人可能符合强制医疗条件的，**可以依照强制医疗程序对案件作出处理，也可以裁定发回原审法院重新审判**（《高法解释》第640条）

续表

<table>
<tr><td>救济途径
★★★</td><td colspan="2">被决定强制医疗的人、被害人及其法定代理人、近亲属对强制医疗决定不服的，可以向上一级法院申请复议。（《刑诉法》第 305 条）复议期间不停止执行强制医疗的决定（注意：该复议程序并非二审程序）
对不服强制医疗决定的复议申请，上一级法院应当组成合议庭审理，并在一个月以内，按照下列情形分别作出复议决定：
（1）被决定强制医疗的人符合强制医疗条件的，应当驳回复议申请，维持原决定
（2）被决定强制医疗的人不符合强制医疗条件的，应当撤销原决定
（3）原审违反法定诉讼程序，可能影响公正审判的，应当撤销原决定，发回原审法院重新审判</td></tr>
<tr><td>交付执行</td><td colspan="2">法院决定强制医疗的，应当在作出决定后 5 日内，向公安机关送达强制医疗决定书和强制医疗执行通知书，由公安机关将被决定强制医疗的人送交强制医疗（《高法解释》第 641 条）</td></tr>
<tr><td rowspan="3">解除程序
★</td><td>强制医疗机构的定期评估</td><td>强制医疗机构应当定期对被强制医疗的人进行诊断评估。对于已不具有人身危险性，不需要继续强制医疗的，应当及时提出解除意见，报决定强制医疗的法院批准（《刑诉法》第 306 条）</td></tr>
<tr><td>解除强制医疗的申请</td><td>（1）被强制医疗的人及其近亲属申请解除强制医疗的，应当向决定强制医疗的法院提出
（2）被强制医疗的人及其近亲属提出的解除强制医疗申请被法院驳回，6 个月后再次提出申请的，法院应当受理（《高法解释》第 645 条）</td></tr>
<tr><td>对解除强制医疗意见或者申请审查后的处理方式</td><td>法院应当组成合议庭进行审查后按照下列情形分别处理：
（1）无危险的：决定解除强制医疗
（2）有危险的：决定继续强制医疗（《高法解释》第 647 条）
对上述案件，必要时，法院可以开庭审理，通知检察院派员出庭</td></tr>
<tr><td>检察院的监督</td><td colspan="2">检察院对强制医疗的决定和执行的监督方式：提出纠正意见</td></tr>
</table>

练一练

1. 检察院对詹某提出强制医疗申请，法院审理后认为詹某符合强制医疗条件的，应当判决宣告詹某不负刑事责任，同时作出对詹某强制医疗的决定。[1]

2. 违法所得没收案件和强制医疗案件，法院均可能不开庭审理。若开庭审理，同级检察院均应派员出庭，同时应区分法庭调查和法庭辩论阶段。[2]

3. 强制医疗机构若认为被强制医疗人不需要继续强制医疗的，可以决定解除强制医疗。检察院认为该解除强制医疗决定错误的，可以提出纠正意见。[3]

---

〔1〕答案：错误（无须判决詹某不负刑事责任）。
〔2〕答案：正确。
〔3〕答案：错误（强制医疗机构不能决定解除强制医疗）。

4. 精神病人宋某将黄某殴打成植物人，检察院对宋某提出强制医疗申请，法院审理时，可以听取黄某的法定代理人的意见。[1]

5. 张某因精神病发作，杀害李某，检察院对张某提出强制医疗申请，法院审理时，应当通知张某的法定代理人到场；张某的法定代理人经通知未到场的，应当通知张某的其他近亲属到场。[2]

---

〔1〕 答案：错误（法院应当听取黄某的法定代理人的意见）。

〔2〕 答案：错误（“可以”而不是“应当”通知张某的其他近亲属到场）。

附录一 刑事诉讼法重要制度和程序总结

一、重要期间总结★

律师持"三证"会见的安排期限	应当及时安排会见，至迟不得超过48小时
拘传、传唤	不得超过12小时，案情特别重大、复杂，需要采取拘留、逮捕措施的，不得超过24小时
取保候审	12个月
监视居住	6个月
拘留	(1) 公安机关拘留期限（《刑诉法》第91条）：①3+7；②7+7：特殊情况的，可延长1—4日；③30+7：多次、结伙、流窜（注意：7日是检察院审查批准逮捕的时间） (2) 检察院拘留的期限：①对直接受理的案件：14日或17日（《刑诉法》第167条）；②对监察机关移送的案件：10日或14日（《刑诉法》第170条第2款）
批捕的期限	已被拘留的——7日；未被拘留的——15日，最长20日
对证人的拘留期限	10日以下
侦查羁押期限（《刑诉法》第156—160条）	(2+1+2+2+无期限)： 2月（无须批准）+1月（案情复杂、期限届满不能终结，上一级检批）+2月（"交流广集"[1]且重大复杂，省检批）+2月（可能判处10年有期徒刑以上刑罚，省检批）+无期限（特殊原因，在较长时间内不宜交付审判的特别重大复杂的，由最高人民检察院报请全国人民代表大会常务委员会批准延期审理） 注意：(1) 侦查羁押期限不包括拘留羁押期限；(2) 另有重要罪行的[2]：自发现之日起重新计算（公安机关应报检察院备案）；(3) 身份不明的：应当对其身份进行调查，侦查羁押期限自查清其身份之日起计算，但是不得停止对其犯罪行为的侦查取证。对于犯罪事实清楚，证据确实、充分，确实无法查明其身份的，也可以按其自报的姓名起诉、审判（《刑诉法》第160条）

[1] "交"是指"交通十分不便的边远地区的重大复杂案件"；"流"是指"流窜作案的重大复杂案件"；"广"是指"犯罪涉及面广，取证困难的重大复杂案件"；"集"是指"重大的犯罪集团案件"。（《刑诉法》第158条）

[2] 这里的"另有重要罪行"，是指与逮捕时的罪行不同种的重大犯罪以及同种犯罪并将影响罪名认定、量刑档次的重大犯罪。（《公安部规定》第151条第2款）

续表

技术侦查适用的期限	批准决定自签发之日起3个月内有效。对于复杂、疑难案件，期限届满仍有必要继续采取技术侦查措施的，经过批准，有效期可以延长，每次不得超过3个月（《刑诉法》第151条）
审查起诉期限	1+0.5（月）。犯罪嫌疑人认罪认罚，符合速裁程序适用条件的，应当在10日以内作出决定，对可能判处的有期徒刑超过1年的，可以延长至15日
一审的审理期限（《刑诉法》第208、220、225条）	（1）公诉案件：普通程序——（2+1+3+X） ①一般：2个月，可以延长1个月 ②“交流广集”且重大复杂、死刑案件、附带民诉案件：经上一级法院批准，可以延长3个月 ③因特殊情况还需延长：报请最高法批准 简易程序——3年以下：20日；超过3年：1.5个月 速裁程序——1年以下：10日；超过1年：15日 （2）自诉案件：被告人已被羁押的——按公诉案件普通程序的审限；被告人未被羁押的——6个月
上诉、抗诉的期限	（1）判决：10日；裁定：5日 （2）附带民事诉讼部分：一并审理的，按照刑诉计算——10日、5日；分开审理的，按照刑诉计算——10日、5日
二审中检察院阅卷的期限	1个月（不计入审限）
二审的审理期限（2+2+X）	（1）一般：2个月。（2）“交流广集”且重大复杂、死刑案件、附带民诉案件，经省、自治区、直辖市高级法院批准或者决定，可以延长2个月。 （3）因特殊情况仍需延长：报请最高法批准 注意：最高法院受理上诉、抗诉案件的审理期限，由最高法院决定
附条件不起诉的考验期	6个月以上1年以下
违法所得没收案件的公告期	6个月
违法所得没收案件的审理期限	（1）审理申请没收违法所得案件的期限，参照公诉案件第一审普通程序和第二审程序的审理期限执行 （2）公告期间和请求刑事司法协助的时间不计入审理期限
强制医疗案件的审限	1个月
看守所执行的有期徒刑期限	在被交付执行刑罚前，剩余刑期在3个月以下的

二、刑事诉讼重要权利的行使主体★★★

申请回避的主体	当事人及其法定代理人、辩护人、诉讼代理人
回避中申请复议的主体	被驳回回避申请的当事人及其法定代理人、辩护人、诉讼代理人

续表

委托诉讼代理人的主体	(1) 公诉案件的被害人及其法定代理人或者近亲属 (2) 自诉案件的自诉人及其法定代理人 (3) 附带民事诉讼的当事人及其法定代理人 (4) 违法所得没收案件的犯罪嫌疑人、被告人及其近亲属和其他利害关系人 (5) 强制医疗案件的被申请人或被告人
刑事诉讼法意义上的近亲属	夫妻、父母、子女、同胞兄弟姊妹
委托辩护人的主体	犯罪嫌疑人、被告人；犯罪嫌疑人、被告人在押的，其监护人、近亲属可代为委托辩护人
绝对禁止担任辩护人的主体	(1) 正在被执行刑罚或者处于缓刑、假释考验期间的人 (2) 依法被剥夺、限制人身自由的人 (3) 无行为能力或者限制行为能力的人
相对禁止担任辩护人的主体	(1) 法院、检察院、监察机关、公安机关、国家安全机关、监狱的现职人员 (2) 人民陪审员 (3) 与本案审理结果有利害关系的人 (4) 外国人或者无国籍人 (5) 被开除公职和被吊销律师、公证员执业证书的人 上述人员，如果是犯罪嫌疑人、被告人的监护人、近亲属，由犯罪嫌疑人、被告人委托担任辩护人的，可以准许
申请变更、解除强制措施、羁押必要性审查的主体	犯罪嫌疑人、被告人及其法定代理人、近亲属或者辩护人（值班律师可申请变更强制措施）
附带民事诉讼原告人	(1) 被害人；(2) 被害人死亡或者丧失行为能力的，被害人的法定代理人、近亲属有权提起；(3) 人民检察院
附带民事诉讼中依法负有赔偿责任的人	(1) 刑事被告人以及未被追究刑事责任的其他共同侵害人 (2) 刑事被告人的监护人 (3) 死刑罪犯的遗产继承人 (4) 共同犯罪案件中，案件审结前死亡的被告人的遗产继承人 (5) 对被害人的物质损失依法应当承担赔偿责任的其他单位和个人 附带民事诉讼被告人的亲友自愿代为赔偿的，可以准许
申请法院排除非法证据的主体	当事人及其辩护人、诉讼代理人
期间耽误后申请期间补救的主体	当事人
对非法侦查行为申诉、控告的主体	当事人、辩护人、诉讼代理人、利害关系人

续表

对三种不起诉均可向检察院申诉的主体	被害人（向上一级检察院申诉）
只能对酌定不起诉向检察院申诉的主体	被不起诉人（向作出不起诉决定的检察院申诉）
申请专家辅助人出庭的主体	公诉人、当事人及其辩护人、诉讼代理人
提出量刑建议的主体	检察院
提出量刑意见的主体	自诉人、被告人及其辩护人、被害人及其诉讼代理人
享有独立上诉权的主体	被告人及其法定代理人；自诉人及其法定代理人；附带民事诉讼当事人及其法定代理人
需经被告人同意才可上诉的主体	被告人的近亲属、辩护人
请求检察院抗诉的主体	公诉案件的被害人及其法定代理人
对生效裁判申诉的主体	当事人及其法定代理人、近亲属、案外人。申诉可以委托律师代为进行
对强制医疗决定申请复议的主体	被决定强制医疗的人、被害人及其法定代理人、近亲属

三、危害国家安全、恐怖犯罪案件的诉讼程序★★

级别管辖	中级人民法院管辖（《刑诉法》第21条）
侦查阶段律师会见的许可	危害国家安全犯罪、恐怖活动犯罪案件，在侦查期间辩护律师、值班律师会见在押的犯罪嫌疑人，应当经侦查机关许可
证人保护	对于危害国家安全犯罪、恐怖活动犯罪、黑社会性质的组织犯罪、毒品犯罪等案件，证人、鉴定人、被害人因在诉讼中作证，本人或者其近亲属的人身安全面临危险的，人民法院、人民检察院和公安机关应当采取一项或者多项保护措施（《刑诉法》第64条第1款）
指定居所监视居住	对于涉嫌危害国家安全犯罪、恐怖活动犯罪，在住处执行可能有碍侦查的，经上一级公安机关批准，也可以在指定的居所执行（《刑诉法》第75条第1款）
拘留后的通知	拘留后，除无法通知或者涉嫌危害国家安全犯罪、恐怖活动犯罪通知可能有碍侦查的情形以外，应当在拘留后24小时以内，通知被拘留人的家属。有碍侦查的情形消失以后，应当立即通知被拘留人的家属（《刑诉法》第85条第2款）
技术侦查	公安机关在立案后，对于危害国家安全犯罪、恐怖活动犯罪、黑社会性质的组织犯罪、重大毒品犯罪或者其他严重危害社会的犯罪案件，根据侦查犯罪的需要，经过严格的批准手续，可以采取技术侦查措施（《刑诉法》第150条第1款）
缺席审判	对于需要及时进行审判，经最高人民检察院核准的严重危害国家安全犯罪、恐怖活动犯罪案件，犯罪嫌疑人、被告人在境外，符合缺席审判程序适用条件的，应当决定开庭审判（《刑诉法》第291条第1款）

续表

违法所得没收程序	犯罪嫌疑人、被告人实施了恐怖活动犯罪、危害国家安全犯罪等重大犯罪后逃匿，在通缉1年后不能到案的，可以适用违法所得没收程序
审理程序和组织	应当适用普通程序组成合议庭审理

四、共同犯罪案件诉讼程序★★

共同犯罪案件的管辖	（1）就高不就低：一人犯数罪、共同犯罪或者其他需要并案审理的案件，其中一人或者一罪属于上级人民法院管辖的，全案由上级人民法院管辖（《高法解释》第15条） （2）并案管辖：共同犯罪的；共同犯罪的犯罪嫌疑人、被告人还实施其他犯罪的，人民法院、人民检察院、公安机关可以在其职责范围内并案处理（《六机关规定》第3条）
共同犯罪案件的辩护	（1）一名辩护人不得为两名以上的同案嫌疑人、被告人，或者未同案处理但犯罪事实存在关联的嫌疑人、被告人辩护（《高法解释》第43条第2款） （2）共同犯罪案件中，其他被告人已经委托辩护人的，被告人没有委托辩护人的，人民法院可以通知法律援助机构指派律师为其提供辩护（《高法解释》第48条）
共同犯罪嫌疑人、被告人的讯问	分别讯问
共同犯罪案件的审查起诉	对于移送起诉的案件，犯罪嫌疑人在逃的，应当要求公安机关采取措施保证犯罪嫌疑人到案后再移送起诉。共同犯罪案件中部分犯罪嫌疑人在逃的，对在案犯罪嫌疑人的移送起诉应当受理（《高检规则》第158条第3款）
简易程序的适用	共同犯罪案件中部分被告人不认罪或者对适用简易程序有异议的，不适用简易程序（《刑诉法》第215条）
速裁程序的适用	共同犯罪案件中部分被告人对指控的犯罪事实、罪名、量刑建议或者适用速裁程序有异议的，不适用速裁程序（《刑诉法》第223条）
附带民事诉讼	（1）被害人或者其法定代理人、近亲属仅对部分共同侵害人提起附带民事诉讼的，人民法院应当告知其可以对其他共同侵害人，包括没有被追究刑事责任的共同侵害人，一并提起附带民事诉讼，但共同犯罪案件中同案犯在逃的除外（《高法解释》第181条第1款） （2）共同犯罪案件，同案犯在逃的，不应列为附带民事诉讼被告人。逃跑的同案犯到案后，被害人或者其法定代理人、近亲属可以对其提起附带民事诉讼，但已经从其他共同犯罪人处获得足额赔偿的除外（《高法解释》第183条）
共同犯罪的二审程序问题	（1）全面审查（《高法解释》第389条） （2）对同案审理案件中未上诉的被告人，未被申请出庭或者法院认为没有必要到庭的，可以不再传唤到庭

续表

共同犯罪的二审程序问题	(3) 同案审理的案件，未提出上诉、检察院也未对其判决提出抗诉的被告人要求出庭的，应当准许。出庭的被告人**可以参加法庭调查和辩论** (4) 共同犯罪案件，只有部分被告人提出上诉，或者自诉人只对部分被告人的判决提出上诉，或者检察院只对部分被告人的判决提出抗诉的，其他同案被告人也可以委托辩护人辩护（《高法解释》第 392、399 条） (5) 上诉不加刑——一并原则、分离原则 (6) 被判处死刑的被告人没有上诉，同案的其他被告人上诉的案件，第二审人民法院应当开庭审理（《高法解释》第 393 条第 2 款）
执行程序	同案审理的案件中，部分被告人被判处死刑，对未被判处死刑的同案被告人需要羁押执行刑罚的，应当在其判决、裁定生效后 10 日以内交付执行。但是，该同案被告人参与实施有关死刑之罪的，应当在复核讯问被判处死刑的被告人后交付执行（《高法解释》第 512 条）

五、撤诉程序★★

<table>
<tr><td rowspan="2">一审中的撤诉</td><td>公诉案件的撤诉</td><td>开庭后、宣告判决前</td><td rowspan="2">均需审查</td><td>发现无罪的，准许撤诉；如果有罪，不允许撤诉</td><td rowspan="2">如果有新的事实、证据材料，可以再起诉</td></tr>
<tr><td>自诉案件的撤诉</td><td>宣告判决前</td><td>自愿撤诉的，应当裁定准许撤诉</td></tr>
<tr><td>自诉中的按撤诉处理</td><td colspan="5">自诉人经两次传唤，无正当理由拒不到庭，或者未经法庭准许中途退庭的，法院应当裁定按撤诉处理（《高法解释》第 331 条第 1 款）</td></tr>
<tr><td>附带民事诉讼中的撤诉</td><td colspan="5">附带民事诉讼原告人经传唤，无正当理由拒不到庭，或者未经法庭许可中途退庭的，应当按撤诉处理（《高法解释》第 195 条第 1 款）</td></tr>
<tr><td rowspan="2">二审中的撤诉</td><td>二审上诉的撤回</td><td colspan="4">(1) 上诉期限内撤回上诉：上诉人在上诉期限内要求撤回上诉的，人民法院应当准许（《高法解释》第 383 条第 1 款）
(2) 上诉期满后撤回上诉：上诉人在上诉期满后要求撤回上诉的，第二审人民法院经审查，认为原判认定事实和适用法律正确，量刑适当的，应当裁定准许；认为原判确有错误的，应当不予准许，继续按照上诉案件审理
(3) 被判处死刑立即执行的被告人提出上诉，在第二审开庭后宣告裁判前申请撤回上诉的，应当不予准许，继续按照上诉案件审理（《高法解释》第 383 条第 3 款）</td></tr>
<tr><td>二审抗诉的撤回</td><td colspan="4">(1) 抗诉期限内撤回抗诉：人民检察院在抗诉期限内要求撤回抗诉的，人民法院应当准许要求
(2) 抗诉期满后撤回抗诉：人民检察院在抗诉期满后要求撤回抗诉的，第二审人民法院可以裁定准许，但是认为原判存在将无罪判为有罪、轻罪重判等情形的，应当不予准许，继续审理（《高法解释》第 385 条第 2 款）</td></tr>
</table>

续表

二审中的撤诉	上诉、抗诉撤回后的裁判生效	在上诉、抗诉期满前撤回上诉、抗诉的，第一审判决、裁定在上诉、抗诉期满之日起生效。在上诉、抗诉期满后要求撤回上诉、抗诉，第二审人民法院裁定准许的，第一审判决、裁定应当自第二审裁定书送达上诉人或者抗诉机关之日起生效（《高法解释》第 386 条）
二审中的按撤诉处理	抗诉案件，人民检察院接到开庭通知后不派员出庭，且未说明原因的，人民法院可以裁定按人民检察院撤回抗诉处理（《高法解释》第 397 条第 2 款）	
再审中申诉和抗诉的撤回	（1）**再审抗诉的撤回**：法院审理检察院抗诉的再审案件，检察院在**开庭审理前**撤回抗诉的，**应当裁定准许**；检察院接到出庭通知后不派员出庭，且未说明原因的，**可以裁定按撤回抗诉处理**，并通知诉讼参与人 （2）**申诉的撤回**：法院审理申诉人申诉的再审案件，申诉人**在再审期间**撤回申诉的，**可以裁定准许；但认为原判确有错误的，应当不予准许，继续按照再审案件审理**；申诉人经依法通知无正当理由拒不到庭，或者未经法庭许可中途退庭的，**可以裁定按撤回申诉处理**，但申诉人不是原审当事人的除外（《高法解释》第 470 条第 2 款）	

六、各阶段的必经程序之比较

阶段	是否讯问嫌疑人、被告人	是否听取辩护律师（辩护人）意见
审查批捕	可以讯问嫌疑人 “有疑问、有要求、有违法、未成年、精神病、盲聋哑、重大疑难复杂、认罪认罚”这八种情形，应当讯问嫌疑人	可以听取辩护律师的意见 律师提要求，应当听取辩护律师的意见
对未成年人审查批捕、决定逮捕	应当讯问嫌疑人、被告人	应当听取辩护律师的意见
审查起诉	应当讯问嫌疑人	应当听取辩护人或者值班律师的意见
二审不开庭审理	应当讯问被告人	应当听取辩护人的意见
检察院办理死刑上诉、抗诉案件	应当讯问原审被告人	应当听取辩护人的意见
死刑复核	应当讯问被告人	律师提要求，应当听取辩护律师的意见
侦查终结前	—	律师提要求，应当听取辩护律师的意见

附录二 《杨雄讲刑诉法》之考前必背精华

一、刑事诉讼法概述

★1. **刑事诉讼法与刑法的关系**

（1）**刑诉法的工具价值**：通过组织、程序、证据方面保障刑法得以实现。

（2）**刑诉法的独立价值**：①刑诉法本身体现法治、民主、人权精神；②创制、弥补刑事实体法的不足；③影响刑事实体法实现。

2. **刑事诉讼法与法治国家的关系**（集中反映在刑诉法与宪法的关系之中）

（1）刑诉法与宪法的关系密切：宪法是静态的刑诉法，刑诉法是动态的宪法。

（2）刑诉法（子法）保障宪法（母法）实现：通过刑诉法保证刑法的实施以及刑诉法本身的实施来实现。

★3. **刑事诉讼的基本理念**

（1）**惩罚犯罪与保障人权**：二者既对立又统一，发生矛盾时，根据利益权衡的原则作出选择。

（2）**程序公正与实体公正**

①体现：程序公正即过程公正；实体公正即结果公正（体现为认定案件事实正确和定罪量刑准确）。

②关系：二者既对立又统一，发生矛盾时，根据利益权衡的原则作出选择。

（3）**诉讼公正与诉讼效率**：公正第一，效率第二。效率体现为加快诉讼进程、降低诉讼成本。

4. **刑事诉讼目的**

我国通说：（1）**根本目的**：维护社会秩序。（2）**直接目的**：惩罚犯罪和保障人权。

其他学说：（1）**犯罪控制模式**：目的在于控制犯罪。

（2）**正当程序模式和正当程序主义**：维护正当程序，保障人权。

（3）**家庭模式**：维护和谐关系，解决问题。

（4）**实体真实主义**：①积极实体真实主义：不以保障无辜为前提，只追求实体真实，毫无遗漏地处罚犯罪；②消极实体真实主义：在保障无辜的前提下，追求实体真实从而惩罚犯罪。

★5. **刑事诉讼价值**

（1）**秩序**：维护社会秩序和诉讼秩序；（2）**公正**：居于核心地位，包括实体公正和程序公正；（3）**效益**（效率 + 收益）。

★6. **刑事诉讼职能**

（1）**控辩审的关系**：审判中立、控辩平等、控审分离。

（2）①**行使审判职能的主体**：法院。②**行使控诉职能的主体**：检察院、被害人、自诉人及其法代人、诉代人。③**行使辩护职能的主体**：犯罪嫌疑人、被告人及其法代人、辩护人。

★7. **刑事诉讼构造和刑事审判模式**

（1）**当事人主义**：当事人积极主动，适用于保障人权的诉讼目的。

（2）**职权主义**：专门机关积极主动，适用于实体真实的诉讼目的。

（3）**混合式诉讼**：混合当事人主义和职权主义的特征。

我国刑事审判模式：1979 年：超职权；1996、2012、2018 年：吸收当事人主义，沿控辩式庭审改革。

纵向构造包括侦控构造和控审构造。**横向构造**包括审前程序中控辩审三方构造和审判程序中控辩审三方构造。

★8. **刑事诉讼主体**（分为主要的诉讼主体和一般诉讼主体）

（1）**主要的诉讼主体：专门机关和当事人**（犯罪嫌疑人、被告人、被害人、自诉人、附带民诉原告人和被告人）。（2）**一般的诉讼主体：即其他诉讼参与人**（包括法代人、诉代人、辩护人、证人、鉴定人、翻译人员）。

二、刑事诉讼法的基本原则

1. **侦查权、检察权、审判权由专门机关依法行使**

（1）**分工**：①侦查权——公、检、国安、监狱、军保、海关、海警局；②检察权——检察院；③审判权——法院。

（2）**以审判为中心的刑事诉讼制度改革**：①强调侦查、起诉、审判三者要以审判为中心；②强调庭审实质化。

（3）**检察院的立场**：客观公正。

2. **严格遵守法律程序（程序法定原则）**

（1）**大陆法系的程序法定原则**和**英美法系的正当程序原则**均要求：有法可依、有法必依。

（2）**程序违法的后果**：①非法证据排除规则；②二审、死立执复核、死缓复核、违法所得没收程序二审、强制医疗案件复议中，发现原裁决程序违法，可能影响公正审判的，均应当撤销原裁决，发回重审。

★3. **法院、检察院依法独立行使职权**

（1）**检察院**：上下级领导关系，**整体**独立；

（2）**法院**：上下级**监督**关系；**每一级**法院独立和法院**整体**独立。

4. **未经法院依法判决，对任何人不得确定有罪（法院统一定罪原则）和无罪推定**

法院统一定罪原则的体现：（1）以提起公诉为界区分犯罪嫌疑人、被告人；（2）控方负有证明被告人有罪的举证责任；（3）疑案作无罪处理：（审查起诉）证据不足不起诉或（一审）无罪判决。

无罪推定的含义：在确定有罪前，假定无罪。

5. 保障诉讼参与人的诉讼权利

体现（口诀）：要保障，不能剥夺；有权利，就有义务。

★6. 认罪认罚从宽

认罪：如实供述、承认主要犯罪事实（对个别情节提出异议，以及对行为的性质提出辩解但接受司法机关认定的意见，不影响认罪）。针对人，不针对某个罪。**认罚**：真诚悔罪并接受处罚（虽表示认罪但暗中毁证或能赔而不赔的，不适用认罪认罚从宽）。不同意速裁、简易，不影响认罚。被害方不同意，不影响适用。**从宽**：实体上的从宽和程序上的从宽（适用更轻的强制措施、作出轻缓的程序性处理、适用更为便利和减少讼累的程序）。认罪认罚从宽制度适用于所有案件，贯穿诉讼全过程。

★7. 具有法定情形不予追究刑事责任

（1）**情形**（口诀）：轻（显著轻微）告（告诉才处理）时（过时效）赦（特赦）他（其他）死（死亡）。

（2）**处理方式**

①**立案或受理阶段**：不立案或不受理。

②**侦查阶段**：撤销案件。

③**审查起诉阶段**：不起诉。

④**审判阶段**：A. 庭前审查阶段：对"告时赦他死"，退回检察院。B. 受理后：显著轻微、死亡且无罪或不能证明有罪的：宣告无罪；其余情形：终止审理。

三、专门机关和诉讼参与人

1. 注意**公诉案件被害人的权利**。

★2. 犯罪嫌疑人、被告人权利的分类：记住救济性权利即可，其他都是防御性权利。**救济性权利**包括上（上诉权）、申（申诉权）、控（控告权）、复（复议权）、变（申请变更、解除强制措施权）、异（对缺席审判的异议权）。

3. **法定代理人**：法律规定产生；无限人才有；其权利基本同于被代理人，人身性质的权利不能代理；可违背被代理人意志。

4. **诉讼代理人**：（1）**委托主体**包括：①被害人及其法代或者近亲属；②自诉人及其法代；③附民当事人及法代；④没收案件的嫌疑人、被告人及近亲属和其他利害关系人；⑤强制医疗案件的被申请人或被告人。（2）**范围**同辩护人。（3）权利限授权范围，代理意见必须与被代理人一致。

★5. **证人**：（1）**正面条件**：知道案情，自然人。（2）**禁止条件**：生理上、精神上有缺陷或年幼，不能辨别是非、不能正确表达的人。（3）针对一般性事实作证。（4）诉讼外了解案件事实。（5）不属于回避对象。（6）具有人身不可替代性；优先性。

6. **鉴定人**：具备专门知识且有鉴定人资格；公检法指派或聘请产生；自然人；属于回避对象；可替代；诉讼内了解案情。

7. **翻译人员**：公检法指派或聘请产生；翻译对象是外国人或无国籍人、少数民族人员、盲、聋、哑人；属于回避对象。

★8. 有专门知识的人参与刑事诉讼：不是诉讼参与人；属于回避对象；具体包括四种人——（1）参加勘验检查的有专门知识的人；（2）专家辅助人；（3）审查起诉中

对技术性证据材料审查并出具意见的人；(4) 对专门性问题出具报告的有专门知识的人。

四、管辖

★1. **检察院管辖的案件**：(口诀) 司法职权损公正侵民权，公安管辖职务犯罪需省检。

★2. **监察机关管辖的案件**：公职人员和有关人员的职务犯罪。

★3. **法院管辖的案件**：(1) **纯自诉(亲告罪)**：侮辱诽谤+虐待、暴力干涉+侵占。

(2) **公兼自**(被害人有证据证明的轻微刑事案件)：主要注意轻伤害、重婚和遗弃。

(3) **公转自**(不能调解、不能反诉)。

4. **交叉管辖**

(1) **监察机关管辖的案件与其他机关管辖的案件交叉**：监察为主，其他协助。

(2) **检察院侦查时发现监察机关管辖的犯罪线索**：在与监察机关沟通后，全部移送监察机关或者分别管辖。

(3) **法院审理公诉中发现其他公诉**：应当通知检察院，由其决定是否补充、变更、追加起诉或者补充侦查。

★5. **并案管辖**

(1) **情形**：一人数罪；共同犯罪；共同犯罪的嫌疑人、被告人还实施其他犯罪的；存在关联的。

(2) ①法院发现被告人还有其他犯罪被起诉的，可以并案审理；涉及同种犯罪的，一般应当并案审理。法院发现被告人还有其他犯罪被审查起诉、侦查、调查的，可协商检察、公安、监察机关依前述规定并案处理，但可能造成审判过分迟延的除外。

②第二审法院在审理过程中，发现被告人还有其他犯罪没有判决，第二审法院决定并案审理的，应当发回第一审法院，由第一审法院作出处理。

③对一案起诉的共同犯罪或关联犯罪案件，法院可分案审理。对分案起诉的共同犯罪或关联犯罪案件，法院可并案审理。(法院考虑公正、效率、权利因素)

④有多名被告人的案件，部分被告人的犯罪事实不清、证据不足或者有新的犯罪事实需要追诉，且有关犯罪与其他同案被告人没有关联的，第二审法院可以对该部分被告人分案处理，将该部分被告人发回原审法院重新审判。原审法院重新作出判决后，被告人上诉或者检察院抗诉，其他被告人的案件尚未作出第二审判决、裁定的，第二审法院可以并案审理。

⑤对依照审判监督程序重新审判的案件，法院在依照第一审程序进行审判的过程中，发现原审被告人还有其他犯罪的，一般应当并案审理，但也可以分案审理。

6. **级别管辖**

★ (1) **中院管辖的案件**(口诀)：国恐无死没缺。

(2) **上下级法院管辖流转**：上可审下、下不可审上、就高不就低。

★7. **一般地域管辖**

犯罪地为主，居住地为辅：(1) 犯罪地包括行为地+结果地。

（2）居住地：户籍地，不一致的以经常居住地；登记地，不一致的以主要营业地或主要办事机构地。

8. **指定管辖**：（1）**适用情形**：①管辖不明或者存在争议；②有管辖权但客观上不能管；③有管辖权但犯罪地、被告人居住地以外的法院审判更为适宜。（2）**程序**：①管辖有争议：先协商，协商不成的层报共同上级法院指定；②管辖不能：请求移送上一级法院（上一级可以自己管，也可指定）。（3）**案卷移送**：①公诉：案卷退回检；②自诉：直接移送。

★9. **特殊地域管辖**：（1）**国际公约**：抓获地、被告人登陆地、入境地；（2）**外国人在境外**：被告人登陆地、入境地或入境后居住地或被害人离境前居住地、被害人现居住地；（3）**领域外船舶**：最初停泊地、被告人登陆地、入境地；（4）**领域外航空器**：最初降落地；（5）**列车上的犯罪**：①运行途中抓获：前方停靠站＋始发站＋终点站法院；②不是在运行途中抓获：负责该列车乘务的铁路公安机关对应的法院；若在运行途经车站抓获的，也可以由该车站所在地法院管辖；（6）**国际列车**：先按照协定，无协定的，列车始发＋前方停靠地；（7）**中国人在驻外使领馆**：主管单位所在地、户籍地；（8）**中国人在领域外**：被告人登陆地、入境地、离境前居住地、现居住地；被害人是中国公民的，也可由被害人离境前居住地或者现居住地法院管辖；（9）**中国内水、领海内的犯罪**：犯罪地、被告人登陆地、居住地；（10）**监狱的罪犯有漏罪**：原则上是原审地，犯罪地和服刑地也可管；（11）**监狱的罪犯有新罪**：原则上是服刑地；在外犯罪且当地抓获并发现犯罪，才由犯罪地管。

五、回避

1. **回避的适用对象**：审（含法官助理）、检、侦、书、鉴、翻、专（有专门知识的人）。

2. **回避的法定理由**：（1）是当事人或近亲属。（2）有利害关系。（3）担任过证、鉴、辩、诉代、翻译的。（4）是辩护人、诉讼代理人近亲属的。（5）其他关系，影响公正。（6）请客送礼、违规会见（须证明）。★（7）程序只能参加一次的（例外：二审、法定刑以下判处刑罚的复核程序或死核发回重审又回二审、法定刑以下判处刑罚的复核程序或死核的）。

★3. **申请回避的程序**

（1）**申请主体**：当、法、辩、诉。

（2）**决定主体**：集体组织（审委会决定院长；检委会决定检察长和侦查机关负责人）→当官的（三“长”）→当兵的。

（3）**以非法定理由申请**：当庭驳回，且不得复议。

（4）**以法定理由申请**：①提出回避申请——（审查期间）——作出回避与否的决定，申请复议一次——（复议期间）——复议决定。②审查期间原则上诉讼活动停止，但侦查活动例外；复议期间，诉讼活动不停止。③申请复议一次的主体：被驳回回避申请的当、法、辩、诉。④检察人员被决定回避前诉讼行为和证据的效力：谁决定回避，谁决定是否有效。

六、辩护与代理

1. **辩护人的诉讼地位**：依事实、法律辩护；独立于公检法及嫌疑人、被告人；合法权益的专门维护者。

2. **有效辩护**：体现于整个诉讼过程；体现在自行辩护、委托辩护和法律援助辩护中。

★3. **不能担任辩护人的范围**：（1）**绝对禁止**（口诀）：无限人、无自由、受刑罚。（2）**相对禁止**（口诀）：公检法安监监利害、开除吊销陪审老外（若是近亲属、监护人，即可担任辩护人）。

4. **任职回避**：（1）法官离任2年内：不得以律师身份辩护，永远不能回原任职法院（但近亲属、监护人除外）。（2）法官的配偶、父母、子女不得担任其任职法院的辩护人（但监护人、近亲属除外）。

5. **辩护人的人数**：（1）可委托1—2名。（2）不得为2名以上同案犯以及事实存在关联的嫌疑人、被告人辩护。

★6. **辩护人的阅卷权**：（1）非律师需检法许可，律师无须许可。（2）**时间**：审查起诉之日。（3）**范围**：①本案的案卷材料（诉讼文书和证据材料）（但评议笔录、审委会、检委会讨论记录除外）；②国家秘密需同意；查阅作为证据材料向法院移送的讯问录音录像应准许。

★7. **辩护人的会见、通信权**：（1）律师持三证会见，48小时安排。（2）国恐侦查阶段律师会见须许可（有碍侦查或泄国秘就不许可）。（3）会见目的：了解案情、提供咨询，移送审查起诉之日才可核实证据。（4）不被监听、不能在场。（5）通信可检查，但只有"国安""公共""人身""毁证、串供"，才可截留复制、删改，向办案机关提供。

★8. **辩护人的调查取证权**：（1）非律师辩护人只能申请调证，无自行调证权。（2）律师自行调证分两种：①向控方证人调证，须法、检许可和被调查人同意；②向辩方证人调证，只需被调查人同意。（3）辩护人可申请调取无罪、罪轻证据。

★9. **辩护人的提出意见权**：（1）侦查终结前、审查批准、决定逮捕、复核死刑期间，律师提出要求的，应当听取意见。（2）审查起诉、速裁案件审理、二审法院决定不开庭审理、检察院办理死刑上诉和抗诉案件，应当听取辩护人的意见。

10. **辩护律师的参加庭审权**：（1）律师做无罪辩护的，可提量刑辩护意见。（2）律师可带一名助理参加庭审，助理不可发表辩护、代理意见。

★11. **申请变更解除强制措施的主体**：犯、法、近、辩。

12. **辩护人、诉代的救济权**：向检申诉、控告。

13. **律师的知情权**：重大程序性决定，应告知辩护律师。

★14. **辩护人的诉讼义务**：（1）**特定证据开示义务**：（嫌疑人）不在场、年龄小、精神病。（2）**披露义务**：正实施或准备实施涉及国安、公共安全、他人人身的犯罪。

★15. **追究辩护人犯罪的程序**：（1）同案侦查机关回避。（2）应当及时通知律所或者所属律协。

★16. **委托辩护**：（1）**公诉案件委托时间**：第一次讯问或采取强制措施之日。

（2）**委托主体**：嫌疑人和被告人。在押的，可由监护人、近亲属代为委托。（3）**侦查阶段辩护律师的权利**：提供法律帮助、代理申诉控告、了解情况、提出意见、申请变更解除强制措施、会见通信、调查取证。

★17. **法律援助辩护**：（1）**前提**：嫌疑人、被告人未委托辩护人。（2）**法律援助辩护与委托辩护并存的处理规则**：应当听取嫌疑人、被告人的意见，由其确定辩护人人选，嫌疑人是未成年人的，应听取其监护人的意见。（3）**存在的阶段**：侦查、审查起诉、审判阶段。（4）**申请主体**：嫌疑人、被告人及其近亲属。（5）**指定的人员**：对可能被判处无期徒刑、死刑的人以及死刑复核案件的被告人，应当指派具有3年以上相关执业经历的律师。死刑复核案件的被告人，应当指派具有3年以上刑事辩护执业经历的律师。（6）"应当"指定的对象（口诀）：残疾不能辨别申死，无死缺席未成年。

★18. **拒绝辩护**：（1）**应当法律援助的对象**：只能拒绝一次，若拒绝指派的律师，须有正当理由，最后必须有辩护人。（2）**其他**：拒绝2次，无须理由，最后只能自行辩护。（3）**拒绝辩护的程序**：只会导致休庭，不会导致延期审理。（4）被告人在一个审判程序中更换辩护人一般不得超过2次。庭审结束后、判决宣告前另行委托辩护人的，可以不重新开庭；辩护人提交书面辩护意见的，应当接受。

★19. **法律援助值班律师**：（1）**地位**：是法律帮助者，不是辩护人，不提供出庭辩护服务。（2）**前提**：所有案件和所有阶段没有辩护人的情形。（3）**职责**：咨询、选择、变更、意见、见证签具结书；引导申请法律援助；保密（正在、准备"国、公、人"除外）。（4）**权利**：会见权（不被监听；"国、恐"案件，侦查阶段会见需许可）；阅卷权（审查起诉之日起，查阅案卷材料，了解案情）；提出意见权；了解情况权；（5）**保障**：值班律师的帮助活动情况记录在案，随案移送；尽量保障不同阶段值班律师的同一。

20. **辩护人和诉代的区别**：尤其注意公诉案件委托时间不一样，被害人从审查起诉之日起委托诉代。

七、证据

1. **证据的基本特征**：（1）**关联性**：不具有关联性的证据（类似行为、品格证据、特定的诉讼行为、特定的事实行为、被害人过去的行为、表情）。（2）**合法性**：形式和程序合法，警犬辨认、心理测试结论等不具备合法性；有专门知识的人出具的报告、事故调查报告可作证据使用，事故调查报告中涉及专门性问题的意见若属实、合法，可作定案根据。

★2. **证据裁判原则**：依据合法的证据裁判，且该证据必须是法庭上查证属实的证据（除非法律另有规定），综合全案证据须达到法定证明标准才能认定案件事实。

★3. **刑诉法和排非司法解释关于非法证据排除的范围规定**：（1）**供述**：①暴力或变相肉刑、威胁，使人遭受难以忍受的痛苦而违背意愿作出的供述；②非法限制人身自由获取的供述；③重复性供述（但换人、换阶段+告知诉讼权利和认罪的法律后果+自愿供述的除外）。（2）**证言、被害人陈述**：暴力、威胁、非法限制人身自由。（3）**物证、书证**：收集程序违法，严重影响司法公正，不能补正或作出合理解释（三条件同时具备）。

★4. **《高法解释》关于证据排除的范围**（记住强制排除的范围即可，其余裁量排除）：（1）**物证、书证**（口诀）：更改疑问未解释，不能反映原件，不能证明来源。（2）**证言**（口诀）：未能出庭不真实，不能表达和感知，个别意见未翻（译）核（对）。（3）**被告人供述**（口诀）：地点不符、未录像（录音）、未翻（译）核（对）、未在场。（4）**鉴定意见**（只有强制排除）。（5）**辨认笔录**（口诀）：个别混杂有暗示，不是侦查、调查（人员）来主持。（6）**电子数据**强制排除：篡改伪造、不真实；裁量排除：未封存、未注明、未签名。

5. **排除的阶段**：侦查、起诉、审判、逮捕；**排除的主体**：公检法。

★6. **审判阶段的排非程序**：（1）**申请主体**：当、辩、诉。（2）**申请时间**：开庭前是原则，庭审中是例外。（3）**条件**：提供线索、材料。（4）法院可在庭前会议中了解情况，听取意见，检察院可对合法性加以说明，可通知调查人员、侦查人员或其他人员说明情况。（5）**对证据合法性的调查程序**：①先行调查是原则，法庭调查结束之前调查是例外；②证明主体：检察院。（6）**调查后的处理方式**：①当庭决定是原则，再次开庭时决定是例外；②确有非法或不能排除存在非法，都排除。（7）**二审中应审查的情形**：一审中申请但未审查，且作为定案根据的；对一审的结论有异议；一审后发现的。

7. **证据的法定种类**：（1）**物证**：物品和痕迹；**书证**：思想和内容。（2）**证人证言**：形式包括书面、口头、音像资料。（3）**口供**：①只有供述，不能定案；没有供述，也能定案；②仅有共犯的口供，也不能定案；③孤证不能定案。（4）**鉴定意见**：①对象：专门性事实问题；②形式必须是书面。（5）**勘验、检查、辨认、侦查实验等笔录**：①制作主体：办案人员；②形成于诉讼内。（6）**视听资料、电子数据**：①形成于案发过程中（即诉讼开始前）；②电子数据以数字化形式存储。

8. **证据的理论分类**：（1）★原始证据：来源于案件事实本身；传来证据：传递、复制、转述等。（2）★直接证据包括：①能直接肯定或否定某人实施犯罪；②能直接否定犯罪的发生。物证是间接证据。（3）证人证言、被害人陈述、嫌疑人、被告人供述和辩解、鉴定意见、辨认笔录都属于言词证据。物证、书证、勘验、检查笔录属于实物证据。视听资料、电子数据一般认为属于实物证据。（4）有罪证据：有罪、罪重、罪轻。

★9. **证人、鉴定人出庭作证制度**

（1）**应当出庭作证的条件**：证人（有异议+有影响+有必要）；鉴定人（有异议+有必要）。

（2）**可以不出庭的证人**：有病、交通不便。

（3）未成年被害人、证人一般不出庭作证；必须出庭的，应当采取保护措施。

（4）**证人不出庭的后果**：①强制证人出庭（被告人配偶、父母、子女除外），院长签发强制证人出庭令；②训诫，情节严重的由院长批准处10日以下拘留；③证言真实性无法确认即排除。

（5）**鉴定人不出庭的后果**：不得作为定案根据。有正当理由的，可以延期审理。

（6）**证人保护**："国恐黑毒"等案中的证人、鉴定人、被害人及其近亲属。

（7）**证人补偿**：交通、住宿、就餐费用；单位不得克扣工资奖金，不补助鉴定人和被害人。

10.（1）监察证据可作为刑诉中的证据使用；（2）**行政证据转化为刑事证据**：对于公安机关和检察院，物证、书证、视听资料、电子数据、勘验、检查笔录和鉴定意见等可作证据使用；对于法院，物证、书证、视听资料、电子数据等可作证据使用。

11. **检察院未移送证据材料、录音录像的处理**：（1）检察院未随案移送证据的，法院应通知检在指定时间内移送。检察院未移送的，法院应当根据在案证据对案件事实作出认定。（2）检察院未移送对讯问过程的录音录像的，法院可通知检在指定时间内移送。检察院未移送，导致不能排除属于非法证据的，应排除；导致不真实的，不得作为定案的根据。

12. **特殊证据材料的审查认定**

★（1）**特殊人**（生理上、精神上有缺陷但未丧失正确认知、表达能力的人；与被告人有利害关系的人。不包括儿童）**提供的言词证据的认定**：有其他证据印证的，可以采信。

（2）**境外的证据材料的运用**：①能够证明案件事实且合法的，可以作为证据使用，但提供人或者双边条约对材料的使用范围有明确限制的除外；材料来源不明或真实性无法确认的，不得作为定案的根据。②当事人及其辩护人、诉讼代理人提供来自境外的证据材料，需办理公证、认证手续。

★（3）**技术调查、侦查证据的审查与认定**

①作为证据使用的，应移送。②可能危及人身安全的，可保护个人信息、设备和方法。③应附法律文书、清单和有关说明材料。移送采用技术调查、侦查措施收集的视听资料、电子数据的，应制作新的存储介质，并附说明，写明原始证据材料、原始存储介质的存放地点等信息，并签名盖章。④应当庭调查查证，但必要时可庭外核实。当庭调查可能危及人身安全的，应不暴露人员身份和设备、方法。⑤裁判文书中可表述证据名称、种类和证明对象，但不得表述人员身份和设备、方法等。

★（4）**信息网络犯罪案件的抽样取证和事实认定**

办理信息网络犯罪案件，对于数量特别众多且具有同类性质、特征或功能的物证、书证、证人证言、被害人陈述、视听资料、电子数据等证据材料，确因客观条件限制无法逐一收集的，应按照一定比例或数量选取证据，并对选取情况作出说明和论证。检察院、法院经审查认为取证不科学的，应由原取证机关作出补充说明或者重新取证。经审查，对相关事实不能排除合理怀疑的，应作出有利于嫌疑人、被告人的认定。

对于涉案人数特别众多的信息网络犯罪案件，确因客观条件限制无法收集证据逐一证明、逐人核实涉案账户的资金来源，但根据银行账户、非银行支付账户等交易记录和其他证据材料，足以认定有关账户主要用于接收、流转涉案资金的，可以按照该账户接收的资金数额认定犯罪数额，但嫌疑人、被告人能够作出合理说明的除外。

★13. **刑事证据规则**

（1）**调整证据能力和证明力规则的区分**：调整证明力的规则包括关联性规则和补强证据规则，其余是调整证据能力的规则。

（2）**补强证据的条件**：①有证据能力；②具有担保补强对象真实的能力；③有独立

来源。

（3）**传闻证据规则**：传闻证据包括**庭外陈述**和**庭上转述**。

（4）**意见证据规则**：证人不得陈述对事实的意见或结论；只针对证言。

（5）**最佳证据规则**（原始证据规则）：书证尽量提供原件，副本等需提供理由。

（6）**自白任意规则**：基于自由意志作出的供述，才是自白。

★14. 证明对象和免证事项

（1）**证明对象**：实体法事实（定罪和量刑的事实）和程序法事实。（2）**免证事项**（口诀）：知晓常识规律，生效推定无异议。（3）证据事实不是证明对象。

15. **证明主体**：公诉机关和诉讼当事人。

★16. 证明责任

（1）**特点**：①与积极诉讼主张相联系；②提供证据责任与说服责任的统一；③与不利诉讼后果相联系。

（2）**分担**：①控方（检察院和自诉人）承担证明责任；②被告人在持有型犯罪中承担提出证据责任；③法院不负证明责任，可以调查核实证据；④辩护人不负证明责任。

17. 证明标准

（1）**立案**：有犯罪事实。（2）**逮捕**：有证据证明有犯罪事实。（3）**侦查终结、提起公诉、有罪判决**的标准：犯罪事实清楚，证据确实充分——定罪量刑的事实都有证据证明；查证属实；排除合理怀疑。

八、强制措施

1. **适用原则**：必要性原则、相当性原则（比例原则）、变更性原则。

2. **拘传**：（1）对象：未被羁押的嫌疑人、被告人；（2）主体：公检法决定和执行；（3）地点：所在的市县；（4）时间：一般 12 小时，特别重大复杂且需要拘留、逮捕，则不超 24 小时。

★3. 取保候审

（1）**决定机关**：公检法（保证方式、保证金数额、酌定义务）；**执行机关**：公安、国安。

（2）**适用对象**：①正面条件（口诀）：徒刑以下；危险不大；人道主义；超期羁押；②反面条件：累暴主犯，自伤自残（例外是人道主义和超期羁押）。

（3）**保证方式**：①保证金和保证人不能并用；②保证金保证：交执行机关指定银行账户；依据“人”“案”两因素确定数额；③保证人保证：条件是“无牵连、有能力、有权利、有自由、有住处、有收入”；义务是“监督和报告”；责任包括行政责任（罚款）和刑事责任（无民事责任）。

（4）**义务**：①法定义务：24 小时报告住址、工作单位、联系方式的变动。离开所居住的市县的，应书面申请。有紧急事由，来不及提出书面申请的，可先通过电话、短信等方式提出申请，并补办书面手续。批准后，应告知被取保候审人遵守下列要求：保持联系方式畅通，并随传随到；按批准的地点、路线、往返日期出行；不得妨害诉讼；返回后及时报告。经常性跨市县活动的，可简化批准程序。②酌定义务（口诀）：

三个特定、两个证件。“特定的场所”“特定的活动”指可能导致其再次实施犯罪、导致其实施妨害社会秩序（国家安全、公共安全）、干扰他人正常活动行为的场所（活动）、与犯罪有关联的场所（活动）、导致其实施妨害诉讼活动的场所（活动）；其他。“特定的人员”指证人、鉴定人、被害人及法代人和近亲属、同案犯及与案件有关联的人员、可能遭受侵害滋扰的人员、可能实施妨害执行、影响诉讼的人员。

（5）**取保候审自动解除、不再办理解除手续的情形**：变更强制措施的；不起诉的；无罪、免罚或不负刑责的裁判已生效的；被判处管制或缓刑、监禁刑，刑罚已开始执行的；被单处附加刑，裁判已生效的。

（6）**执行地**：取保候审一般应当在户籍所在地执行，但已形成经常居住地的，可在经常居住地执行。下列可在其暂住地执行：①离开户籍所在地 1 年以上且无经常居住地，但在暂住地有固定住处的；②外国人、无国籍人，港澳台居民；③户籍所在地无法查清且无经常居住地的。

（7）**期限**：12 个月（同一阶段连续计算，不同阶段重新计算）。

★4. 监视居住

（1）**监视居住的条件**：①符合逮捕条件且出于人道主义考虑（有病、不理、孕婴妇女、扶养）；②符合取保条件但不能提供两种保证方式。

（2）**指监居的条件**：①无固定住处；②国、恐住所有碍侦查，上一级公安机关批准。

（3）**指监居地点**：不得在羁押场所、办案场所执行。固定住处和指定的居所均需在办案机关所在的市、县内。

（4）**指监居后的通知**：24 小时内通知家属（无法通知除外）。

（5）**指监居折抵刑期**：①管制/指监居：1/1；②拘役、有期徒刑/指监居：1/2。

（6）**义务**：主要注意执行机关批准离开监视居住的处所、执行机关批准会见他人和通信、三证交执行机关保存。

（7）**执行方法**：电子监控、不定期检查；侦查期间可对通信监控。

（8）**期限**：6 个月（同一阶段连续计算，不同阶段重新计算）。

5. 刑事拘留

（1）**决定与执行机关**：①决定机关：公检；②执行机关：公安。

（2）**先行拘留的对象**（口诀）：认预发捕、企毁名流留。

（3）**出示拘留证**，例外是紧急情况且符合先行拘留的前八种之一。

（4）**24 小时内送看守所、讯问、通知**（无法通知和国、恐有碍侦查除外）。

（5）**异地拘留、逮捕**：应当通知当地公安，当地公安应配合。

（6）**期限**：①公安：3 +7；7 +7（特殊）；30 +7（流结多）；②检察院：A. 对直接受理的案件：14 日或 17 日；B. 对监察机关移送的留置案件：10 日或 14 日。

★6. 逮捕

（1）**逮捕的条件**：①一般逮捕：有证据证明有罪事实 + 徒刑以上 + 有社会危险（认罪认罚情况是社会危险性因素之一）；②径行逮捕：有证据 +10 年以上；有证据 + 徒刑以上 + 曾经故意犯罪或身份不明；③转化逮捕（可适用徒刑以下）：违反取保、监居的规定，情节严重的。

（2）①**批准主体**：检察院；②**决定主体**：检察院、法院；③**执行主体**：公安（必须出示逮捕证）。

（3）①逮捕后立即送看守所；②24小时内通知家属（无法通知的除外）；③24小时内讯问。（口诀：谁办案、谁讯问、谁通知）

（4）**对外国人的逮捕**：①特殊的外国人（涉及国安、政治外交、疑难）；需要逮捕的，报最高检审查，征求外交部意见后批复；上级检不批捕，也是批复；决定由报请逮捕的检察院作出；不批捕可由报请逮捕的检察院直接作出。②一般的外国人：决定批捕的检察院48小时内报上一级检察院备案，同时通报同级政府外事部门。

（5）**审查批捕的程序**：①审查后的处理：批捕与不批捕；②公安机关对不批捕先复议后复核；必须立即释放或变更强制措施；③应当讯问嫌疑人的情形（口诀）：有疑问、有要求、有违法、未成年、精神病、盲聋哑、重大疑难复杂、认罪认罚；④可以询问证人等诉讼参与人。

（6）**逮捕后的羁押必要性审查**：①主体：检察院捕诉部门；②启动：犯、法、近、辩申请或者检依职权（认罪认罚的被逮捕人，检察院应审查羁押必要性）；③方式：审查理由和材料、听意见、查身体；④对无羁押必要的处理：审查起诉阶段，直接释放或变更强制措施；侦查和审判阶段，向办案机关提出释放或变更强制措施的建议（应当建议的情形：没有犯罪；徒刑以下；可能超期羁押；符合取保、监居）。

7. **对特殊人适用强制措施**：（1）对人大代表适用强制措施的许可程序（口诀）：同级报、层层报（下对上）、委托报（上对下、异地）、各级报。（2）对机关事业单位工作人员采取、解除强制措施、撤案、不起诉，应告知单位。

8. **强制措施的变更和解除**：（1）可以变更：人道主义；（2）应当立即释放但必要时可变更强制措施的情形：无罪、免罚、不负责、超期；（3）强制措施自动解除的时间：管制、缓刑——社区矫正开始后；单处附加刑——生效后；监禁刑——刑罚开始执行后。

九、附带民事诉讼

1. **成立前提**：以刑事诉讼成立为前提。

2. **附带民事请求权人**：检（国家集体财产受损＋受损单位未提）、法、害、亲。

3. **附带民事赔偿责任人**：共、告、监、继。

★4. **附带民事诉讼赔偿范围**

（1）**可赔**：①人身权利（赔偿医疗费、护理费、交通费、误工费、残疾生活辅助器具费、丧葬费）；②财物被毁坏的。

（2）**不赔**：精神损失（一般不予受理）、可得利益和间接损失、引民纠纷、非法占有、处置、职务犯罪。

5. **提起时间**：刑事案件立案之后及时提；二审中提出附民或增加诉讼请求或者反诉，可调解，调解不成，告知另行起诉。

6. **只告部分侵害人的**：法院应当告知其可以一并提以及不提后果；在逃的同案犯不列为附民被告。

★7. **附带民诉调解**：侦查、起诉中调解达成协议履行完毕，审判中又提起——法院不受理（违反自愿、合法原则除外）；应制作调解书（即时履行完毕的除外）。

8. 财产保全

（1）**启动方式**：附民原告和检察院可申请；法院依职权。

（2）**保全方式**：查封、扣押、冻结。

（3）**诉前保全和诉中保全**：以提起附带民诉为界限。

★9. **附带民诉裁判**：可以调解或根据物质损失裁判。

★10. **检察院提起附带民诉的**：赔给受损单位或继受人，无继受人的，由检察院上缴国库。

★11. **附民当事人不到案的处理**：（1）附民原告：按撤诉处理。（2）刑事被告人以外的附民被告：可缺席判决。（3）刑事被告人以外的附民被告下落不明，或用公告送达以外的其他方式无法送达，可能导致刑事审判过分迟延的：可不将其列为附民被告，告知附民原告另行提起民诉。

★12. **准许检撤诉的公诉案件**：对附民可调解，调解不成的，裁定驳回起诉，告知另行提民诉。

★13. **审判中刑事无罪但民事要赔偿的**：附民调解不成，可一并作刑附民判决，也可告知附民原告另提民诉。

14. **附带民事公益诉讼**：由审理刑案的法院管辖、同一审判组织审理。

十、期间、送达

1. **期间的起算**不包括开始的时和日。期间的计算，最后一日为对应的同日；刑期的计算，最后一日为对应的同日的前一日。

2. 期间的最后一日为节假日的，以节假日后的第一日为期满日期（但羁押期限不得因此而延长）。

3. **法定期间不包括路途上的时间**（如文书在途期间）。期满前已交邮的，不算过期，已交邮的以当地邮局所盖邮戳为准。

4. **重新计算**：（1）重新计算期间仅适用于公安司法机关的办案期限，不适用于当事人行使诉讼权利的期限。（2）重新计算的情形：发现另有重要罪行、补充侦查、改变管辖、发回重审、简易转普通、速裁转简易或普通。

5. **送达**：（1）**直接送达**：送给收件人本人及成年家属或所在单位的负责收件的人员。（2）**留置送达**：前提是拒收，调解书不能留置送达。（3）**委托送达**：只能委托公安司法机关送达。（4）**转交送达**：适用于人身自由被限制的人。

十一、立案

1. 报案、举报和控告的区别

（1）**报案**：主体是被害人或第三人，不能指出犯罪人。（2）**举报**：主体是第三人，能指出犯罪人。（3）**控告**：主体是被害人，能指出犯罪人。

2. 立案的条件

（1）**公诉案件**：有犯罪事实，需要追究刑事责任。

（2）**自诉案件**：①属于自诉案件范围；②本院管辖；③被害人告诉（不能告诉或

不敢告诉的，由法代或近亲属告诉或代为告诉）；④明确的被告人、具体的诉讼请求和证据。

★3. 立案的程序

（1）**初查**：可采取不限制被调查对象人身、财产权利的措施；但不得适用强制措施、强制侦查手段、技术侦查措施。

（2）**处理**：①处理方式：立案和不立案；②不立案的决定应当告知控告人；③控告人不服的，可以向原决定机关申请复议；④移送案件的行政执法机关不服的，可向原决定的公安机关申请复议，但不得申请复核。

（3）**检察院的立案监督**：①对象：应立而不立和应不立而立；②方式：先要求说明理由，理由不成立则要求立案或撤案。公安对撤销案件的通知，可先复议后复核。

十二、侦查与监察机关的调查

★1. 讯问犯罪嫌疑人：（1）**时间**：传唤、拘传到案讯问一般12小时，最长24小时。（2）**地点**：①被羁押的：应当在看守所讯问室内。②未被羁押的：现场（须出示工作证件，可以口头传唤）；住处；指定地点；检察院、公安机关（有病、怀孕的，可在就诊的医疗机构讯问；被行拘、戒毒、服刑人员，可在执行场所讯问）。（3）讯问时的告知：告知诉讼权利，如实供述可从宽处理和认罪认罚的法律规定。（4）有关的问题应如实回答，无关的有权拒绝回答，无沉默权。（5）应当同步录音录像的情形：无期、死刑、重大、职务犯罪。（6）自行书写供述的，应当准许。

★2. 询问证人、被害人：（1）**地点**：现场、单位、住处或者证人提出的地点、检察院、公安机关（不得另行指定其他地点）。（2）告知如实作证，否则承担伪证罪。（3）个别询问，不得诱导询问。（4）询问重大或有社会影响的案件的重要证人：应当录音、录像。

★3. 讯问、询问特殊主体：（1）**聋哑人**：应有通晓聋、哑手势的人参加。（2）**未成年人**：应通知法定代理人或其他合适成年人在场。（3）**女性未成年人**：应有女工作人员在场。

4. **勘验、检查**：（1）勘验的对象：场所、物品、尸体；检查的对象：活人的身体（包括嫌疑人、被害人）。（2）**主体**：检查妇女的身体只能是女工作人员或医师。（3）需要勘查证和见证人到场。（4）**方式**：①对被害人不能强制检查，对嫌疑人可强制检查。②解剖尸体通知死者家属到场。（5）不得侦查实验的情形：造成危险、侮辱人格或有伤风化。

★5. 搜查、扣押、查封、冻结：（1）搜查妇女的身体：由女工作人员进行。（2）搜查证：需要搜查证；但执行逮捕、拘留且有紧急情况时可无证搜查。（3）搜查应有被搜查人或他的家属、邻居或其他见证人在场［不能担任见证人的人：（口诀）有职权、影响大、不能辨别和表达］。（4）查、扣、冻针对的对象：犯罪证据、违禁品、危险品；查封针对不动产和特定动产；扣押针对动产；冻结针对账户。（5）扣押不需要扣押证，但需见证人、制作清单两份；扣押邮件、电报、电子邮件，须经公安机关或检察院批准。（6）侦查中不能扣划。

6. **收集、提取电子数据**：以扣押原始存储介质为原则，以直接提取电子数据为例外，以打印、拍照、录像等方式固定为补充。

7. **鉴定**：（1）对嫌疑人、被告人的精神病鉴定期间不计入办案期限；（2）鉴定意见的告知对象：犯罪嫌疑人、被害人，其可申请补充、重新鉴定。

★8. **技术侦查**：（1）**适用范围**：（口诀）国恐黑毒、侵人权、人保全；（2）**决定机关**：公安（设区的市一级以上批准）、国安、检；**执行机关**：公安和国安；（3）**适用对象**：犯罪嫌疑人、被告人以及与犯罪活动直接关联的人员；（4）**期限**：N个3月；（5）涉密的材料要保密；无关的则销毁；（6）隐匿身份实施侦查不得诱使他人犯罪、危害公共安全、重大人身危险；（7）**控制下的交付适用范围**：给付毒品等违禁品或者财物的犯罪（县级以上公安负责人决定）。

9. **辨认**：**个别辨认、混杂辨认**（公安、检察：不少于7人、10人照、5物）（检察院：物照不少于5个；公安：物照不少于10个）；**不得暗示规则**。

10. **通缉**：（1）**决定主体**：公安机关和检察院；（2）**发布主体**：公安机关（注：超出自己管辖的地区，应报请有权决定的上级机关发布）；（3）**对象**：应当逮捕而在逃的嫌疑人，逃犯。

★11. **对非法侦查行为的救济**：（1）**申请主体**：当、辩、诉、利；（2）**对象**：应放不放；应退不退；违法查、扣、冻；（3）先向非法侦查机关申诉控告，处理后不服的，再（公安的）向同级检或者（检的）向上一级检申诉。

12. **侦查终结**：（1）公安侦查终结后移送检察院的，应将案件移送情况告知嫌疑人及其辩护律师。（2）嫌疑人自愿认罪的，侦查机关应记录在案，随案移送，并在起诉意见书中写明。

13. **侦查羁押期限**：（1）2+1+2+2+无期；（2）**另有重要罪行的**：自发现之日起重新计算（公安应报检察院备案）；（3）**身份不明的**：查清身份之日起计算。

14. **监察机关的调查**

（1）留置

①对象：严重职务违法、犯罪，已掌握部分事实、证据。A. 案情重大、复杂；B. 可能逃跑、自杀的；C. 可能串供或伪造、隐匿、毁灭证据的；D. 其他。行贿犯罪或共同职务犯罪的涉案人员，也可留置。

②审批、备案程序：集体研究决定，设区的市级以下须上一级批准，省级应报上一级备案。

③期限：3+3（月）。

④通知：24小时内通知单位和家属，但可能有碍调查的除外。

⑤刑期折抵：留置/管制：1/2，留置/拘役、有期徒刑：1/1。

（2）技术调查（与技术侦查相似）

①适用的案件：重大贪污贿赂等职务犯罪。

②决定和执行：监察决定，有关机关执行。

③期间：N个3（月）。

（3）通缉：监察决定，公安发布。超出范围，报上级监察决定。

（4）限制出境：省级以上监察决定，公安执行。

（5）调查程序：出示证件，出具书面通知，2人以上进行，形成笔录、报告，签名、盖章。

(6) 认罪认罚从宽：监察机关调查中认罪认罚的，经集体研究，报上一级监察机关批准，可提出从宽处罚的建议。

(7) 监察移送起诉时的材料：案卷材料、证据。对涉嫌犯罪取得的财物，应当随案移送检察院。

十三、起诉

1. **刑事起诉制度**：(1) 公诉独占主义（排除自诉）和公诉兼自诉制度，我国是公诉为主、自诉为辅；(2) 起诉法定主义（无裁量权）和起诉便宜主义（有裁量权，如酌定不起诉）。

2. **审查起诉的程序**：(1) **管辖**：与审判管辖对应。审查发现没有管辖权：移送有管辖权的检察院，并通知移送的公安。(2) **发现侦查、调查管辖错误的处理**：①发现检察院自侦的案件属于监察机关管辖的，应商监察机关办理。属于公安机关管辖，符合起诉条件的，可直接起诉。②发现公安移送的案件属于监察机关管辖，或监察机关移送的案件属于公安管辖，但符合起诉条件的，经征求监察、公安机关意见后，没有不同意见的，可直接起诉。(3) **必经步骤**：应当讯问嫌疑人，听取被害人、诉代、辩护人或值班律师的意见。(4) **监察机关留置向强制措施的变更**：①对监察机关移送起诉的已留置案件，检察院应对其先行拘留，留置自动解除。检察院在 10 日或者 14 日内作出是否适用强制措施的决定。检察院决定采取强制措施的期间不计入审查起诉期限。②监察机关移送的案件告知委托辩护人的时间：一般是检察院收到材料 3 日内，若采取留置措施，应在执行拘留时告知。(5) **认罪认罚案件的审查起诉**：①告知权利和认罪认罚的法律规定，就犯罪事实、罪名、法律适用、量刑建议和程序适用听取意见。②签署认罪认罚具结书：须有辩护人或值班律师在场（未成年人案件，法代人和辩护人在场，法代人无法到场的，合适成年人应到场签字确认）；嫌疑人有辩护人的，不得绕开辩护人安排值班律师代为见证具结；辩护人可通过远程视频方式见证具结；嫌疑人没有委托辩护人，拒绝值班律师帮助的，签署具结书时，应当通知值班律师到场见证；盲聋哑、精神病、未成年人的法辩有异议的，不签具结书（有这些情形，未签署具结书的，不影响认罪认罚从宽制度的适用）。③未成年人认罪认罚：三方同意且愿意签的即签具结书。④不起诉后反悔的处理：嫌疑人认罪认罚被酌定不起诉后又反悔的，检察院分别作出处理：A. 没有犯罪事实，或者符合《刑诉法》第 16 条规定的情形的，应撤销原不起诉，重新作法定不起诉；B. 犯罪情节轻微，依照刑法不需要判处刑罚或免除刑罚的，可以维持原不起诉决定；C. 排除认罪认罚因素后，符合起诉条件的，应根据案件具体情况撤销原不起诉决定，依法提起公诉。(6) **检察院提前介入侦查、调查**：①检察院可经公安商请或者主动介入侦查，提出意见，监督侦查。②检察院可经监察机关商请，介入监察机关办理的案件（检察院不得监督监察机关）。(7) **退回两次补充侦查或调查还有新罪**：应当将线索移送监察或公安机关，对已经查清的犯罪事实，应提起公诉。(8) **遗漏罪行和同案犯的**：应当要求公安补充侦查或补充移送起诉。事实清楚，证据确实、充分的，也可直接提起公诉。(9) 核准追诉就是核准起诉，核准前不影响侦查和强制措施适用。(10) **速裁案件的审查起诉期限**：一般 10 日，超一 15 日。

3. **审查起诉结果**：(1) **提起公诉**：①条件：犯罪事实清楚，证据充分，需要追究刑事责任；②材料移送：案卷材料和全部证据；(2) **程序倒流和不起诉**：犯罪事实并非嫌疑人所为，应当作出不起诉决定，书面说明理由，退回监察或公安机关并建议重新调查或者侦查。

★4. 不起诉

(1) ①**法定不起诉**：没有犯罪事实和《刑诉法》第16条的“轻告时赦他死”；无裁量权，不能再起诉；②**酌定不起诉**：犯罪情节轻微，不需要处罚；有裁量权；不能再起诉；③**证据不足不起诉**：一次退回可以；两次退回应当；可再起诉。

(2) **不起诉决定程序**：检察长批准；检察院自侦案件、监察机关移送案件，不起诉决定报上一级检察院批准；送达给四方。

(3) **救济**：①公安机关：先复议后复核；②监察机关：向上一级检提请复议；③被害人对三类不起诉向上一级检申诉或直接自诉；④被不起诉人对酌定不起诉向原决定检申诉。

(4) **对人和物的处理**：①对人：在押的立即释放、训诫、赔礼道歉、赔偿损失；建议行政处罚、处分；②对物：解除查封、扣押、冻结；死亡的：检向法申请没收违法所得。

(5) **特殊情况下的不追究**：①实体要件：如实供述，有重大立功或涉及国家重大利益；②程序要件：最高检核准；③处理：撤销案件或不起诉（可对人不起诉，也可对某个罪不起诉）。

5. **撤回、追加、补充、变更起诉**：(1) **情形**：①撤回起诉的情形包括法定不起诉、证据不足不起诉和程序倒流的情形；②追加补充起诉的情形：漏人和漏罪；③变更起诉的情形：身份、事实、罪名、适用法律错误；(2) **撤回起诉的程序**：①撤回起诉后作不起诉决定，需要重新侦查、调查的，书面说明理由退回公安、监察机关建议重新侦查、调查；②有新的事实、证据，可再起诉。

★6. 补充侦查与补充调查

(1) **审查批捕阶段**：不批捕的同时需要补侦的，应当同时通知公安机关。

(2) **审查起诉阶段**：①条件：事实不清、证据不足、漏罪、漏人；②对公安的案件：可退回公安补侦（2次，一次一个月）；可由检自行侦查；③对监察机关移送的案件：应退回监察补充调查（2次，一次一个月）；也可由检自行补充侦查。（补充调查时，人不退回留置）

(3) **审判阶段**：①启动：检察院建议或法院建议或通知，注意法院可以建议的情形是被告人提出新的立功线索；法院通知检察院，由检察院决定补侦的情形是发现新的事实，可能影响定罪量刑的，或需要补查补证的。②只能由检补充侦查（2次，一次一个月），期限内未移送补充的证据，法院可依在案的证据作裁判。

十四、刑事审判概述

1. **特征**：(1) 职权性：案件起诉到法院，即有义务有职权审理裁判；(2) 亲历性：裁判者自始至终参与审理、充分听取意见；(3) 程序性：严格遵循法定程序，违反程序带来程序性后果。

★2. **审判公开原则**：（1）**范围**：①应当不公开的：国秘、隐私、未成年人（审判时未满 18）；②可以不公开：当事人申请的商业秘密；（2）未成年人案件不公开审理时，未成年人和法定代理人同意，学校和未成年人保护组织的代表可到场；（3）宣判一律公开，评议一律秘密；（4）公开审理、公开宣判时，需要封存犯罪记录的：不组织旁听，且告知不得传播信息；（5）不得旁听人员：精神病、醉酒、未经批准的未成年人。

★3. **直接言词原则**：（1）**直接原则**：法官见人、见证据；（2）**言词原则**：口头陈述。

★4. **集中审理原则**：（1）**体现**（口诀）：审判不断、人员不换；（2）**意义**：实现审判公正和效率，实现辩护权和迅速审判权。

5. **两审终审制度的例外**：（1）**一审终审**：最高院一审；（2）**两审不终**：死刑、法定刑以下判处刑罚的案件。

6. **审判组织**

（1）**独任庭**：只适用于基层法院、简易程序（三年以下的案件，可以独任审判）、速裁程序；只能由审判员组成独任庭。

★（2）**合议庭**：①人数和组成：基层和中级的一审由审判员 3 人或由审判员和陪审员共 3 人或 7 人；高级一审由审判员 3—7 人或由审判员和陪审员共 3 人或 7 人；最高一审由审判员 3—7 人；二审由 3—5 个审判员；死刑复核由 3 个审判员；减刑假释、没收和强制医疗必须合议庭；②评议：少数服从多数原则；合议庭成员、法官助理、书记员签名。

★7. **人民陪审员**：（1）禁止性条件：（口诀）公检法安监司人，公律仲工，开吊惩处失信人。（2）**三个随机**：①候选人和人选：随机抽选；个人申请或组织推荐后有关机关确定人选（不超 1/5）；②参审案件随机抽选（基层从本院陪审员名单中随机抽选，中级和高级从本辖区内的基层的陪审员名单中随机抽取）。（3）**任期**：5 年（一般不得连任）。（4）陪审员参审案件范围：（口诀）申请公共群体，关注社会影响。（5）**陪审员参审形式和职权**：①三人合议庭：与法官同权；②七人合议庭（4 个陪审员 +3 个法官）：审理的案件是“十年以上 + 两公”；陪审员全程参加评议，只对事实认定表决，对法律适用可发表意见；事实问题和法律问题难以区分时，视为事实问题。（6）**法官对陪审员的指引**：审判长应对事实认定、证据规则、法律规定等向陪审员进行必要的解释和说明，但不得妨碍陪审员独立裁判。（7）陪审员参审程序：开庭前可阅卷，庭审中有权向诉讼参加人发问，审结后将裁判文书副本送交陪审员。

8. **审判委员会**

（1）应当提交审判委员会讨论的案件：高院、中院拟判死立执和中院拟判死缓的、本院生效裁判需再审的、检察院再审抗诉的案件。（2）提交审判委员会讨论的程序：合议庭、独任审判员认为难以作出决定→提请院长决定→提交审判委员会讨论。（3）审判委员会的决定，应当执行。有不同意见的，可以建议院长提交审判委员会复议。

十五、第一审程序

1. **公诉案件庭前审查后的处理方式**：（1）被告人不在案的，应退回检察院；但是，对检察院按照缺席审判程序提起公诉的，应当依照缺席审判程序处理；（2）不属于本院管辖或撤诉后没有新的影响定罪量刑的事实、证据重新起诉的，退回检察院；（3）《刑诉法》第16条第2—6项，应退回检察院，属于亲告罪的，应同时告知被害人有权提起自诉；（4）真实身份不明，但符合“事实清楚、证据确实充分”的，应依法受理。

★2. **庭前会议**：（1）可以召开的情形：“多大杂”。（2）启动：控辩双方可申请召开，法院认为有必要的，应召开；决定不召开的，应告知申请人。（3）作用：A. 可就程序性事项了解情况，听取意见；B. 对可能导致庭审中断的程序性事项，可以在庭前会议后作处理，并在庭审中说明。若无新理由，在庭审中再次提申请或异议的，法庭可驳回。C. 可对附民调解。（4）对有异议的证据，庭审重点调查；无异议的，庭审可以简化。（5）主持者：审判长或其他审判员；参与者：A. 应通知公诉人、辩护人到场；B. 就排非了解情况、听取意见，或准备询问对证据材料的意见的，应通知被告人到场。（6）方式：一般不公开，可视频进行。（7）对明显事实不清、证据不足的，可建议检补充材料或撤回起诉。建议撤回起诉的案件，检不同意的，开庭审理后，没有新事实和理由，一般不准撤回起诉。（8）可以在开庭时告知庭前会议情况。对庭前会议中达成一致意见的事项，法庭在向控辩双方核实后，可当庭予以确认；达成一致意见，在庭审中反悔的，除有正当理由外，一般不再处理。

3. 法庭审判

（1）①被害人、诉代人不来，不影响开庭；②辩护人不来：被告人同意的，可开庭（但应法援的除外）；③被害人人数众多，且不属附民范围的，被害人可推选代表参加庭审。对被害人人数众多的涉众型案件，可以通过互联网公布文书，通知出庭。

（2）**开庭**：认罪认罚案件中，审判长告知权利和认罪认罚的规定，审查认罪认罚是否自愿、真实、合法。

★（3）**法庭调查**：①总顺序：公诉人宣读起诉书→被告人、被害人陈述→讯问、询问被告人→询问被害人→询问证人、鉴定人→出示物证、宣读鉴定意见和有关笔录。②原则：先控方证据，再辩方证据；先人证，后物证；先活的，后死的。③举证、质证方法：对关键和有争议的证据，一般应单独举证、质证；对无异议的非关键证据，可仅就名称及拟证明的事实作说明。④询问证人、鉴定人：对控辩双方申请的证人——谁提请的谁先问；对法院依职权通知的证人等——由审判长确定发问顺序；单独询问；证人、鉴定人不能旁听。⑤专家辅助人：“公、当、辩、诉”申请出庭；对鉴定意见和专门性问题的报告提意见，该意见是质证意见，不是证据；一种鉴定意见不超过2人；适用鉴定人的规定；不得旁听。⑥法庭调查权：对证据有疑问；不可用搜查；可通知控辩双方参加；须经当庭质证才可作定案根据（对非关键证据、有利的量刑证据及前科文书等，庭外征求意见，双方无异议除外）。⑦合议庭发现有自首、坦白、立功的材料未移送：应当通知检察院在指定时间内移送。

（4）**法庭辩论**：①对象：事实、证据和适用法律问题。②顺序：先控方后辩方。★③公诉人当庭发表与起诉书不同的意见，属于变更、追加、补充或撤回起诉的，应要求检在指定时间内以书面方式提出。检未提出的，法院应当就起诉书指控的犯罪事实作裁判。

（5）**被告人最后陈述**：①不能被剥夺、不能由他人代替陈述；②未成年人陈述后，法代可补充陈述。

★（6）**判决种类**：①有罪判决；②无罪判决（包括确实无罪和证据不足的无罪）；③不负刑责的判决（未达刑责年龄和精神病，不予处罚的）。

★（7）**变更罪名**：①判决事实与起诉事实一致的，可变更；②法院发现新事实，可能影响定罪量刑的，或需要补查补证的，应通知检，由其决定是否补充、变更、追加起诉或补侦。检不同意的，法院就起诉指控的事实作裁判。

★（8）**部分合议庭成员不能履职的处理**：①庭审结束后、评议前，不能继续履职的，应更换合议庭人员，重新开庭审理。②评议后、宣判前，因正常原因不能参加宣判，在不改变原评议结论的情况下，可由审判本案的其他审判员宣判，文书仍署审判本案的人员的姓名。

（9）**撤诉**：公诉撤回，审查是否有罪；自诉撤回，审查自愿性；有新事实、证据，均可再起诉。

★4. 认罪认罚案件的审理程序

（1）认罪认罚案件中对指控罪名和量刑建议的采纳：认罪认罚案件，法院一般应采纳检指控的罪名和量刑建议，但“不构罪”“不追究”“不自愿”“不认罪”“不一致”的是例外。量刑建议明显不当或提出异议的，检可调整量刑建议。检不调整或仍明显不当的，法院应依法作判决。

（2）对认罪认罚案件，指控罪名与审理认定的罪名不一致的，应听取控辩双方意见后作判决。

（3）对认罪认罚的被告人，一般应从轻处罚；有减轻情节的，可减轻处罚。

（4）审前未认罪认罚，审判中认罪认罚的，法院可不再通知检提出或调整量刑建议。法院应听取控辩双方意见，根据认罪认罚从宽的规定作判决。

5. 延期审理

（1）情形：（补）补充侦查、（回）回避、（变）变更、追加起诉、（新）新证据等；

（2）适用“决定”；

（3）适用于审理过程中，不能停止法庭审理以外的诉讼活动；

（4）期间的计算：①计入审限：新证据；回避；②重新计算：补侦、变更、追加起诉。

6. 中止审理

（1）情形：病了、跑了；

（2）适用“裁定”；

（3）适用于法院受理案件后至作出判决前；暂停一切诉讼活动；

（4）不计入审限。

7. 终止审理

（1）情形：《刑诉法》第16条第2—6项；没收程序中人回来了；对境外被告人缺席审理发现不属于“贪贿国恐”案；

（2）适用“裁定”。

8. 对违反法庭秩序的处理方式

（1）警告、训诫、责令退出法庭、强行带出法庭：审判长口头决定；

（2）罚款：院长书面决定，1000 元以下，可向上一级复议；

（3）拘留：院长书面决定，15 日以下，可向上一级复议；

（4）暂扣存储介质，删除内容：未经许可传播庭审活动；审判长决定；

（5）律师被强行带出法庭、罚款、拘留，应通报司法局，可建议处罚；

（6）被责令退出法庭、强行带出法庭或被罚款后，具结保证的，可继续担任辩护人、诉讼代理人。擅自退庭、“不来”或“不按时来”而影响审判进行的、被拘留或具结保证后再次被责令退出法庭、强行带出法庭的，不得继续担任同一案件的辩护人、诉讼代理人。

★9. **简易程序**

（1）**适用范围**：一审、基层法院。

（2）**条件**：证据足、事实对、同意简易和认罪（口诀）。

（3）**不适用的情形**：盲聋哑、精神病、影响大、不认罪、不构罪、辩无罪（口诀）。

（4）**程序启动**：被告人和辩护人可申请适用，检可建议适用，但须经法院和被告人两方同意才可用。公安机关可建议检察院适用。

（5）**审判组织**：① 3 年以下：合议庭或独任庭；②超过 3 年：合议庭。

（6）**审理程序**：①公诉案件中检察院应当派员出庭；应当通知辩护人出庭；②应当告知被告人适用简易程序规定 + 确认是否同意 + 询问对指控事实的意见；③被告人最后陈述不能省略；④对事实证据无异议的，可直接围绕罪名和量刑审理；⑤一般应当当庭宣判，裁判文书可简化。

（7）**简转普**：注意被告人可能不负刑责，应从简转普。

（8）**审理期限**：3 年以下：20 日；超过 3 年：1.5 个月。

★10. **速裁程序**

（1）**适用范围**：一审、基层法院。

（2）**条件**：证据确实充分、事实清楚、同意速裁、认罪认罪、三年以下。

（3）**不适用的情形**：盲聋哑、精神病、未成年、影响大、不认罪罚、不调（解）和（解）、辩无罪（口诀）。自诉案件不适用速裁程序。

（4）**程序启动**：被告人和辩护人可申请适用，检可建议适用，但须经法院和被告人两方同意才可用。

（5）**审判组织**：独任庭。

（6）**审理程序**：①不受送达期限限制；②一般不进行法庭调查、法庭辩论；③检察院应派员出庭；④应听取辩护人的意见和被告人的最后陈述；⑤应当庭宣判，裁判文书可简化。

（7）**审理期限**：一般 10 日，超一 15 日。（与速裁案件的审查起诉期限相同）

（8）**速裁转简易或普通的情形**：不构罪、不追究、不自愿、不认罪、疑难复杂、有争议。

★11. **量刑程序**

（1）**认罪认罚案件中量刑建议的提出**：认罪认罚的案件，**应**提量刑建议，**一般应当制作量刑建议书**；对于案情简单、量刑情节简单，适用速裁程序的案件，也**可在起诉书中载明量刑建议**。量刑建议**一般应当为确定刑**。对新类型、不常见犯罪案件，量刑情节复杂的重罪案件等，也**可提幅度刑量刑建议**。

（2）**认罪认罚案件中量刑建议的调整**：①认罪认罚案件中嫌疑人签署具结书后，**没有新的事实和证据，且嫌疑人未反悔**的，检察院**不得撤销具结书、变更量刑建议**。除发现认罪悔罪不真实、反悔或不履行具结书中需要履行的赔偿、退赔等外，**不得提出加重刑罚的量刑建议**。②庭审前或者休庭期间调整量刑建议的，**应当重新听取意见**。适用**速裁程序**的案件，需要调整量刑建议的，**应在庭前或当庭调整**。③被告人签署具结书后，**庭审中**被告人明确不再认罪认罚的，检察院**应建议不再适用认罪认罚从宽制度，撤回从宽量刑建议**。④**被告人认罪认罚**而**庭审中辩护人作无罪辩护**的，**被告人仍然认罪认罚的，可继续适用认罪认罚从宽制度**。

（3）量刑意见的提出主体：自诉人、被告人及其辩护人、被害人及其诉代。

12. **自诉案件的受理和审理**

（1）**应说服撤诉或不予受理的情形**：①没法审（不属自诉案；缺罪证；下落不明）；②没必要审（过时效、死亡、除了证据不足外的撤诉以及调解结案后又以同一事实起诉、公安和检察院已对“公兼自”追诉、对附条件不起诉及其考察期满的不起诉不服而提起自诉）。

（2）**调解**：公转自除外；应当制作调解书，签收时生效。

（3）**和解**：三类自诉案件均可和解。

（4）**撤诉**：三类自诉案件均可撤诉，撤诉分为两类：①裁定按撤诉处理：经两次传唤，无正当理由不来或走了（附民传 1 次）；②申请撤诉。

（5）**反诉**：公转自除外；对象是自诉人；与本诉有关；性质相同；判决宣告前提出。

（6）**自诉案的可分性**：放弃告诉后，不得提自诉，但可另行提起民诉。

（7）被害人对网络侮辱、诽谤案提起自诉，但提供证据有困难的，法院可要求公安协助。

13. **单位犯罪案件诉讼程序**

（1）**诉讼代表人**：①单罚：法代、实际控制人或主要负责人；②双罚或无法出庭：职工或其他负责人（被追责或作证的除外）；③若按前述难以确定的，可委托律师等单位以外的人员作为诉讼代表人。诉讼代表人不得同时担任被告单位或单位犯罪直接责任人员的辩护人；④确定方式：被告单位委托，检察院确定；⑤法代、实际控制人或主要负责人不来，可拘传；其他人员不来，不可拘传，只能另行确定。

（2）**审理障碍**：①单位“半死”，应继续审理；单位“全死”但需要追究主要负责人，对主要负责人继续审理；②分立合并后，原单位列为被告，罚金以在新单位的财产和收益为限。

十六、第二审程序

★1. **上诉与二审抗诉**

（1）**上诉**：①主体：A. 独立的上诉主体：被告人、自诉人及法代、附民当事人及法代；B. 经被告人同意的主体：被告人的辩护人和近亲属；②上诉无须理由；③口头或书面方式；④通过原审法院或二审法院上诉。

（2）**二审抗诉**：①主体：提起公诉的检察机关［注意申请抗诉的主体：被害人及其法代（只能针对判决）］；②理由是确有错误；③书面方式；④通过原审法院提交抗诉书。

（3）**上诉、抗诉的期限**：①判决：10 天；裁定：5 天；②附民一律按《刑诉法》计算。

（4）**上诉和抗诉的撤回**：①上诉、抗诉期内撤回，法院应准许，一审裁判在上诉、抗诉期满之日起生效；②期满后撤回，法院审查一审裁判的正确性，正确的才准许撤回。裁定准许的，一审裁判从准许撤诉裁定书送达之日起生效。

2. 二审应全面审查。

★3. 上诉不加刑

（1）只有被告一方上诉的，上诉不加刑才能使用。上诉不加刑原则本身没有例外。

（2）检抗或者自诉人上诉的，就可以加刑。

（3）只有被告一方上诉，二审发回原审重审的，除有新的犯罪事实，检察院补充起诉的以外，原审也不得加重刑罚。对该案件，原审法院对上诉发回重审的案件作出判决后，检察院抗诉的，二审法院不得改判为重于原审法院第一次判处的刑罚。

（4）加刑包括：刑种变化、刑期增加、缓刑改实刑或延长考验期、增加限制减刑、决定终身监禁；增加禁止令、职业禁止及其内容、延长其期限。

（5）只有被告一方上诉，原判罪数不当的，可改变罪数，并调整刑罚，但不得加重决定执行的刑罚或对刑罚执行产生不利影响。

（6）只有被告一方上诉，原判罪名不当的，可改变罪名，但不得加重刑罚或对刑罚执行产生不利影响。

（7）只有被告一方上诉的，原判判处的刑罚不当、应当适用附加刑而没有适用的，二审不得直接加重刑罚、适用附加刑。原判畸轻，必须改判的，应当在二审裁判生效后，依照再审程序重新审判。

（8）共同犯罪中，要具体到每个被告头上，看有没有对其检抗或自诉人上诉，有则可加刑，无则不能加刑。

★4. 二审的审理方式

（1）**应当开庭的（口诀）**：抗诉、死刑（含死立执和死缓）、影响罪刑的事实上诉；

（2）二审要发回重审的，二审可不开庭。二审不开庭的，必须讯问被告人、听取其他当事人、辩护人、诉代的意见。

★5. 二审的审理程序：（1）开庭的，同级检应派员出庭；（2）二审法院应在决定开庭审理后通知检阅卷。检在 1 个月内阅完（不计入二审期限）；（3）**共同犯罪案的二审**：①二审法院可不再传唤未上诉的被告人到庭；②未上诉也未被抗诉的被告人，可参加法庭调查或辩论，可委托辩护人；（4）**检察院办理死刑上诉、抗诉案件**：应讯问原审被告人和听取辩护人意见；（5）**自诉案件的二审**：①二审中反诉的，告知另行起诉；②二审和解，裁定准许撤回自诉的，应撤销一审裁判；③二审调解的，应制作调解书，一审裁判视为自动撤销；（6）**附带民诉的二审**（处理民事必须以刑事为基础）：①刑民都上诉，按二审程序一并改判；②只针对刑事上诉、抗诉，民错的就对民事按审监程序，刑事按二审；③只针对民事上诉，刑错的就对刑事按审监程序进行再审，并将民刑一并审理。附民审结前，可以暂缓送监执行。

★6. 二审的处理方式

（1）一审无问题，裁定维持原判；

（2）适用法律有错误，或者量刑不当，应当改判；

（3）事实不清、证据不足，可改判可发回重审；（以事实不清、证据不足为由发回，只限一次）

（4）程序违法（公开、回避、组织、剥权），应当发回。（以程序违法为由发回，无次数限制）

7. 对查封、扣押、冻结在案财物的处理

（1）对被害人的合法财产，应当及时返还；（2）无关的，应返还（对被告人的合法财产，在赔偿被害人损失、执行财产刑后返还）；（3）不宜移送的在案财物，以代替品移送；（4）上缴国库要依据法院的裁判；（5）不损害国家、被害人利益，不影响诉讼正常进行的，以及有效期即将届满的，可在判决生效前出售或变现（即先行处置）。（6）二审和判决生效后，发现原判未对涉案财物及其孳息作出处理的，由原审法院作出处理。

十七、死刑复核程序

★1. 死刑立即执行案件的复核程序

（1）**核准法院**：最高法院（最高法院自己判的除外）。

（2）**报请程序**：自动上报、逐级上报、一案一报；高院对中院报请复核的死刑案件（应提审被告人），认为有瑕疵但应判死刑的，可以在纠正后作出核准的判决、裁定；不同意判死刑的，应发回重审或提审改判。

（3）**复核程序**：3名审判员组成复核庭；应讯问被告人；律师提要求的，应当听意见；最高检可以向最高法提意见；最高法应当将复核结果通报最高检；全面审查原则（包括影响定罪、判死刑的情节和事实；程序是否合法）。

（4）**复核后的处理**（规律：不审事实问题）

A. **裁定核准**：没有问题，直接裁定核准；认定事实或引用法律有瑕疵，但不影响死刑的，纠正后核准。

B. **应当发回的**：事实不清、证据不足（包括全部和部分）；新的影响罪刑的事实证据；程序违法。

C. **应当发回，但也可改判**：量刑过重。

（5）**发回重审的方式**

①**发回的法院级别**：A. 一审或者二审或复核的高院，若发回复核的高院，可依照二审提审改判或发回重审。B. 对发回二审法院的案件，二审法院一般不得发回一审法院。C. 发回重审，一审法院判处死刑、死刑缓期执行的，上一级法院依照二审程序或复核程序审理后，应作出裁判，不得再发回重新审判，但程序违法的除外。

②**是否开庭**：发回一审的，一律开庭；发回二审的，须查清事实、核实证据、纠正程序违法，则必须开庭。

③**应当另行组成合议庭的情形**：以事实不清、证据不足和程序违法为由发回的

（但以新的影响罪刑的事实证据、量刑过重发回的例外）。

2. 死缓案件的复核程序

（1）**核准法院**：高院和解放军军事法院。

（2）**复核程序**：3名审判员组成复核庭，应当讯问被告人，全面审查。

（3）**处理**：①认定事实或引用法律有瑕疵，但不影响死缓的，纠正后核准；②事实证据有问题的，可以改可以发回重审；③事实正确，但适用法律错误或量刑过重，应当改判；④程序违法：应当发回重审；⑤死缓复核不加刑。

十八、审判监督程序

1. 申诉的审查处理

（1）**主体**：当事人及法代、近亲属；案外人（必须侵害其权利）；律师可代理申诉。

（2）**对象**：生效裁判。

（3）**法院对申诉的审查处理**：

①终审法院审查处理是原则；

②二审中撤诉的：可以由一审法院审查处理；

③未经终审直接到上一级申诉的：可以告知向终审申诉或直接转交终审，疑难重大复杂的可直接审查处理；

④死刑裁判：原核准法院审查处理，原审法院可审查、提出意见后报原核准法院处理；

⑤两级申诉原则；

⑥异地审查：最高法院或上级法院可指定终审法院以外的法院审查。被指定的法院审查后提出处理意见，层报最高法院或上级法院审查处理。

⑦审查方式：可听取意见、核实。必要时，可进行听证。

⑧对申诉应当重新审判的情形：证据、事实、法律、程序、人等方面有问题。

（4）**检察院对申诉的审查处理**：类似于法院对申诉的审查程序。

★2. 提起再审的主体及权限

（1）各级法院院长针对本院生效裁判，提交审判委员会讨论；

（2）最高法院针对地方法院提审或指令重审；上级法院针对下级法院提审或指令重审；

（3）最高检针对四级法院生效裁判向最高法院抗诉；上级检察院针对下级法院的生效裁判向其同级法院抗诉。

注意：再审抗诉是“上对下，同级抗”；二审抗诉是“下级检察院向上级法院提出，但须向原审法院提交抗诉书”。

★3. 再审的审理程序

（1）**审判级别**：原来是一审，按一审；原来是二审，按二审；提审按二审。

（2）**应当制作再审决定书**。

（3）再审不停止原裁判执行，但可能无罪或者减轻刑罚导致刑期届满的，可以决定中止原裁判执行。

(4) **应重点审理，必要时全面审查**。

(5) **指令重审**：应指令原审法院以外的其他下级法院审，但原审更适宜也可以审。

(6) 开庭的案件，同级检应当派员出庭。

(7) **强制措施决定主体**：谁启动，谁决定。

(8) **再审不加刑**：一般不得加刑，检察院抗可以加重。再审决定书或抗诉书只针对部分被告人的，不得加重其他被告人的刑罚。

(9) **应当开庭审理的情形**：一审全部审、二审事实（证据）审、抗诉加重审。

(10) **再审重审后的处理方式**：类似于二审处理方式。

十九、涉外刑事诉讼程序与司法协助

1. **国籍的确认**：依入境时持用的有效证件确认；依证明确认；国籍无法查明的，以无国籍人对待。

2. **涉外刑事诉讼程序的适用范围**：涉及外国人的犯罪案件和需要进行司法协助的案件。

3. 除了将处理结果通报外事部门、对“老外”执行死刑的通知驻华使领馆以外的，其他事项，既通知驻华使领馆，也要通报外事部门。

4. **探视、会见在押的外国籍被告人**：向受理案件的法院所在地的高级法院提出。

5. **限制出境**：针对被告人；**暂缓出境**：针对开庭审理时必须到庭的证人。

6. **外国籍当事人委托辩护人和诉讼代理人**：委托律师的，只能是中国律师；“老外”是可以法律援助的对象。

7. **使用中国通用的语言文字进行诉讼**：(1) 使用我国通用的语言、文字，应为外国人提供翻译。(2) 诉讼文书为中文本。外国人不通晓中文的，应当附有外文译本，译本不加盖法院印章，以中文本为准。

8. **刑事司法协助的内容**：狭义的是送达、取证等（与审判有关的司法协助）；广义的还包括引渡等。

9. “老外”拒绝接受探视、会见的，拒绝他人翻译，或不需要外文译本的，应出具书面声明。拒绝书面声明的，应记录在案；必要时，应当录音录像。被告人拒绝辩护人辩护的，应出具书面声明，或将其口头声明记录在案；必要时，应当录音录像。

二十、执行

★1. **执行机关**：(1) **法院**：无罪免刑、要钱要命；(2) **监狱**：有期徒刑（余刑超过 3 个月的）、无期、死缓；(3) **公安**：拘役、剥夺政治权利和有期徒刑（余刑 3 个月以下的）、驱逐出境；(4) **社区矫正机构**：管制、缓刑、假释、暂予监外执行。

2. **死刑立即执行的执行程序**：最高法院院长签发执行命令；一审法院在 7 日内执行；在刑场或者指定的羁押场所内执行；方法包括枪决或注射（其他方法须最高法院批准）。

★3. **死刑立即执行的停止执行程序**：(1) 情形（口诀）：同犯到案停死刑；怀孕立功他坏行；(2) 最高法院审核后的处理：①怀孕的，应当改判；②其他错误的，应发回；③无错误的，裁定继续执行死刑。

★4. **财产刑和附带民事裁判的执行**：（1）执行机关：一审法院（可委托财产所在地法院）；没收财产刑可会同公安执行；（2）执行时间：A. 罚金可分期缴纳；因不能抗拒等缴纳确实有困难的，经法院裁定，可延期缴纳、酌情减免。B. 没收财产：生效后立即执行；（3）执行顺序：医先退债罚没（口诀）；（4）执行措施：侦查机关已查扣冻的，法院执行中可直接裁定处置；（5）没收财产的范围：生效时被执行人合法所有财产；（6）追缴赃款赃物：不仅追赃，还要追赃款赃物的收益；（7）第三人恶意取得，应追缴；善意取得，不予追缴；（8）涉案财物认定错误的，能裁定补正的就裁定补正，否则就按审监程序纠正。

5. **死缓的变更程序**：（1）故意犯罪，情节恶劣的——应执行死刑的，由高院报请最高法院核准；（2）故意犯罪未执行死刑的——死刑缓期执行的期间重新计算，并报最高法院备案，备案不影响裁判的生效和执行。经备案审查，认为有错误的，应依照审监程序纠正；（3）没有故意犯罪的——由高院裁定减刑。

★6. **监外执行**

（1）**适用对象和条件**：①有期徒刑和拘役：有病（省级政府指定医院出证明）、不理、怀孕哺乳（注意自伤自残和有危险性不得保外）；②无期徒刑：怀孕、哺乳。

（2）**决定主体**：①交付执行前：法院决定（法院负责组织鉴别）；②交付执行后：对有期徒刑和无期徒刑，监狱提出意见→省级以上监管机关批准；对拘役，看守所提出意见→设区的市一级以上公安机关批准。

（3）**检察院的监督**：对监外执行的意见和决定提出书面意见。

（4）**收监**：①情形：不符合条件、严重违规、情形消失；②法院决定监外执行的，法院决定收监。③送交收监执行和收监执行的主体：法院、公安决定收监的——公安送交收监执行；监狱管理机关决定收监的——监狱收监执行。

（5）**特殊情形的处理**：①花钱买监外执行的，监外执行的期间不计入刑期；脱逃的，脱逃的期间不计入刑期；不计入刑期要报请法院审核裁定；②死亡的，通知监狱或看守所。

7. **社区矫正**：（1）监督管理：①严重违法违规的情形下，才可以使用电子定位装置，获得的信息只能用于社区矫正工作。②社区矫正对象离开所居住的市、县或者迁居，应当报经社区矫正机构批准。（2）①解除矫正的情形：期满或赦免；②终止矫正的情形：撤销缓刑、假释、收监执行、死亡。（3）对未成年人的社区矫正，应与成年人分别进行。社区矫正期间年满18周岁的，继续按照未成年人社区矫正规定执行。（4）①撤销缓刑、假释的法院：有漏罪或者新罪——审理案件的法院；其他原因——原审法院或者执行地法院。②社区矫正机构可在提出撤销缓刑、假释建议的同时，提请法院决定对其予以逮捕。③律师可参与撤销缓刑、假释的审理。但律师不得对减刑、假释提出意见。

★8. **减刑、假释程序**

（1）**裁定主体**：①服刑地的高院：死缓减刑、无期徒刑的减刑和假释；②服刑地的中院：有期徒刑的减刑和假释、管制、拘役的减刑、缓刑的减刑。

（2）**审理组织**：合议庭（陪审员可参加）。

（3）**审理方式**：①可书面可开庭；②有六种应开庭：（口诀）重大立功报减刑，一般规定不得行，公示期间有意见，职务黑金要开庭；③开庭审理时应通知检察院、执行机关、罪犯参加；④书面审理假释时，应提讯罪犯；书面审理减刑时，可提讯罪犯；⑤检察院的监督：对减刑假释的建议和裁定都是以提意见方式监督。

二十一、未成年人刑事案件诉讼程序

1. **原则**：（1）优先保护、特殊保护：针对未成年人；双向保护：既要注重保护未成年犯罪嫌疑人、被告人的合法权益，也要注重维护社会利益，平等保护被害人。（2）最有利于未成年人原则。

★2. **未成年人案件审判组织审理的案件**：（1）犯罪时未满18周岁，法院立案时未满20周岁，由未成年人案件审判组织审理。（2）法院立案时不满22周岁的在校学生案件，侵害未成年人人身权利的案件，可由未成年人案件审判组织审理。（3）共同犯罪案件有未成年被告人的或者其他涉及未成年人的刑事案件，由院长决定是否由未成年人案件审判组织审理。

★3. **社会调查**：（1）主体：公检法自行或者委托社区矫正机构、共青团、社会组织等调查，辩护人也可提交调查材料；（2）内容：成长经历、犯罪原因、监护教育等；（3）社会调查报告不是证据，只是作为办案和教育的参考；（4）法院可通知作出调查报告的人出庭接受询问。

4. **心理疏导、测评**：（1）对未成年嫌疑人、被告人、被害人、证人，可以疏导。（2）对未成年嫌疑人、被告人，须经本人和法代同意，可以测评。（3）心理测评报告可作为办案和教育的参考。

★5. **检察院审查批捕、法院决定逮捕**：应讯问、应听取律师意见。对被逮捕且没完成义务教育的未成年人，应保证其接受义务教育。

★6. **法定代理人、其他合适成年人到场**：（1）讯问和审判未成年人时：应当通知法代到场，无法通知、法代不能到场或法代是共犯的，也可通知其他成年亲属，学校、单位、居住地基层组织或未成年人保护组织的代表到场。到场的法代可代为行使诉讼权利（但到场的其他合适成年人不能代为行使）。法定代理人、其他合适成年人针对违法都可提意见。（2）未成年嫌疑人明确拒绝法定代理人以外的合适成年人到场，且有正当理由的，检可准许，但应当在征求其意见后通知其他合适成年人到场。

7. 询问未成年被害人、证人，应以一次为原则。法院审理未成年人遭受性侵或暴力伤害案，询问未成年被害人、证人时，应同步录音录像。

8. **合适保证人**：对没有固定住所（没家）、无法提供保证人（没人）的未成年嫌疑人适用取保候审的，指定合适成年人作为保证人。可以安排取保候审的未成年被告人接受社会观护。

9. **简易程序的适用**：应得到未成年被告人及其法代、辩护人的同意。

★10. **犯罪记录封存**：（1）条件：犯罪时未满18周岁+5年以下、免除刑事处罚。（2）对18周岁前后实施数个行为，构成一罪或一并处理的数罪，主要犯罪行为是在18岁前实施的，被判5年以下及免予刑事处罚的，应对全案封存。（3）未成年人因事实不清、证据不足被宣告无罪的，应对涉罪记录予以封存，但未成年被告人及法代人申请不予封存或解封的，经法院同意，可不予封存或解封。（4）检察院作的不起诉决定

（不包括附条件不起诉）应封存。（5）被封存犯罪记录的未成年人在入伍、就业时免除犯罪记录的报告义务。（6）被封存犯罪记录的未成年人本人或其法代人申请出具无犯罪记录证明的，应当出具无犯罪记录的证明。（7）发现漏罪或新罪，且数罪并罚后超过5年的；经审判监督程序改判5年以上的，解除封存。

★11. **附条件不起诉**

（1）**条件**：（口诀）四五六章未成年，一年起诉好表现，听取三方的意见［此处的三方是：应听取公安、被害人（及其法代、诉代）、未成年嫌疑人及法代、辩护人］。

（2）**未成年嫌疑人及法代对附条件不起诉提出异议的处理**：提出异议的，检察院应提起公诉。但是，提出无罪辩解，检察院认为成立的，应当法定不起诉。对附条件不起诉没有异议，仅对所附条件及考验期有异议的，检察院可采纳合理意见；意见不合理的，应释法说理。起诉前撤回异议的，检察院可附条件不起诉。

（3）**决定程序**：A. 公安、被害人有异议，可举行不公开听证会；B. 在押的：应当释放或变更强制措施。

（4）**附条件不起诉决定书**：应当送达三方，当面向未成年人、法代宣布。

（5）**考验期内监督考察**：A. 考察机关：检察院；B. 考验期：6个月以上1年以下，作出决定之日起，审查起诉期限中止，考验期满或撤销之日起恢复计算审查起诉期限。根据表现，可在法定期限内缩短或延长。

（6）**遵守规定**：①守法、服从监督；②报告活动情况；③离开市、县或者迁居，应报经检察院批准；④接受矫治、教育（如接受教育、公益劳动、三个特定、赔偿损失、赔礼道歉等）。

（7）**考验后的处理**：①有漏罪、新罪、严重违规，撤销附条件不起诉的决定，再提起公诉；②遵守规定的，应不起诉（不起诉以前，应听取被害人的意见）。

（8）**救济途径**：①公安：先复议后复核；②被害人对附条件不起诉和考验期满的不起诉不服：向上一级检察院申诉（不能向法院起诉）。

二十二、当事人和解的公诉案件诉讼程序

★1. **适用条件**：A.（口诀）民间纠纷四五三，七年以下过失犯，五年故意渎职难；B. 不是民间纠纷引起的有黑社会、寻衅滋事、聚众斗殴等。

★2. **和解主体**

（1）**被害方**：①**死亡**：近亲属和解（近亲属有多人的，须经处于最先继承顺序的所有近亲属同意才可和解）；②**无限人**：法代、近亲属代为和解。

（2）**被告方**：①**在押的**：经过嫌疑人同意，法代或近亲属代为和解；②**限制行为能力人**：法代代为和解。赔礼道歉须嫌疑人、被告人亲自履行。

（3）①**检察院**可建议当事人进行和解；②当事人提出申请的，**法院**可以主持双方当事人协商以达成和解。

★3. **和解的对象**：民事责任事项、被害人是否同意从宽处罚（事实认定、证据采信、法律适用和定罪量刑等不能协商、和解）。

4. **和解协议的审查**：应听取当事人等相关人员意见；审查自愿、合法性；应制作和解协议书。

5. **和解协议书**：（1）**检察院制作的协议**：双方当事人签字，检察人员不签字、检察院不盖章；（2）**法院制作的协议**：双方当事人和审判人员签字，法院不盖章。

★6. **和解的履行**：（1）**法院制作的协议**：应即时履行；（2）**公安制作的协议**：应及时履行；（3）**检察院制作的协议**：应立即履行，至迟在检察院作出从宽处理决定前履行；若在被害人同意并提供有效担保的情况下，也可以分期履行。

7. **附带民事诉讼的处理**：（1）侦查、审查起诉和解协议履行完毕，又提附民，不予受理（违反自愿合法的除外）；（2）和解协议不能即时履行，应制作附民调解书。

8. **和解的反悔**：（1）不起诉决定作出之后反悔的，检不撤销原决定（违反自愿合法的除外）；（2）和解协议已经全部履行，当事人反悔的，法院不予支持（违反自愿合法的除外）。

9. **和解的无效**：不自愿、不合法，就无效。

★10. **和解后的处理**：（1）**公安机关**：向检提出从宽处理的建议；（2）**检察院**：向法院提从宽处罚建议；犯罪情节轻微，不需要判处刑罚的，可酌定不起诉；（3）**法院**：应从轻，也可减轻、免除处罚。

二十三、缺席审判程序

★1. **适用条件**：贪贿国恐外逃犯，死亡有病缺席判（口诀）。

（1）**境外的被告人**：①贪贿案件；（需要及时审判，经最高检察院核准的）严重国、恐案件；②被告人在境外；③检察院认为犯罪事实已经查清，证据确实、充分，应当追究刑事责任的，可提起公诉；④法院审查后认为起诉书中有明确的指控犯罪事实，符合缺席审判程序适用条件。

（2）**严重疾病**：中止审理超6个月无法出庭，丧失受审能力，被告人及其法代、近亲属申请或者同意恢复审理。

（3）**死亡**：①审理时，死亡且有证据证明无罪或证据不足以认定有罪，应判无罪；②按审监程序重新审判的，被告人死亡的，有证据证明无罪或量刑畸重。

★2. **对境外被告人缺席案件的办理程序**

（1）**到案后的重新审查**：嫌疑人、被告人到案后，检察院应重新审查案件。

（2）对检察院起诉的庭前审查后，认为不属于“贪贿国恐”，应退回检察院。

（3）**管辖**：犯罪地、被告人离境前居住地或最高法院指定的中级法院。

（4）**审判组织**：合议庭。

（5）**送达**：①向被告人送达：A. 送达方式——国际条约规定的或者外交途径提出的司法协助方式；被告人所在地法律允许的其他方式；B. 送达内容——传票和起诉书副本。②向被告人近亲属的送达：送达起诉书副本。

（6）**辩护**：被告人及其近亲属均可委托（1—2名）辩护人；若委托律师，只能委托中国律师；境外委托的，应进行公证、认证；未委托的，法院应当通知法律援助机构指派律师为其提供辩护（注意：对公安机关、检察院无此要求）。

（7）**被告人的近亲属参加诉讼**：①应在收到起诉书副本后、第一审开庭前提出，并提供与被告人关系的证明材料。有多名近亲属的，应推选一至二人参加诉讼。②可参加法庭调查和法庭辩论。

(8) **裁判方式**:①作出有罪判决的,应达到确实、充分标准。②经审理认定的罪名不属于“贪贿国恐”案的,应当终止审理。③可对违法所得及其他涉案财产一并处理。

(9) **救济方式**:

①**上诉和抗诉**:被告人和其近亲属均有独立上诉权,辩护人可经被告人、其近亲属同意后上诉。

②**重新审理**:A. 审理中到案后的,法院应重新审理(无须提出异议);B. 裁判生效后到案,法院应告知罪犯有权提出异议,若提出异议的,应重新审理。

二十四、犯罪嫌疑人、被告人逃匿、死亡案件违法所得的没收程序

★1. **适用条件**:贪恐(以及失职渎职、洗钱罪和其上游犯罪)重大逃一载,死亡没收不义财(口诀)。“重大”是全国、全省有较大影响或逃匿境外。“逃匿”是为逃避追究而隐匿或脱逃。拟制“逃匿”是因意外事故下落不明满二年或不可能生存。“通缉”是公安机关发布通缉令或红通。

★2. “**违法所得**”包括犯罪直接或间接产生、获得的任何财产、违法所得转变、转化后的其他财产及其收益。

3. **检察院对没收意见的审查处理**:(1)符合没收条件的,向法院提出没收申请;(2)不符合没收条件的,应当作出不提出没收违法所得申请的决定;(3)人回来了:应当终止审查,并将案卷退回监察或公安机关处理。

★4. **管辖法院、审理组织**:犯罪地或居住地的中院组成合议庭。

5. 法院对没收违法所得申请的审查处理:(1)不属于受案或管辖范围的,应退回检察院;(2)不符合“有证据证明有犯罪事实”标准要求的,应当通知检察院撤回申请,检察院应当撤回(注意:庭前审查阶段审查犯罪事实,庭审中审理是否属于违法所得、涉案财产)。

★6. **公告**:6个月。不适用中止、中断、延长的规定。

7. **申请参加诉讼**:(1)犯罪嫌疑人、被告人的近亲属和其他利害关系人申请参加诉讼,也可以委托诉代参加诉讼。(2)在公告期满后申请参加诉讼,能够合理说明理由的,法院应当准许。(3)利害关系人在境外委托的,应当委托中国律师作为诉代。犯罪嫌疑人、被告人逃匿境外,也可委托诉代。

★8. **审理方式**:(1)利害关系人参加的,应开庭;(2)没有利害关系人申请参加,可不开庭;(3)开庭的,检应派员出庭。

★9. **举证责任**:检察院承担。对违法所得和涉案财产的**证明标准**:具有高度可能。

10. 审理中启动没收程序:刑事案件审理中,被告人脱逃或死亡,符合违法所得没收程序适用条件的,检察院可向法院提出没收违法所得的申请。

★11. **处理方式**:(1)符合没收条件的,裁定没收;不符合的,裁定驳回申请;(2)审理中人回来了,法院终止审理,检察院应当将案卷退回监察或公安机关处理。

★12. **救济方式**:对没收违法所得或者驳回申请的裁定,嫌疑人、被告人的近亲属和其他利害关系人或检察院可上诉、抗诉。

13. **二审程序**:(1)审理方式:对第一审的事实、证据没有争议的,可不开庭。

(2) 审查范围：就上诉、抗诉请求的有关事实和适用法律进行审查。(3) 处理方式：与普通案件第二审的处理方式相同。(4) 利害关系人非因故意或者重大过失在第一审期间未参加诉讼，在第二审期间申请参加诉讼的，法院应准许，并撤销原裁定，发回重审。

14. **没收裁定生效后，嫌疑人、被告人到案并对没收裁定提出异议**，检察院提起公诉的，可以由同一审判组织审理：正确的，予以维持；错误的，应当撤销原裁定，并对涉案财产一并处理。若不是上述情况，对生效的没收裁定，应依审监程序纠正。

二十五、依法不负刑事责任的精神病人的强制医疗程序

★1. **适用条件**：暴力危害公民权，鉴定有病仍危险（口诀）。

2. **管辖**：行为所在地为主、被申请人居住地为辅的基层检法。

3. (1) **启动主体**：检、法（检察院在审查起诉中发现嫌疑人系精神病人，符合强疗条件，应在不起诉同时提强制医疗申请）。(2) **决定主体**：法院。(3) **交付执行主体**：公安。(4) **监督主体**：检察院。

4. **检察院对强制医疗意见的审查处理**：符合强疗条件，向法院提出强疗申请；不符合强疗条件的，应作出不提出强疗申请的决定。

★5. **审理程序**：(1) 审理组织：合议庭。(2) 审理方式：开庭（被申请人、被告人的法代请求不开庭，并经法院审查同意的除外）。(3) 开庭的，检应派员出庭。(4) 被申请人要求出庭，法院可以让其出庭，出庭后可发表意见。(5) 应当会见被申请人，听取被害人及其法代的意见。(6) 开庭审理的，应区分法庭调查与法庭辩论。(7) 应通知法代到场，法代经通知未到场的，可通知其他近亲属到场；未委托诉代的，应指派律师为其提供法律帮助。(8) 公安可以采取临时的保护性约束措施。

★6. **检察院提出强制医疗申请，法院审理后的处理方式**：(1) 符合强疗条件的，应作出强疗决定（法院无须确定强疗的期限）；(2) 是精神病人，但不符合强疗条件的，应作出驳回强疗申请的决定；(3) 具有完全或部分刑事责任能力，应追究刑责的，应作驳回强疗申请的决定，并退回检察院处理。

★7. **法院在审理案件过程中作出强制医疗决定的程序**：(1) 符合强疗条件的，应判决不负刑责，作出强疗决定；(2) 属于精神病人，但不符合强疗条件的，应判决无罪或不负刑责；(3) 具有完全或部分刑责能力，应追究刑责的，应依照普通程序继续审理。

8. **二审中发现符合强疗情形的处理**：可以依照强疗程序作出处理，也可发回重审。

★9. **救济方式**：被决定强疗的人、被害人及其法代、近亲属对强疗决定可以申请复议。复议期间不停止执行强疗决定。（该复议程序并非二审程序）复议后认为不符合强疗条件的，应当撤销原决定。

10. **强疗的解除程序**：被强疗的人及其近亲属申请解除强疗（被驳回的，6个月后再次申请）、强疗机构提出解除强疗意见的，法院审查后作出解除强疗或继续强疗的决定。必要时，法院可开庭审理，通知检派员出庭。

11. 检察院对强疗的决定和执行以提意见的方式监督。